한국인의 에로스

한국인의 에로스

1판 1쇄 찍음 2011년 3월 7일
1판 1쇄 펴냄 2011년 3월 12일

지은이 김열규

주간 김현숙
편집 변효현, 김주희
디자인 이현정, 전미혜
영업 백국현, 도진호
관리 김옥연

펴낸곳 궁리출판
펴낸이 이갑수

등록 1999. 3. 29. 제300-2004-162호
주소 110-043 서울시 종로구 통인동 31-4 우남빌딩 2층
전화 02-734-6591~3
팩스 02-734-6554
E-mail kungree@kungree.com
홈페이지 www.kungree.com

ⓒ 김열규, 2011. Printed in Seoul, Korea.

ISBN 978-89-5820-208-0   03380

값 15,000원

한국인의 에로스

우리시대 인문학 석학이 들려주는 사랑철학 강의

김열규 지음

궁리
KungRee

| 프롤로그 |

남녀 관계, 그 그물 같은 것

이 한 권의 책은 이 땅의 남녀 관계의 근본을 보이고자 한다. 까마득한 저 신화시대 이후, 근대며 오늘에 이르도록 여성과 남성의 사이가 어떠했던가를 짚어내 보일 것이다.

아울러서 그러저러한 관계 속에서 여성과 남성의 모습이며 몰골을 각각으로 드러낼 것이다. 그리하여 결국은 남자나 여자나, 우리들 각자의 본색을 들여다보게 될 것이다. 그럼으로써 이 책은 여성에게나 남성에게나 각자 자기 자신의 속내를 비춰 보일 거울이 될 것이다.

그래서도 우선 다음 쪽에 있는 김홍도의 그림이 뭣을 말하는 걸까를 따져보고자 한다.

사내의 몰골이 이게 뭔가? 아낙들 앞에서 가슴팍을 풀어헤치고는 물을 들이켜는 꼬락서니라니! 갈데없는 불한당이다. 그에게 두레박을 건

〈우물가〉, 김홍도의 풍속화 중, 종이 위에 엷은 색, 39.7×26.7cm, 국립중앙박물관 소장.

넨 당사자는 말할 것도 없고, 아낙들 셋 다 사내의 꼴을 못 본 척한다. 고개를 외로 꼬는가 하면 아래를 내려다보고 있다.

'별꼴 다 보겠네!' 그렇게 말하는 시늉을 짓고 있다.

한데 사내는 아예 여성들을 무시하고 있다. 깔보고도 모자라서 넘보고 있다. 업신여기고 있다고 볼 수도 있겠다. 조선조의 전형적인 남녀 관계를 그려내었다고 해도 괜찮을 것 같다. 한데 화면에 익살이 담긴 걸 보면 화가 역시 사내 편을 드는 것같이 여겨진다. 그래서 해학이 넘치는데도 불구하고 조선조의 유학이 빚어낸 바로 그 남녀 관계와 마찬가지의 것이 반영되어 있다.

그런데 나혜석의 미술작품이라면 어떻게 될까? 한국 근대의 대표적 페미니스트이던 나 여사라면, 두레박 줄 잡고 있는 아낙으로 하여금 사내 녀석 가슴팍에 물벼락을 안기게 할 것이 틀림없다. 남녀의 사랑에서 여성이 사내를 가지고 노는 처지를 그려낸 작가로서 당연히 그럴 것이다.

이처럼 시대가 달라지면 남녀의 관계도 달라진다. 시대야 바뀌든 말든 판박이로 정해진 남녀 관계는 없다시피 하다. 영 없진 않겠지만 그게 시대적 변화를 아주 누르지는 못한다.

이 한 권의 책은 그런 변화를 보이는 결에 당연히 사랑도 시대의 물살을 탄다는 것 또한 드러내 보이고자 한다.

하지만 같은 시대라고 해서 남녀 관계가 모두 쌍둥이인 것은 아니다. 같은 시대 안에서도 변화를 보인다.

청산리 벽계수야 수이 감을 자랑 마라
일도 창해하면 고쳐 오기 어려우니

명월이 만공산한데 쉬어 간들 어떠리

이 노래에서 사내는 겨우 벽계수, 곧 흘러가는 물에 불과하다. 여성은 밤하늘 드높이 둥실둥실 빛나는 달이다. 그야말로 여남의 차이가 천양지차인데, 여성이 하늘을 차지하고 있다. 조선조의 노래라고 믿기 어려울 정도다.

이렇듯이 남녀 관계는 개인의 일로서 끝나지 않는다. 그것은 시대를 반영하면서, 역사를 빚어내기도 한다. 사회의 거울이 되기도 하는 것이다.

하기에 남자와 여자의 관계는 아주 복잡하다. 꿀맛이 나는 남녀 관계가 있는가 하면, 소태맛이 나 지겨운 것도 있다. 단짝도 예사 단짝이 아닌 남녀가 있는 곁에서는 외나무다리에서 만난 원수끼리로 계집과 사내가 앙앙대기도 한다.

남녀 사이는 직선으로 그어지는 것도 아니고 단선으로 맺어지는 것도 아니다. 얽히고설켜 있다. 인간관계 중에서 제일 까다롭고 성가시다. 그러므로 남녀 관계는 거미집 같은 것, 아니 그물과도 같은 것이다.

이 책은 그러한 그물의 몰골을 시대에 따라서, 사회에 따라서 또 사람에 따라서 연신 달라지는 몰골을 낱낱이 또 샅샅이 보이고자 한다. 그렇게 우리는 남녀의 만화경을 들여다볼 것이다. 남녀의 만물상을 눈여겨볼 것이다.

그 결과로 우리들 누구나 자기 자신이 여성으로서 또는 남성으로서 누구인가를 알게 될 것이다. 여성은 여성대로 남성은 남성대로 각자, 자신의 자화상을 볼 것이다.

차례

| 프롤로그 | 남녀 관계, 그 그물 같은 것 5

첫째 대목 | 한국의 남과 여 ··· 15

1 : 그 성가시고 수수께끼투성이인 ·· 17
알록달록 남녀 관계 17
안과 바깥, 아내와 남편 19
하늘과 땅 사이 : 사내는 밭 갈고 여자는 밭으로 그의 정자를 받고 22
밭갈이와 아기 갖기 25

2 : 남녀, 여전히 알 수 없는 관계 ·· 28
남은 주(主)고 여는 부(副) 28
도깨비 이야기의 페미니즘 30
여자 귀신은 남자가 낳았다 33

3 : 안방 다르고 사랑방 다르듯, 남녀 관계도 ··························· 37
그 하고많은 대조, 대비 37
또 다른, 하고많은 남녀 간 대비들 39
천지의 조화, 우주의 화음 같은 것 45

4 : 신화와 전설이 말하는 남과 여 ·· 48
하늘과 땅, 하늘과 물 48
곰이 상징하는 모성 원리 51
백제의 아내와 신라 약혼녀의 사랑 52

5 : 여성이란 것 : 그 근본적인 물음 ·· 59
한국 여성의 성, 그 초입을 위한 몇 마디 : '제1.5의 성' 59

한국 여성의 신화적인 삼대 수수께끼　61
　　입의 기형녀들　66
　　최초의 '제2의 성'　69
　　한국인의 여성적 감성　73
　　한스러움이라는 감성　76

둘째 대목 | 짝짓기와 혼례　79

1 : 결혼이란 것, 혼사라는 것　81
　　인륜대사라는 그 말의 무게는 어디로　81
　　혼사 이야기 : 역전극의 진상　85
　　한국인의 전통 혼례 : 그 모순된 두 얼굴　89
　　혼례 절차의 큰 줄거리　93

2 : 짝짓기의 위대한 서사시　107
　　상고대의 혼인 현장으로　107
　　하늘이 정해준 짝 : 천정배필의 으뜸　110
　　신부 마중의 화려한 축제　112
　　결혼이 국가적 기념행사로　114
　　신부를 채가다니, 그것도 정식 혼례 절차로서　117
　　싸워서 얻어낸 전리품의 신부　120
　　일편단심 사랑 : 신라 적에도 한 번 다진 사랑은 영원히　123

셋째 대목 | 또 다른 짝짓기 이야기 : 그 기묘함, 그 야릇함 ·········· 127

1 : 그 많은 합(合)은? ·········· 129
둘이 하나가 되다니?　129
사고파는 결혼식　132
갈등 빚기의 혼례　137
결혼의 난장판　142
바보 사위, 멍청이 신랑　148
혼쭐나는 신랑들　156

2 : 그 엄청난 신분의 차이에도 ·········· 162
바보가 공주를 아내로 얻다니?　162
트릭스터 신랑　166
꾀보 신랑　168
마장수 총각이 공주에게 장가들다니?　172
황금 폐백 가지고 시집간 공주　175
서동, 온달, 탈해, 나무꾼이나 모두 그렇고 그런 신랑　179

3 : 황당하고도 간절한 것 ·········· 183
허구에 진실이 담긴 짝짓기　183
사실혼과 합법혼　186
두 번 장가가는 신랑　191
혼례라는 연극에서　196
신랑 자격 얻기　198
예식이자 축제인 혼례　201

넷째 대목 | 사랑, 그 만다라의 얼굴　205

1 : 사랑은 강물 같은 것, 흘러서 가는 것　207
오락가락하던 다리, 바로 그 다리에서　207
흘러가기에 비로소 돌아오는 것　209

2 : 혼례 현장에서　213
난데없는 이 아우성은?　213
화촉에 불 밝히지 못한 채, 손끝 떨리던 어느 신부 어머니　216
손 떨림의 사뭇 오래된 사연　218

3 : 한국인의 연정 : 타오르는 불길　220
불타는 정염　220
절기와 사랑　222
절묘한 우원법의 비가　225

4 : 돌 던지는 사랑의 노래　226
사랑이란 별난 것　226
던져서 맞히는 사랑　228
구슬과 잘 익은 과일 던지기의 사랑　229

5 : 청춘, 그 아름다운 파토스의 사랑　233

6 : 남자 나비, 여자 꽃 : 나는 꽃이 아냐! 함정이야, 사내들아!　238

7 : 소리에 걸린 사랑　242
시는 소리로 : 〈정석가〉에서　242

그 무수한 소리며 의미의 듀얼리즘　245
사랑의 아이러니　249
〈청산별곡〉, 그 소리의 미학　251

8 : 동동, 그 사랑의 노래　254
그 다양, 다색, 다조의 노래　256
덕으로 익을 사랑　258
왜 사랑에 덕인가?　260
받는 사랑 아닌 주는 사랑　262

9 : 사랑과 종교　264

10 : 사랑, 그 부활의 기적　268
사랑에의 초대　268
자상과 타상 사이　270
꺾어진 멧버들, 그 하찮은 것의 큰 의미　273

11 : 사랑의 희비극　276
사랑, 그 듀얼리즘　276
희비극과 비희극 사이　278
사랑의 장엄미　280
서정성이 돋운 비극미　282

|에필로그|　또 다른 눈짓, 귀띔　285

첫째 대목

한국의 남과 여

1 그 성가시고 수수께끼투성이인

하늘과 땅,
호랑이와 고양이
그렇게 견주어져 온 것,
그 남녀 관계

알록달록 남녀 관계

남녀는 시대의 변화에 아랑곳없는 인간관계일 것 같다. 남녀는 영원히 그저 남녀일 것 같다. 하지만 그렇지가 않다. 동물의 수컷 암컷이라면 몰라도 인간의 남녀는 그렇지가 않다. 이제 지아비와 지어미란 말이 안 쓰이고 있다. 부군이니 마님이니 하는 말도 쓰지 않는다. 남편이 아내에게 '여편네!'라고 소리쳤다가는 이혼당할지도 모른다. 주부도 경제활동을 활발히 하는 판에 부부를 바깥과 안으로 표현해 부르기는 어려워졌다.

'유니섹스'란 말이 유행했고 동성애며 동성혼이라는 말도 익숙해졌다. 이른바 '남녀유별'이 무너지는 판국은 그 어떤 세상 변화보다 빠를

지도 모른다. 이래저래 남녀를 두고는 세상 많이 달라졌다는 생각이 들 수밖에 없다.

오늘날 우리는 '발전'이란 명분 아래서 변화와 위기를 겪고 있다. 오늘날이 과도기요 마지널리티(marginality)의 시대란 것은 의심할 여지가 없다. 전 사회와 문화에 걸쳐 일어나는 급변 그 자체로 오늘의 문화며 역사성을 규정짓게도 될 것이다. 지금 당장은 한국이 선진 도상 국가에서 선진국으로 진입하는 과도기라고들 한다. 그만큼 변화가 엄청날 수밖에 없다.

그런 급변들 속에 남녀 관계 역시 당연히 포함되어 이야기되어야 할 것이다. 아니 그보다 더 절실할지도 모른다. 오늘날 우리가 넘어가고 있는 그 '마진(margin)'의 핵심에는 남녀 관계의 변화가 있기 때문이다. 한 시대 이전의 작가인 김동인이나 이광수 문학의 근대성을 논할 때, 이른바 '신여성'을 빼고 말할 수는 없다. 거기에 비추어본다면 오늘날의 여성은 '초 신여성'이라고 부를 수도 있겠다.

다른 것은 다 제쳐놓고, 포스트모더니즘의 키워드인 '육체'와 '시각성(visuality)'만 가지고도 '초 신여성'을 얘기해볼 수 있다. 육체가 갖춘 시각적 매력이나 심미적 가치를 기준으로 삼는다면, 오늘은 여성의 시대지 남성의 시대는 아니다. 온 여성이 '패션 걸'이 되다시피 하고는 오늘의 시각문화를 압도하고 있다. 남성 이미지는 여성의 그것에 비교될 수도 없다.

오늘날 여성은 경제적으로도 큰 몫을 차지한다. 그리고 문화며 정치에 걸쳐서 여성이 차지하는 구실과 몫도 엄청나게 커져가고 있다. 그것과 짝을 지어 여성의 모습이며 모양새도 달라지고 있다. 오늘날 거리에서나 사회에서나 사람들 눈에 보다 더 크게 띄는 것은 여성이지 남성이 아니다. 적어도 시각적으로는 오늘날은 여성시대지 남성시대가 아니라는 말이다.

거리에 나부대는 각종 광고물을 비롯해서 텔레비전 광고에서도 여성이 그 화면을 독차지하다시피 한다. 광고며 홍보가 오늘날의 대표적인 언어요 담론이라고 볼 때, 거기서 큰 구실을 도맡는 것은 여성이다. 그렇기에 오늘날의 언어 역시 '여성 언어'다.

사회·문화적으로 여성의 이미지가, 그 시각적인 매력이 활개를 치며 비중 또한 크다. 그러한 변화는 당연히 우리시대가 경험할 특성으로 포착될 수밖에 없다.

안과 바깥, 아내와 남편

그런 상황에서 묵은 시대의 전통적 남녀 관계를 먼저 살펴보고자 한다.

여와 남, 남과 여!

흔해빠진 인간관계이지만, 이만큼 복잡하고 성가신 관계도 잘 없다. 세상에서 가장 까다롭고 종잡기 어려운 관계다. 인간 사회와 문화가 가진 양분 대립, 이를테면 둘로 갈라져서 맞서는 가운데 이토록 말썽 많고 옥신각신이 심한 경우는 보기가 힘들다. 달고도 쓰고, 따사롭고도 차갑고, 곱고도 얄밉고, 부럽고도 까다롭고, 알콩달콩하면서도 쓰디쓰고, 애착이 가면서도 고개 돌리고 싶은 것, 그런 게 남녀 관계다. 여남 사이다. 오죽하면, 차라리 모른 척하고 내던지고 내다버리고 싶어질까! 차라리 없었더라면 하고 바랄 정도일까?

사내에게는 사내로도 모자라서 놈을 붙인다. 그 사내놈 곁에 계집년이 있으니, 서로 험악하게 안 될 수도 없을 것이다. 수놈과 암년이 같이 있는 것 하고 남녀가 혹은 남성과 여성이 같이 있는 것 하고는 다르다. 더욱이 부부가 자리를 함께한 것도 다를 수 있다. 말 따라서 물리적으로도, 심리적으로도 남녀는 사뭇 달라진다.

부부나 부처(夫妻)라는 말은 호적에서나 쓰이기 알맞다. 남편과 아내라고 하면 그저 그렇고 그런 사이다. 지아비 지어미라면 조금은 더 안방 분위기가 난다. 그러나 가시버시라면 왠지 흥잡힌 사이 같은 낌새가 짙다.

뿐만 아니다. 바깥사람과 안사람은 이들 사이에 넘을 수 없는 공간의 거리가 있음을 말하고도 남는다.

안과 바깥!

그것은 가장 엄연한 남녀의 구별이었다. 부부는 내외(內外)라고 했다. 안사람과 바깥사람 또는 '안팎'이라고도 했다.

안사람과 바깥사람은 한 집 안에서도 아예 안채, 바깥채로 나눠 따로 갈라져 있었다. 그야말로 '내외유별(內外有別)', 이를테면 안사람과 바깥사람은 별도로 구별되고 갈라서 있었다. 그 사이에 38선이 그어지고 분계선이 처져 있었다. 그런 중에도 안사람은 아예 안채에 갇혀 있다시피 했다. 바깥나들이는 원칙적으로 금지되어서 몸도 발도 묶여 있었다. '내외한다'고 하면 낯선 남녀가 서로 얼굴을 마주보지 않고 고개를 외로 꼬고는 딴전 피는 것을 의미했다. 하지만 남녀유별은 남자와 여자 사이에 국경선을 치는 것을 의미했다.
그렇다 보니,

부부, 부처, 남편 아내, 바깥사람 안사람, 지아비 지어미, 가시버시, 내외, 부군(夫君) 부인, 신랑 각시, 신랑 신부.

꼭 이렇게 요란하게 부부 사이를 부르게 되었다. 자그마치 열 가지나 된다. 이런 것도 문자 그대로 팔자가 늘어진 걸까?
인간관계를 두고서 이토록 가짓수가 많게 부르는 것이 또 있을 것 같지 않다. 이는 부부 관계가 다른 인간관계와는 비교도 안 되게 알록달록, 이래저래 말썽 많고 군소리 많다는 것을 의미할 것이다. 요란벅적! 시끌벅적! 그런 게 내외간이고 부부 사이다. 말이 많은 만큼 말썽도 많을 것이다.
중립적으로는 그저 배우자라고 하면 그만이다. 한데도 이렇듯이 부르는 이름이 갖가지다. 한 가정 안의 인간관계를 놓고 이처럼 다양하게 이름을 붙인 다른 보기가 또 있을 것 같지 않다.
하지만 바로 이런 갖가지 이름들 사이에 사내와 여자의 얽히고설킨 관계를 설명하는 단서들이 있을 것이다. 한데 근원적으로는 부부 관계 이전에 이미 남녀 관계가 어리뜩하고 알쏭달쏭하다. 종잡기가 힘겹다. 부부 사이가 성가신데 겹쳐서 남녀 관계가 더한층 말썽 사납다. 아무튼 부부며 남녀 간은 이렇게 성가시다.

하늘과 땅 사이 : 사내는 밭 갈고 여자는 밭으로 그의 정자를 받고

그래서 더욱 성가시고 까다롭겠지만 남녀 관계를 뿌리부터 다시 캐보고 싶어진다.

우선 한국 신화에서 제주의 '할망 신'을 따로 얘기한다고 하면, 남녀는 하늘과 땅이다. 더러는 하늘과 물이 되기도 한다. 어쩌다가 산을 여자로 보기도 하지만, 산이 아무리 높이 솟아보았자, 여하히 우람해 보았자, 끝내는 하늘 아래다. 땅의 일부일 뿐이다.

하늘과 땅은 위와 아래다. 이와 같은 신화적 발상으로 남녀 관계는 이미 모두 정해지다시피 했다.

남편은 하늘 받들 듯하라!

옛날 우리 할머니들은 귀에 못이 박힌 이 말을 믿고 살았다.

하늘은 위에만 있는 게 아니다. 천명(天命)이 하늘에서 내린다. 남편이 아내에게 뭘 시키면 천명이어서 벼락같이 우레같이 울릴 것이다. 하지만 아내가 남편에게 뭔가 해달라면 '잔소리'가 된다. 그렇게 이 땅의 남과 여는 살아들왔다.

여인네는 남정네의 천칙(天則)을 믿고 섬기고 땅의 흙으로 혹은 물로서 목숨을 부지해왔다. 아내의 눈은 늘 우러르는 시늉이고 남편의 눈은 늘 내리깔린 시늉이었다. 더러 아내가 남편 앞에 곧추앉아서 눈을 살며시 아래로 내리깔았다 해도 그건 치켜받들어서 올려보다가 지친 것이다.

하늘과 땅으로 매겨진 상하 또는 고하의 관계는 다시 또 여러 관계를 파생시켰다.

  강(强)과 약(弱), 유력과 무력, 지배와 복종의 관계가 연달아서 상하의 관계를 물고는 생겨났다. 그러면서 사내는 세상을 향해서 열린 존재가 되고 여자는 집 안에 박힌, 갇힌 존재가 되었다. 더욱 나쁜 것은 조선시대에 그토록 귀하게 여긴 핏줄에서 여성이 제외된 점이다. 양반은 외가를 섬기고 처가를 멀리한다는 것이 그 증거다. 외가의 피는 사내의 핏속에 섞여 있지만 처가의 피는 그렇지 않기 때문이다.

  이것은 남자는 씨를 뿌리고 여자는 그걸 받아서 기르는 밭에 불과하다는 생각까지 낳게 된다. 밭은 갈아야 하는데 그걸 하는 측은 남자다. 갈지 않는 밭은 불모지인데, 그걸 갈아서 쓸모 있는 땅, 생산성이 있는 땅이 되게 하는 것은 남자고 사내다. 결국 남자와 여자 사이에는 능동과 피동의 차이가 있게 된다.

하늘 : 땅 = 상 : 하 = 강 : 약 = 지배 : 복종 = 유력 : 무력

이러한 남녀 사이의 대비에는,

능동 : 피동 = 적극 : 소극

이라는 또 다른 대비가 끼어든다.

  한데 이와 같은 대비를 보여주고 있는 것이 밭농사이지만, 그것은 밭 갈고 씨 뿌리는 것은 남자인데 비해서 여자는 갈아져야 할 밭이며 씨를 받는 씨받이라는 것도 보여준다. 참 공교롭게도 바로 이 같은 대비를 생생하게 보여주는 유물이 남아 있다.

| 농경문 청동기(農耕文靑銅器), 길이 13.5cm, 국립중앙박물관 소장.

 오래전에 대전의 교외에서 발굴된 것으로 알려진 청동기인데, 여간 소중하고 귀한 유물이 아니다. 그것은 아득한 태초의 석기시대 다음에 맞이한 청동기시대의 역사적 보물이다. 그것에는 시대적인 증언이 생생하게 아로새겨져 있다. 묵은 시대의 농기구, 그것도 당시의 삽이나 괭이라고 해도 좋을 따비라는 농기구로 이랑을 새기면서 밭을 갈고 있는 사내는 아예 알몸이다. 나경(裸耕), 곧 나체로 하는 밭갈이인 셈이다.

 그런데 알몸으로 일하고 있는 이 사내는 자신의 남근을 드러내 보이고 있다. 요즘에 누가 그랬다면 성문란 죄로 고발당할지도 모른다. 거기다 더 묘한 것은 사내의 고추와 따비가 거의 나란해 평행선을 긋고 있다는 점이다.

 그런데 이 볼썽사나운 장면은 무엇인가 재미난 것을 연상시킨다. 사내가 밭에 곡식의 씨앗을 뿌리는 것과 함께 정자(精子)를 대지에 뿌리고 있다고 상상해보면 어떨까 싶다. 따비가 밭갈이에서 하는 구실과 사내의 고추가 애기를 낳는 데서 하는 구실이 맞통해 있다. 밭농사나 애기농사나 마찬가지라고 청동기시대 그림이 말하고 있다.

밭갈이와 아기 갖기

따비를 남성의 성기에 견준 것은 퍽 흥미롭다. 끝이 뾰족한 날카로운 삼각형의 쇠붙이를 긴 나무 자루 끝에 박아놓은 따비라는 농기구는 겉모습부터 사내가 노출시킨 남근과 상당히 닮은꼴을 보인다.

그러면서 그 두 가지 물건이 갖는 구실에서도 서로 닮은 데가 있음을 저 방패형 청동기는 은근히 보여준다. 따비가 밭을 갈듯이 사내의 물건은 여성이라는 밭을 가는 것이라고 일러주고 있다. 이래서 밭이며 대지는 여성에 견주어지고 있을 것이다.

그래서 '아버님 날 낳으시고 어머니 날 키우시니'라는 말이 생겨난 것이다. 낳고 생산한 것은 아버지다. 그것이 바로 방패형 청동기에 생생하게 그려진 셈이다.

하지만 이 관용어는 생리적으로는 부당하다. '부생(父生) 모육(母育) 지(之) 은(恩)'이라고 한자로 고쳐보아도 생리의 이치에 맞지 않기는 마찬가지다. 하지만 아버지는 씨종자의 제공자고 어머니는 씨를 받아서 키운 양육자에 불과하다는 부권(父權)적 이데올로기에 비추어 보면 극히 지당한 말이 된다.

어머니의 태는 다만 밭떼기에 견주어져 있을 뿐이다. 밭은 얼마든 갈아치우고 바꿀 수도 있다. 하지만 씨종자는 불변이라고 믿은 것이다.

가령 '아버님 전 뼈를 받고 어머님 전 살을 받아' 라고 무당이나 가사 작품이 노래할 경우, 뼈는 근본이고 본체다. 이에 비해서 살은 덧붙여진 것에 불과하다. 근본은 아버지의 몫이고 겉치레는 어머니의 몫이다.

뼈는 영혼의 둥지로 한 인간의 사후까지 보관된다고 또는 보관되어야 한다고 믿어졌다. 하지만 살은 숨진 뒤에 이내 삭아서 없어진다. 어머니는 그 하찮은 것을 자식에게 주는 사람이다. 여자는 혹은 계집은 어머니가 되고도 이 모양으로 대접받았다.

그러니, 남자와 여자의 관계를 말할 때, 당연히 뼈와 살의 대립을 지적해야 한다. 하지만 여자가 하대받는 남녀의 관계는 이에 그치지 않는다.

봉황새 : 참새
호랑이 : 고양이
용 : 뱀

이들은 바로 '남자 : 여자' 관계의 또 다른 보기다. 특별히 성이 지적되어 있지 않은 경우 봉황새, 호랑이, 용은 으레 수컷이다. 남성 상징이다. 이에 비해서 참새와 고양이와 뱀은 암컷이다. 여성 상징이다. 남녀의 전통적 성차별이 동물까지 미친 것이다.

참새는 고작 재재거리고 고양이는 앙칼지고 뱀은 독살스럽다. 남자가 매겨준 여성의 악덕이 이들에게 몰려 있다.

동물 중에 그 성별을 구별하지 않은 것이 아주 없지는 않다. 늑대와 여우는 남녀의 대립으로 상징된다. 사납고 표독해서 늑대는 사내고 요상하고 또 요망해서 여우는 여성이다. 이들 개과 동물만이 성 상징으로는 안과 바깥이니, 상과 하니, 아니면 강과 약이니 하는 따위의 남녀 차별을 두지 않고 있다. 둘 다 흉측하고 망측하다.

  재미나게도 한국의 옛날 어버이들이 아들과 딸에게 준 가르침이 있다. 그들은 아들을 보고는 세상 여자는 모두 여우라고 가르쳤다. 그런가 하면 딸을 보고는 세상 사내는 모조리 늑대라고 가르쳤다. 결국 이 땅에서는 늑대와 여우가 끼리끼리 짝짓기해서 부부가 된 셈이다. 그래서 한국인은 누구나 늑대와 여우의 '튀기'다. 그래서 '늑여우'라고 이름붙일 수 있을 것이다.

2 남녀, 여전히 알 수 없는 관계

남은 주(主)고 여는 부(副)

한편 농기구와 농사일에서도 남녀의 성차는 엄연히 존립하고 있었다.

따비/괭이 : 호미
도리깨 : 작대기
논 : 밭

이와 같은 양분적 대립은 앞에서 보인 동물에서 드러나는 성적 상징의 양분적 대립과 접경한다. 두 가지를 나란히 놓고 살펴도 좋을 것이다.

따비나 괭이는 큰 농기구라서 단연히 사내들 몫의 농기구다. 이에 비해서 호미는 작은 것으로 여자들이 주로 밭을 맬 때 쓰게 되어 있다. 도리깨로는 남자들이 쌀 따위의 곡식을 타작하는 데 비해서 작은 작대기로는 여자들이 깨나 콩 따위의 껍질 벗기기를 하게 된다. 남자들은 서서 두 팔을 크게 휘두르면서 타작하고 여자들은 쪼그리고 앉아서는 한 손으로 턴다. 이렇게 타작과 털기도 남녀의 차이에 대응한다.

한편 남녀의 대비가 논과 밭의 대비로 잡히는 것은 논일에서는 사내들이 주로 나서는 데 비해서 밭일은 대체로 여성의 차지라는 사실에 근거를 두게 된다. 이럴 때, 논은 주식인 쌀 생산의 터전인 데 비해 밭은 부식을 주로 생산한다는 사실에 유념하게 되면,

남 : 여 = 논 : 밭 = 주(主) : 부(副)

이와 같아져서 남녀가 주부로 갈라선다는 것을 알 수 있다.

여기서 앞에서 말한 '방패형 청동기'를 다시금 떠올리게 된다. 거기에는 따비로 밭을 파 뒤집고 있는 사내의 모습이 생생하게 묘사되어 있는데, 그가 자신의 성기를 당당히 노출시킨 채 밭일에 골몰하고 있음은 이미 지적되었다.

이로 보아서 따비와 사내 고추 사이의 은유적 또는 대유적 대비는 분명해진다. 따라서 그가 뒤집고 파고 있는 밭, 그가 모양 좋게 이랑 지우고 있는 밭은 능히 여성에게 견주어질 것이다. 이에 앞서 지적된 바와 같이 밭과 땅이 여성에게 견주어지는 나머지, 모든 여성이 결국 씨받이가 되고 말 가능성은 언제나 열려 있었던 것이다.

도깨비 이야기의 페미니즘

이와 같은 일련의 남녀의 양분법적인 대립에 관한 온갖 문맥이나 텍스트와 관련된 대목을 찾기는 어렵지 않다. 이른바 인터텍스추어리티(intertextuality), 곧 텍스트의 상호 연관성도 찾을 수 있다. 도깨비 이야기가 바로 그렇다. 엉뚱하고 당돌하게도 그 무지무지한 도깨비 이야기에서 남녀 관계를 찾다니 그게 어찌 말이나 될 것인가라고 할지 모르지만 꼭 그렇지만은 않다. 도깨비들에게서 앞에서 보아온 전통적 남녀 역학 관계에 관한 변화를 볼 수 있다. 도깨비들에게도 이미 페미니즘이 싹트고 있었다.

우리가 들어온 도깨비 이야기에서 특별히 성이 지적되어 있지 않은 경우, 도깨비는 수컷이다. 이에 비해서 귀신은 대개가 여성이다. 그러니 '도깨비 : 귀신'의 대립으로 한국의 남녀 관계를 좁혀볼 수도 있다.

도깨비는 흔히 지적되는 바와 같이 술 좋아하고 씨름 즐기고 여색을 탐하니 못된 사내 녀석을 빼닮았다. 그는 겁탈하다시피 여성을 기습한다. 그에게 여성은 차라리 희롱의 대상이다. 여자는 그가 가지고 노는 노리개다. 그러기에 옛날 한국은 물론 지금 한국의 사내들이 데리고 노는 여자를 상대로 그러듯이, 도깨비도 데리고 노는 여자를 돈으로 구워 삶는다. 도깨비는 사내의 충동적 욕망의 화신이다.

흔히 이야기되고 있는 바와 같이 바기나, 곧 여성 성기에 삼켜지는 페니스, 곧 사내의 그 물건이 바기나를 공략하고 점령하는 팔루스로 환생하기를 사내들은 은근히 바라고 있다. 페니스와 팔루스 모두 남성 성기를 가리키는 낱말이지만 페니스는 여성 성기에 함몰하고 마는 것인데 반해 팔루스는 여성 성기에 대해서 힘을 발휘하는 침략자다. 그래서 팔루스는 남권을, 남자의 힘을 상징한다.

바기나는 사내의 물건을 집어삼키는 함정이 되는 한편, 사내에게 공략당한 구렁텅이가 되기도 한다. 그게 여성 성기의 양면성이지만 이와 궁합을 맞춘 듯이 사내 물건에도 양면성이 있다. 그것은 점령자이면서도 한편으로는 항복의 백기가 되기도 한다.

일찍이 저 영특하고 현명했던 신라의 선덕여왕께서는 이 점을 멋지게 지적해 보인 바가 있다. 사내의 물건이 여성 안으로 처음 들어갈 때는 고개를 빳빳이 들고 우쭐대지만, 그것이 여성 밖으로 나올 적에는 모조리 고개가 처져 죽는 시늉을 하며 나온다는 것을 여왕은 멋진 비유법을 재치 있게 써가면서 그려내보인 것이다. 여왕 만세고 여성 만만세가 아닐 수 없다.

그런데 다름 아닌 도깨비 이야기에서 한국 남성들은 잠재적인 '바기나 공포'에서 해방된다. 물론 그로 말미암아서 그 공포에 대한 보상을 얻어낼 수도 있을 것이다. 이리하여 도깨비는 남성들을 위한 대속(代贖)자가 되고 구세주가 될 수도 있게 된다.

그러나 결과로는 그는 '당하는 자'다. 밤마다 여자를 가지고 논 도깨비는 여자에게서 끝에 가서 앙갚음을 당하고 말았다. 그에게 당한 여성이 뿌린 말[馬]의 피라는 무기와 전술에 밀려서 그는 속임을 당하고 배신도 당하고 만다. 말 피를 보고 겁을 집어 먹은 도깨비 사내는 날 살리라고 꽁무니를 빼고 만다. 갖다 바친 돈의 효험도 없이 그에게 몸을 바친 여성에 의해서 결국 보기 좋게 패배하고 마는 못난이다. 밤의 괴물, 도깨비는 그래서 기복이 심하고 굴절이 심한 행적을 남기지만 그 행적의 마무리는 별수 없이 백기를 내거는 것으로 끝난다.

그나마 포기하지 못하고 체념하지 못하는 패잔이라서 한결 더 비참하다. 아니 비루하다. 그 온갖 희극적인 엎치락뒤치락, 그것에도 불구하고 도깨비의 로맨스는 뒤가 구린, 참담하기보다 무참한 비극이 되고야 만다. 더러운 패배자가 되고 말기 때문이다.

이래서 도깨비의 에로스 이야기와 그의 씨름 이야기를 합쳐서 보면 그 나름으로 만만찮은 한국적 페미니즘이 드러날 것 같다. 여자 손아귀에서 놀다가 겨우 여자를 가지고 노는 사내가 되는가 싶었던 것도 잠깐, 그만 남가일몽이 되면서 그는 여자에게서 쫓겨나는 패잔병이 되고 만다. 버려진 빗자루 꼴이고 닳아서 못 쓰게 된 절굿공이 신세가 되고 말기 때문이다. 최후의 승리자는 여성이다.

도깨비는 섹스 다음으로 씨름이 취미다. 도깨비는 인생 철학 아닌 생의 철학으로,

　　섹스냐 씨름이냐? 그것이 문제로다

라고 독백하고 있다.

그것은 그의 권력의지를 보여주고 있다. 섹스에서는 여자를 정복하는 자로, 인간 사내와의 씨름에서는 도전자로 설치고 나선다. 그러나 결국 그는 역전패하고 만다. 여자에게 당해서는 머리 숙이고 수컷 물건은 고개를 떨어뜨리고 만다. 섹스에서는 백기를 들고 씨름에 져서는 쓰다 버린 폐물의 절굿공이로 또는 빗자루로 몰골이 변하고 만다. 결국 으쓱대는 권력의지로 망하고 만다. 세상에서 권력을 탐내고 누리는 속된 정치꾼들은 부디 도깨비를 닮지 말아야 할 것이다.

낡은 절굿공이와 닳아빠지고 삭아빠진 빗자루, 하필 이 야릇한 것들로 도깨비의 사내 본성이 드러나게 되어 있다. 한데 이때 유념할 대목

이 있다. 빗자루나 절굿공이나 필경 여성들이 쓰는 도구고 연장이다. 한데 도깨비는 여성에게 잘난 척하며 덤벼댔지만 결판에 가서는 여자 손에서 닳고 헐어빠진 절굿공이나 빗자루가 되고 만다. 여자 손에서 놀다가 여자 손에서 흉측한 꼴을 당했다. 망조가 들게 마련이다.

여자 귀신은 남자가 낳았다

하지만 어디 그게 도깨비 수놈만의 일이던가?

일반적으로 영원한 무승부, 끝없는 대치(對峙)만 있고 결말은 없을 것 같은 남녀 관계가 도깨비 이야기에서는 페미니즘에 유리하게 끝을 본다.

조선조의 멋쟁이 기생 송이는 사내들의 고추를 접낫, 곧 새끼 낫에 견주면서 깔본 적이 있다. 자신은 천심절벽 위의 낙락장송에 견준 맥락에서 그런 비유법을 사용하였으니, 남자 고추의 체면은 말이 아니다. 아주 폭삭이다.

그러니 여성에게 고추가 고약한 흉기 노릇을 하되, 그나마 구실이 신통찮아서 끝이 좋지 않은 흉기가 되고 만 것이다. 사내의 물건이 남녀 간의 섹스에서 일단 강한 처지에 서리란 것은 짐작하기 어렵지 않다. 제법 야무진 흉기 노릇을 한다. 그러나 필경 그게 무력한 것으로 드러나면, 첫 시작에서 누린 위세 때문에 오히려 처참한 지경으로 전락한다. 잘난 척하고 까불대다가 봉변당하게 되어 있다.

그런 뜻에서 송이의 시조,

솔이 솔이라 하니 무슨 솔인 줄 아는다.
천심 절벽 위의 낙락장송 그 내로다.
길 아래 저 초동(樵童)의 접낫이야 걸어볼 줄 이시랴.

이 한 편의 시조와 두 가지 도깨비 이야기, 곧 씨름꾼 도깨비 이야기와 에로스의 도깨비 이야기 사이에는 같은 심층 구조가 잠재하거나 같은 기본 구조가 존재한다고 말할 수 있다.

내친김에 『삼국유사』에 실린 선덕여왕의 남녀 비유법, '남 = 삼켜지는 자, 여 = 삼키는 자'라는 비유법을 다시 한 번 되새겨보는 것도 좋겠다.

그러니 도깨비가 여성에 대해서 갖는 관계는 그 에로스의 겉보기에도 불구하고 필경은 역학적인 것으로 드러난다. 힘의 대항이고 역학(力學)의 대전(對戰)인 것이 수컷 도깨비와 인간 여성과의 주고받음이다.

이처럼 남녀 관계의 복잡다단한 관계를 바탕에 깔고 있기는 하지만 필경 도깨비가 수컷이라는 데는 변함이 없다. 그래서 인간 남자며 사내의 상징이 된다는 점도 변하지 않는다. 그런 점에서 도깨비 수컷이나 인간 수컷이나 변함이 없다. 특별히 성징(性徵)이 밝혀져 있지 않은 이야기 맥락 속에서 호랑이, 용, 봉황 등이 으레 정해놓다시피 남성이고 따비와 타작하는 도리깨가 역시 그 성의 징표로 남성인 것과 같다.

성이나 섹스의 상징은 인간에게만 매겨진 것은 아니다. 동물과 식물, 천지와 바다를 포함한 지리며 지형 그리고 해와 달의 천체에까지 두루 미쳐 있다. 인간론적이고 생물학적이고 그리고 우주론적인 것이 성이다. 성은 온 우주에 널려 있다.

도깨비와는 대조적으로 귀신은 나타났다 하면 십중팔구 여자다. 창

백한 얼굴에 긴 머리 풀고 흰 치마를 입고 있기 마련이다. 눈 가장자리는 칼날처럼 무섭게 찢어져 있고 입술 사이로는 맹수 어금니와 다를 게 없는 이빨이 내뻗어 있다. 공포 그 자체다. 밀양 아랑각 전설의 주인공 아랑은 그 전형이다. '장화홍련전'에도 그 같은 여자 귀신이 나타난다.

이들 귀신은 여성이 입은 마음의 상처의 화신이다. 남자에게도 물론 원귀는 있다. 남자라고 원한을 다 풀고 죽는 특전을 누린 것은 아니기 때문이다. 하지만 야밤을 틈타고 현신하는 원귀(冤鬼)나 원령(怨靈)은 여성에게서 그 비중이 높아진다.

한데 이때 명심해야 할 것이 있다. 아랑의 전설에서 그렇듯이 여성이 입은 마음의 상처, 곧 트라우마는 남자의 못된 욕망이나 독선으로 말미암은 바가 매우 크다는 점에 유념해야 한다. 귀신은 인간 도깨비인 사내들이 만들어놓은 것이다. 아랑은 사내에게 짓밟혀서 죽는다. 무참하게 요절한 처녀 원귀가 된 것이다. 그래서 아랑의 넋은 떠돌이 넋, 객귀가 된 것이다.

한국에서 여자 또는 여성 전반의 그림자로는 여우, 뱀 등의 동물 이외에 인간으로는 할미, 계모가 대표적이다. 이때 그림자라는 것은 특별난 의미를 가진 말이다. 인간의 마음속 깊이 사무친 무의식의 덩치를 칼 융은 '그림자'라고 불렀다. 한데 이들 여성의 그림자에는 당연히 여귀(女鬼)를 포함시켜야 한다. '앙칼지다', '독사 같다', '여우 같다'는 악담은 사내들이 여성을 두고 흔하게 내뱉는 말이다. 매섭고 차갑고 소름끼치고 하는 따위, 이를테면 음성적인 공포의 전형들이 이들 말로 망라될 것이다.

그것들은 여성 자신이 입은 트라우마이자, 여성이 자신 속에 간직하고 있을 융 학파가 의미하는 그림자일 것이다. 아울러서 남성이 잠재적으로 또는 의식적으로 품고 있을, 여성에 대한 공포심의 상징이다. 사내들이 스스로 나서서 여성이 갖게 유도한 공포의 표상이다. 그것은 남자들 자신의 내면에 간직된 대 여성 공포감을 여성의 외모에 투사한 것이다. 하늘 보고 침 뱉기다.

밤중에 귀신과 도깨비가 맞닥뜨리면 어떤 일이 벌어질까? 숲 속에서 늑대와 여우가 마주치면 무슨 일이 터질까? 이 대답을 찾기가 쉽지 않듯이 한국의 여자와 남자의 관계도 만만찮았던 것이다.

3 안방 다르고 사랑방 다르듯, 남녀 관계도

그 하고많은 대조, 대비

안방과 사랑방은 우선은 한국의 남녀를 공간을 따라 갈라놓는다. 그러나 그 '안방/사랑방'이라는 공간의 '듀얼리즘(dualism)', 곧 '둘로 갈라서기'는 남녀 간의 위상, 지위, 처지만이 아니라 그 감정이며 정서, 감각이며 사고 등에 걸친 인간성의 듀얼리즘을 유도하고 더 나아가서는 문화며 사회에까지 걸쳐서 갖가지 대비(對比)를 낳게 된다.

안방과 사랑방은 한국적인 남녀 듀얼리즘의 산실이고 시작이다. 그 점에 대해서는 '안채/바깥채'의 대비를 두고도 같은 말을 하게 된다. 안사람은 아내고 안주인은 요즘말로 하면 주부다. 바깥사람은 남편이고 바깥주인은 가장(家長)이다. 그렇기에 안은 여성이고 바깥은 남성이다. 한데 이 같은 '안/밖'의 공간 대비는 '아래/위'며 '우/좌'(바른편/왼편)라는 방위의 대비를 낳는다. '상/하'가 권력이며 권위의 우열(優劣)을 결정짓는 것은 말할 나위도 없지만, '좌/우'도 마찬가지다.

일상생활에서는 우측은 바른편 또는 오른편이라고 한다. 정당하고 올바른 방위라는 뜻이 간직되어 있다. 좌측과 같은 뜻의 왼편이란 말에서 '외'는 '외로 된'이란 말이 알려주듯이 '잘못'이란 뜻과 무관하지 않다. 중세기 국어에서 '외다'면 '그르다'와 같은 뜻이다. 또 '외대다'라는 동사는 바른말 않는 것을 의미한다. 한데 종교의 원리나 신성(神聖)함이 문제되면 세속 사회에서 우쭐대던 우는 땅바닥에 내리박히고 만다. 좌는 거룩함이고 신다움인데 비해서 우는 극히 속되고 막된 것으로 주저앉고 만다.

부부의 무덤이 나란히 있을 때, 남편은 으레 좌측이다. 조상의 기제사(忌祭祀)를 모시면서 지방(紙榜)을 쓸 때, 남성 어른이 당연히 왼편에 좌정한다. 하다못해 조선조의 최고위 관직인 정승 자리에서 좌의정이 우의정보다 한 수 위라는 것을 지적할 수 있다. 그래서도 좌우라는 말은 있어도 우좌라는 말은 없다. 좌가 우를 앞지르고 있는 것이다.

이렇듯이 우리는 방위와 공간의 대비를,

안 / 밖
아래 / 위
우 / 좌

이와 같이 설정하는데 그것은 필경 '여/남' 사이의 대비가 된다.

또 다른, 하고많은 남녀 간 대비들

남녀 사이의 대비가 일차적으로 안방과 사랑방 사이의 공간의 대비에 걸려 있음을 이로써 헤아리게 되지만 한국 전통문화에서는 또 다른 재미있는 남녀 간의 대비를 찾을 수 있다. 그것은 이미 앞의 절에서 지적된 바와 같이,

 봉황 : 참새
 용 : 뱀
 호랑이 : 고양이
 늑대 : 여우

와 같은 대비다.
  이들 대비는 말할 것도 없이 남녀 간의 대비가 동물의 대비로 바뀌진 것이다. 여기서도 남녀 간의 우열(優劣)이며 상하는 분명히 드러난다. 여성 측의 동물들은 감히 남성 쪽의 동물과 비교하자고 들 수가 없다.
  조선조의 한 전설에서는 웬 이름 높은 선비를 짝사랑하던 여성이 죽어서 하필, 뱀이 되어서 사모하던 그 남자의 신주를 칭칭 휘감고 들더라고 했다. 이건 어떻게 보아야 하는 걸까? 일단은 눈을 흘기면서 못된 집념이라거나 아니면 독살 맞은 광기라고 흉을 볼 수도 있을 것이다. 하지만 조선조에 그만큼 자신의 뜻을 굽히지 않고 내세운 여성이 있었다고 하면 어떨까? 한국 여성 중 근대화의 화사한 상징일 수 있는 나혜석 같으면 박수를 칠 게 아닌지 모르겠다.
  한데 늑대와 여우의 대비는 익살맞다. 이미 앞에서도 말한 바와 같

이, 이 대비는 '사나움과 포악함/교활함과 간특함'의 대비를 의미하는 것이지만 양쪽 다 좋을 것은 한 치도 한 푼도 없을 것 같다.

한 시대 전만 해도 아들 가진 부모는 '세상, 여자 젊은 것들 다 여우니라' 면서 경계를 늦추지 말라고 했고 딸을 둔 부모는 '온 세상 젊은 사내놈들 모조리 늑대니 잡혀 먹히지 않게 조심해' 라고 경고했다는 것을 거듭 강조하고 싶다. 자, 그러니 그전 시대의 한국인은 누구나 늑대와 여우의 튀기였고 그러자니 그들은 '늑여우' 라고 부를 수밖에 없는 특종 동물이었던 셈이다.

하지만 꼭 늑대와 여우의 대비를 흉측하게만 볼 건 아니다. 그들 대비를 '용맹함/영특함'의 대비로 볼 수가 있는 만큼, 우리들 누구나 '늑여우' 인 게 얼마나 다행한지, 모를 일이다. 사내의 용기와 여성의 드밝은 머리가, 그리고 남자의 완력과 여성의 가슴이 하나로 어울리면 그야말로 천생연분이 아닐 수 없다. '한국 천만세! 만만세!' 이렇게 소리쳐도 좋다.

방위와 동물의 대비를 낳은 한국의 남녀 관계는 또 다른 대비를 앞에서 보인 바대로, 줄줄이 엮어내고 있다.

따비 : 호미

도리깨(타작) : 작대기(털기)

연자매 : 방아확

논(주식, 主食) : 밭(부식, 副食)

이처럼 농사짓기에서 그리고 농사 기구에서도 남녀 간의 대비가 엄연하게 제구실, 제 몫을 다하고 있음을 보게 된다.

하지만 이 경우에 남녀의 대비 사이에 '주(主)/부(副)' 또는 '대/소' 등의 대비를 볼 수 있지만 그것만 있는 게 아니다. 앞에서 언급한 늑대와 여우의 대비에서 보람 있는 대비를 꺼내 보았듯이 농사의 대비에서도 역시 적극적인 면을 찾을 수 있다. 거기에는 물리적으로 약한 자에 대한 강한 자의 배려가 있다. 사내들의 정력이 거기에 괴어 있다면 허풍일까?

그렇게 좋게 본다면 이들 농사의 대비로 우리는 결국 강한 자/약한 자 사이의 상호보완과 협동을 말해도 괜찮을 것이다. 매우 근사한, 따뜻하고 푸근한 것이 거기서 느껴진다. 안온한 정서가 마치 아랫목 같다.

이 같은 온전한 생각은 다음 일상생활용품의 대비에서 더욱더 확연해진다.

(긴) 담뱃대 : 자(尺)
지게 작대기 : 바늘

사랑채에서 울려나는 담뱃대 터는 소리는 힘깨나 쓰는 권력일 수 있다. 안방에서 자로 옷감을 가늠하는 손놀림의 율동은 보호와 안락의 척도가 되고도 남을 것이다. 이들 두 겹의 생활용구의 대비에서 어느 한쪽이라도 빠지면, 전통의 한국은 바람 앞의 담뱃재가 될 것이고 재단하다가 못 쓰겠다고 버린 천 조각 꼴이 되고 말 것이다.

생활용품의 남녀 대비는 물론 이에 그칠 수 없을 것이다. 가령 고려 가요 중 〈사모곡(思母曲)〉에서는 어머니와 아버지의 대비가 '낫 : 호미'의 대비로 잡혀져 있는데,

호미도 날이지만 낫같이 들 까닭이 없습니다.
아버지도 어버이시지만 어머님같이 사랑이 들 수 없습니다.

라고 말하면서 어머니의 사랑이 낫에 견주어지고 아버지의 사랑은 호미에 견주어져 있다. 그것은 분명히 어머니/아버지의 대비에서 어머니가 우위에 있음을 일러준다. 어머니의 사랑의 보람이 아버지와는 비교할 수 없이 태산 같다는 것이다.

고려도 그 이전의 삼국시대도 소위, 가부장제 사회 또는 부권(父權) 사회였기에 이 사모곡은 아주 돋보이고도 남는다. 그러기에 여기서도 남녀 사이의 대비가 필경 조화와 타협을 지향하면서 남녀 간에서 비로소 생김직한, 서정의 아름다움, 나아가서는 인생살이의 아름다움을 탐하고 있었음을 능히 엿볼 수 있다.

이럴 경우, 민화 한 폭을 매우 재미나게 바라보게 된다. 그 귀한 작품은 계명대학교 박물관에서 보게 되는 호랑이 그림이다. 그림 상단의 앞쪽에서는 사내가 겁을 먹고는 허겁지겁하고 있다. 호랑이가 돌연 나타났으니 그럴 수밖에 없다.

한데 그림 속 남자의 뒤쪽에서는 전혀 다른 정경을 볼 수 있다. 으르렁대며 나타났을 커다란 호랑이가 젊은 여인에게 안기다시피 하고 몸을 내맡기고 있는 것이다. 호랑이가 아니고 고양이인가 하고 다시 들여다보지만 역시 호랑이다. 그것도 대호(大虎)다. 한데도 여인은 사랑스레 맹수의 머리를 애기 다루듯 만져주고 있다니! 이게 무슨 변인가 말이다.

이게 도대체 뭘까? 가부장도 바깥양반도 필경 위대한 모성 앞에서는 무릎 꿇고 은혜를 청하고 사랑을 청해야 하는 것을 의미한다고 필자는

〈양향액호(楊香搤虎)〉, 효자도 10폭 중 한 폭.
계명대학교 행소박물관 소장.

보고 싶다. 사내가 스스로 호랑이로 자처해보았자, 여성을 대해서는 고양이에 지나지 않음을 보여주고 있을 것 같다. 그것이 양자의 평화로운 공존에 이바지할 것은 뻔하고도 남는다.

호랑이를 안고 있는 여성의 이미지는 어쩌면 당돌할지도 모른다. 그러나 거기에는 여성이 스스로에게 부친 꿈과 남성이 여성에게 부친 꿈이 어울려 맺혀 있을 것 같다.

전통 한국 사회에서 여성은 그 아름다움과 맑고 깨끗함으로 칭송되었다. 머리꼭지부터 다리 끝까지 여성의 외모는 미술작품이다시피 했다. 쪽진 머리에는 은비녀며 옥비녀가 꽂혀 있었고, 뒤꽂이로는 빙허각(憑虛閣) 이씨가 그의 책 『규합총서(閨閤叢書)』에서 '연봉잠', 이를 테면 '연꽃봉오리 빗'이라고 이름 붙인 구슬 빗 말고도 은 귀이개가 은근하게 돋보이고 있었다.

뿐만 아니다. 귀에는 '명월(明月) 구슬'이라 일컬어진 귀걸이가 훤하게 둘레를 밝히고 저고리 앞가슴에서는 호박 달린 오색 노리개가 눈부셨다. 지척에는 은장도가 영롱했고 저고리 소매 끝의 팔목에는 주작(朱雀)이라고도 일컬어진 다섯 빛 비단 팔찌가 영롱했다. 발은 발대로 또 엄청나다. 열두 폭 주름치마 자락 아래로는 꽃무늬 새겨진 당혜(唐鞋)가 아니면 구름무늬 아로새겨서 비단실로 짠 '사혜(紗鞋)'가 보일 듯 말 듯 보는 이의 눈길을 사로잡았다. 이처럼 아름다움의 결정체(結晶體)이기에 우아하고 다사롭기에, 우리의 옛 여인들은 비로소 호랑이도 곱게 다스릴 수 있었다.

대례복 차림에다 머리에 족두리 쓰고 얼굴에는 연지 찍고 곤지 찍은 신부의 모습은 또 어떤가! 그 머리 모양, 그 얼굴 모양 자체로 갓 피어나려는 꽃봉오리다. 족두리의 육각형 맵시는 바야흐로 벙긋하게 벙글은 꽃망울이다. 연지 곤지는 바야흐로 움트려는 꽃순이다. 이른 봄, 불그레하게 고운 빛을 띠는 꽃순이다. 만일 그 머리에 꽃구름무늬 아로새긴 옥비녀가 꽂혀 있다면 색시는 그만 혼자로도 화사한 꽃밭이 될 것이다.

이 같은 순들이 돋아오르고 이 같은 꽃망울이 피어나면 온 세상은 봄이 된다. 남성 세계에도 비로소 봄이 찾아들 것이다. 여성은 꽃이라고 했다. 사내는 나비라고 했다. 물론 여기서도 여성에게는 피동적인 기다림뿐이고 사내라야 사랑의 능동적인 주체라고 남녀 간의 대비를 좋지 않게 볼 수도 있을 것이나.

하지만 꽃 없는 나비는 그 존재가 위험해진다. 나비 없는 꽃은 그 존재성을 이룩해낼 수가 없다. 남녀가 세상 살기를 이처럼 하라고, 이처럼 사내와 여인이 서로 필수불가결이 되게 하라고 우리네 조상들은 남녀의 대비를 '나비 : 꽃'의 대비로 그려놓았다.

천지의 조화, 우주의 화음 같은 것

그 같은 남녀 사이에 있음직한 삶의 미학과 서정성은 다음과 같은 대비에서 가장 멋지고 귀하게 결정(結晶)을 일군다.

그것은 다름 아니고,

하늘 : 땅
하늘 : 바다(물)
해 : 달

이런 우주적인 대비에서 드러난다. 앞에서 이미 제시된 바 있지만 워낙 소중한 것이기에 거듭 되새겨보는 게 좋겠다.

이 대비에서 일단은 상/하, 우세/열세 따위로 남녀 사이를 바라보게 될 것이다. 하지만 그것을 전적으로 또 일방적으로 덮어씌워서는 안 된다. 앞에 보인 대비는 우주의 섭리고 대자연의 질서다. 우주적인 조화고 화음(和音)이다. 땅이 하늘을 떠받들고 우러르면 하늘은 풍요의 비로 그에 응답한다. 땅이 없으면 하늘은 제구실을 잃고 만다.

물론 앞에서 보인 몇 가닥의 남녀 대비에서 여성들의 입장에서 불리하고 편찮은 이야기를 얼마든지 꺼낼 수 있다. 지금껏 흔히들 그렇게 해온 것도 사실이다. 그 모든 대비가 오늘날 페미니즘의 처지에서는 못마땅한 것, 꺼려서 도려내어야 할 것 등으로 치부되는 것도 부인할 수 없다. 안방 살림을 치장할 각종 장이며 농이며 궤 그리고 함지들은 이럴 때, 무슨 말을 오늘의 우리에게 건네고 있을까? 궁금하다.

그것들은 한편에서는 단출하고 투박하다. 서툴게 보이기도 한다. 그러나 거기에는 소박미가 은근히 묻어 있다. 그것은 지나간 시절, 안방마님들이, 우리 어머니들이 일상생활에서 자신들을 스스로 가꾼 모습들이다. 근면하고 바지런하고 근검절약할 줄 알았던 그 미덕이 차분하게 거기 어려 있다. 궂은일, 고된 일 가리지 않고 식솔들 뒷바라지에 몸 바친 우리 여성들의 마음이 거기에 있다. 그것을 고요한 열정이라고 불러서 틀릴 것이 없다.

그런가 하면, 다른 한편으로 그 가구들은 화사를 극하고 섬세함의 극치에 오르고 있다. 전체 디자인을 비롯해서 문양과 금속 장식품은 한국적 공예 미학의 절정에 다다른다. 그것은 그분들이, 그 안방마님들이 우리들 세상이 그리고 살림살이가 빛으로 넘치기를, 환하게 빛나기를 바랐기 때문이다.

앞의 것이 갖는 소박미에 견주어서 이 후자를 현란(絢爛)미라고 해도 좋을 것이다. 사철 베옷 입고서는 일에 몸 바치느라 햇빛에 그을고 땀에 저린 얼굴로 은근히 미소 짓던 우리 어머니들이 계신 한편으로 집안 큰 경사에 환하게 파안대소하시던 어머님들이 거기 계신다. 그러시면서 그분들은 호랑이처럼 으르렁거리던 남성을 달래고 북돋우면서 남녀 간에 온전히 조화가 잡힌, 인간 사회를 꾸려온 것이다. 세상을 더없이 곱게, 더없이 정겹게 또 아름답게 가꾸어온 것이다. 이는 오늘날의 우리에게 너무나 큰 교훈이다. 그 삶의 서정, 그 생의 미학은 박물관에 길이 소장되고도 남음이 있다. 실제 우리의 생활 속에서 '생의 철학'으로 살아 움직여서 마땅할 것이다.

남녀 동권이라면 투쟁이 그리고 경쟁이 또는 다툼이 앞장서곤 하는 일부 페미니즘의 시각에 조금은 변화가 있어야 할 것이다.

남녀는 언제나 영원한 공존이다. 경쟁도 아니고 투쟁도 아니다. '옛것을 보고 새것을 배운다'는 속담이 새삼 아쉽다.

4 신화와 전설이 말하는 남과 여

하늘과 땅, 하늘과 물

신화는 원칙적으로 역사가 있기 이전의 이야기다. 까마득한 태초로부터 신화는 시작되었다. 그런 신화에서 남과 여에 관한 이야기는 제법 큰 몫을 차지한다. 남과 여의 그리고 그들의 관계는 신화에서 그만큼 큰 비중을 갖는다고 해도 좋을 것이다. 더 나아가서는 인류의 사회며 문화에서 원천적으로 남과 여 그리고 그들의 관계가 중요하다는 것에 대해서도 신화는 말하고 있는 셈이다.

태초에 남과 여가 있었으니, 그들은…….

신화는 이렇게 운을 떼는 것이나 마찬가지다. 이 점은 고조선의 단군 신화에서, 가락의 수로왕 신화에서, 신라의 혁거세왕 신화에서도 다 마찬가지다.

이들 신화에서 남과 여의 짝은 하늘과 땅 또는 하늘과 물의 짝임을 알아볼 수 있다. 이를테면 건국 시조인 수로왕과 혁거세왕은 모두 예외 없이 하늘에서 직접 내려온 존재이거나 하늘이 점지해 태어난 존재다. 단군 신화에서는 단군의 아버지인 환웅이 하늘에서 내려온 존재다. 그런가 하면 고구려 동명왕 신화에 등장하는 부여왕 해모수는 천지 사이를 자유롭게 내왕하는 신격을 가진 것으로 전해진다. 아침에 구름을 타고 하늘에서 지상으로 내려와서는 정사(政事)를 보살피다가 해질녘에 다시 구름을 타고 하늘로 되돌아간 것으로 행적이 그려졌다.

이에 비해서 혁거세왕의 비인 알영은 우물에서 태어났고 수로왕의 허비는 바다를 건너온 것으로 되어 있다. 이와 비슷하게 해모수왕의 비는 웅심연리라는 큰 연못 또는 깊은 물밑에 자리한 나라에서 유래하는 것으로 신화는 그린다.

이렇기 때문에 한국의 상고대 신화에서 남녀의 대비는 곧 천지 또는 천수(天水)의 대비를 이룬다 해도 괜찮을 것이다. 신격화된 남성은 이를테면 '천부신(天父神)'으로 간주되는 셈이고 이에 비해 배우자인 여성은 '지모신(地母神)' 또는 '대지모신(大地母神)' 아니면 이에 준하는 '수모신(水母神)'으로 간주되는 셈이다.

이런 남녀 신의 대비에서 하늘은 상(上) 또는 고(高), 이를테면 높고 아스라한 것을 상징하는 것에 더불어서 지배, 통어(通御) 및 그것들에서 유래되는 권력 등을 상징한다. 그런 상징성의 바탕에서는 거룩함 또는 신성(神聖)함이 힘을 끼치고 있다. 그래서 천리(天理), 곧 하늘의 이법(理法)이 이들 남성들에 의해서 지상 세계에 실천되는 것으로 간주되어왔다. 이에서 우리는 한국인의 하늘 신앙의 원형을 찾을 수 있다고 본다. 어쩌면 '남편 섬기기를, 아버지 섬기기를 하늘 받들 듯하라'는 명제는 여기서 나왔을 수도 있겠다.

이와 같이 하늘과 관련된 '부권(父權) 원리'와는 대조적으로 모성 원리는 대지 또는 물과 관련되었다. 대지가 곧 인간 및 지상 모든 존재의 모태(母胎)로 간주될 수 있듯이 그 대지에 자리 잡은 물 또한 그에 못지않게 생명력과 생산성의 기틀로 섬길 수 있었던 것이다. 이 가운데서도 신라 경주의 '알영정(閼英井)'과 부여의 '웅심연(熊心淵)'은 각기 우물과 연못으로서, 단적으로 여성 상징을 겸한다.

이 점은 고려 시조들의 신화에서도 거듭 확인된다. 이름부터가 용녀(龍女)라고, 물과 맞맺어진 여성 시조는 그 원천을 서해 바다의 용궁에 두고 있거니와 개성에 있는 '개성정(開城井)'은 용녀가 용궁과 고려 사이를 내왕한 통로로 전해져왔다. 이와 같은 개성정이 알영정과 웅심연의 상징성을 공유하고 있음은 새삼 말할 나위도 없다. 한데 이와 같은 우물 또는 연못이 갖춘 여성 원리는 후세에 전국 각지에서 믿은 '샘물 신앙' 또는 '약수 신앙'의 원천이 되었다. 약수터에서 섬겨진 신은 으레 여성이다. 때로는 할미신이기도 하다.

이처럼 여성 원리와 맞맺어진 우물과 연못은 그 유래가 까마득한 신화시대로 거슬러 올라가는 한편으로 극히 근세의 민속신앙에까지 그 자취가 이어진다. 그만큼 인간 심리의 근본에서 강한, 지속적인 원형성을 갖추고 있다. 그것은 칼 융의 집단 무의식과 관련된 원형이기도 하다.

곰이 상징하는 모성 원리

누구나 알다시피 단군 신화에서 곰은 '웅녀(熊女)'로 이름 지어졌다. 이를테면 곰이자 인간 여성이고 인간 여성이자 곰인 존재가 곧 '웅녀'다. 요즘 같으면 '곰네'라고 이름 지을 수도 있을 것이다. 이에 비해서 그녀의 남편이 될 환웅(桓雄)은 하늘에 근본을 둔 천신으로 간주되어 왔다.

그러하기에 환웅과 웅녀 사이에는 '하늘과 땅' 그리고 '인간과 동물'이라는 겹으로 된 대비가 끼여 있다. 이와 같은 대비 속에서 곰은 신성시되고 그래서 '어머니 동물'이라는 면모도 갖춘다. 더 나아가서는 '우주 동물'이라는 속성도 갖출 수 있는 존재로 간주되기도 한다.

한데 단군 신화에서 곰과 호랑이가 다같이 인간으로 화하고자 하지만 호랑이는 실패하고 곰만이 뜻을 이루었다. 이와 같이 곰과 호랑이가 보여주고 있는 차이는 '신성 : 세속'이나 '우주적인 존재 : 지상적인 존재'라는 대비와 관련되지만, 곰이 '사람 닮은 자세'를 갖추고는 두 발로 설 수 있는 '두 다리 동물'일 수도 있는데 비해 호랑이는 사람 모습과는 전혀 다른 네 발 짐승이라는 대비와 맺어져 있다. 웅녀인 곰이 사람의 몸을 얻어 인간이 된 것에 비추어서 호랑이에게 그것이 불가능했던 것은 바로 이 때문이다.

그래서인데 북동부 시베리아 전역에서 곰은 사람과 사촌으로, 아니면 아예 사람으로 간주되었다. 심지어 인간과 형제고 자매일 수 있는 짐승이 곰이라고 생각되기도 했다.

이와 같이 동북아시아 시베리아 지역의 곰에 부치는 생각과 관련해, 단군의 어머니 격인 웅녀라는 곰은 고조선족의 '시조모', 곧 시조어머니로 섬겨진 셈이다. 곰이 인간으로 화신(化身)할 수 있는 동물이라는 관념은 그 지역적 분포가 알타이 산맥 동쪽의 시베리아 일대와 그에 이웃한 동북아시아 전역에 퍼져 있다. 바로 이 같은 사실을 배경으로 삼아 웅녀에 관한 신화는 마련될 수 있었다.

앞에서 보았듯이, 한반도 및 그 북부 대륙에 걸쳤던 상고대 왕국에서는 그들 시조를 두고 '하늘 : 땅', '하늘 : 물'이라는 대비를 마련했던 것이다. 그것은 앞에서 이미 지적한 바와 같이, 남녀의 대비가 곧 '하늘 : 땅' 그리고 '하늘 : 물'의 대비로 파악된다는 것을 말해준다. 그런데 단군 신화는 일단은 이에서 비껴난 듯이 보일 것이다. 다만 '하늘 : 곰' 또는 '사람 : 곰'으로서만 남녀의 대비가 잡혀질 것으로 생각된다.

그러나 이 대비는 결국 혁거세 신화, 해모수 신화, 고려 왕조의 시조 신화가 보여주는 바와 같이 '하늘 : 땅'의 대비와 맞통한다. 환웅이라는 남성이 하늘에 그 근본을 두는 것과 대조적으로 곰인 웅녀가 그 근본을 지상에 두고 있음을 이끌어낼 수 있기 때문이다. '하늘 : 땅'의 대비로 잡힐 남녀의 대비는 상고대의 세 왕국과 고려 왕조에서만 나타나는 것이 아니다. 고조선 신화에서도 볼 것이다.

백제의 아내와 신라 약혼녀의 사랑

왕의 정욕도 물리친 서민의 아내

유감이게도 우리의 옛 문헌은 남녀 간의 사랑에 대해서는 인색한 편이다. 말을 아껴서 사랑도 아낀 것이면 좋으련만 꼭 그런 것 같지는 않다. 그러나 그 때문에 드물게 남은 만큼, 남녀 간의 사랑에 관한 이야기는 귀하고 소중하다. 그래서 우리의 옛 문헌은 남녀 간의 사랑에 유달리 정성을 쏟은 것일까? 알 듯 말 듯하다.

어떻든 남겨진 이야기는 극소수인 만큼 극도로 귀한 대접을 받아야 할 것이다. 이것만은 장담해도 좋다. 그중에는 다음과 같은 감동적인 이야기가 있다.

도미는 백제의 하찮은 백성이었다. 하지만 의리를 알며 소행이 발랐다. 그 남편에 그 아내라고, 부인은 아름답고도 행실이며 몸가짐이 올곧아서 남들의 칭송을 들었다. 부인을 기리는 소문이 자자했다. 공교롭게도 개루왕에게 그 소문이 갔다. 개루왕은 도미 아내가 절세의 미인이란 말을 듣고는 엉뚱한 욕심을 품었다. 먼빛으로 한 번 보고는 마음이 흔들렸다. 그렇지 않아도 호색해서 여성 탐이 많았던 왕이라 절세의 미인을 향한 욕정은 누르기 어려웠다. 먼저 도미를 불러서 눈치를 보기로 했다. 이런저런 얘기를 하다가 왕이 운을 뗐다.

"무릇 여자는 얼굴이 고우면 마음도 고와야 하는 법. 겸해서 그 몸을 맑고 깨끗하게 간수하도록 정성 드리는 법. 하지만 그럴 듯한 신분의 사내가 은근한 곳에서 달콤한 말로 꾀고 비위 맞추면, 흔들릴 수도 있지 않을까. 대단한 미인을 아내로 둔 자네 생각은 어떤가?"

도미는 왕이 제 마음을 떠본다는 것을 눈치채고는 또 그 음흉한 심중을 헤아리고는 짐짓 단호하게 대답했다.

"그렇습니다. 사람의 마음은 믿을 만한 게 못 됩니다. 여자의 마음은 더 하지요. 하지만 제 아내라면 끝까지 믿어도 좋을 것입니다. 저는 그런 아내를 둔 게 크나큰 기쁨입니다. 우리 내외, 비록 신분은 하찮지만, 두 사람 서로 아끼고 사랑하는 마음은 남부러울 게 없습니다."

그럴수록 왕의 호기심과 욕정은 더해갔다. 시간이 지나 어느 밤에 그럴싸한 구실을 꾸며서는 도미를 궁중으로 불러다 놓았다. 감금하다시피 했다. 그런 다음 신하를 도미의 집으로 보내었다. 그에게 왕의 옷을 가져가게 했다. 왕의 말을 끌고는 종자들을 데리고 가게 했다. 도미의 아내로 하여금 왕의 근사한 행차를 미리 엿보게 하면 기가 죽어 유혹에 쉽게 넘어올 것이라는 심산이었다. 한참 뒤에 왕이 친히 나타났다. 달콤한 말을 이것저것 한 끝에 왕이 둘러댔다.

"나는 진작부터 그대가 절세의 미인이란 것을 듣고 있었다네. 사무치게 보고 싶었다네. 그래서 아까 막 네 남편을 궁중에 불러다 놓고는 장기로 내기를 하였다네. 네 남편이 지면, 너를 궁중에 바치기로 하고 말이야. 한데 운수 좋게 그 장기 내기에서 내가 이겼지 뭔가. 그래서 너는 이제 궁녀가 된 거야. 아니 나의 후궁이 된 거야. 너는 바야흐로 나를 받들고 섬겨야 하느니라."

그렇게 을러대면서 여인에게 덤볐다. 도미의 아내가 그를 막으면서 차분하게 말했다.

"어찌 국왕께서 근거 없는 말씀을 하시겠습니까. 순순히 왕의 뜻에 따를까 합니다. 바라옵건대, 대왕께서는 먼저 침소로 드시옵소서. 저는 옷을 바꾸어 입고는 뒤를 따르겠습니다."

그러고는 도미의 아내는 예쁜 계집종을 골라서 자신처럼 몸차림시켜 왕에게 들여보내었다. 다음 날 아침, 왕은 속은 것을 알고 노발대발했다. 아무 잘못도 없는 도미를 대역죄로 얽어서는 두 눈동자를 빼내었다. 그러고는 작은 배에 실어 한바다로 띄워보내고 말았다. 광기가 치솟은 왕은 도미의 아내를 궁중으로 잡아와서는 억지로 범하려 들었다. 도미의 아내는 공손하게 말을 걸었다.

"이제 저는 남편 잃은 몸입니다. 홀로 목숨을 부지해야 하는데 왕께서 저를 가까이 하시겠다니 여간 요행이 아닙니다. 제가 대왕을 모시다니요, 영광입니다. 한데 지금 저는 월경을 하고 있는 중입니다. 몸이 더럽혀져 있습니다. 며칠만 여유를 주시면 몸을 맑히고는 대왕을 모시도록 할까 합니다."

여인이 타이르듯이 곱게 말하자, 왕은 그러마고 했다. 왕이 마음을 놓고 있는 틈을 타서 여인은 왕궁을 빠져나왔다. 앞 못 보는 남편이 배에 실려서 쫓겨난 물가로 갔다. 하지만 남편의 행방을 알 길이 없었다. 혹 알았다 해도 타고 갈 배가 없었다. 슬픔이 사무쳤다. 땅을 치면서 통곡했다. 그러자 하늘이 도운 것일까? 요행으로 배 한 척이 느닷없이 나타나는 게 아닌가! 덮어놓고 배에 몸을 실었다.

"절 남편에게 데려다 주시구려!"

하늘에 빌고 또 빌었다. 배는 물결따라 흐르고 흘러서는 마침내 어느 외딴섬에 닿았다. 남편이 배에 실려서 흘러간 물길을 그대로 따라간 덕을 보았다. 거기서 남편을 만나게 되었다. 남편의 눈이 된 아내의 사랑은 날이 갈수록 짙어만 갔다고 전해진다.

반쪽 거울로 다진 사랑

이제 신라의 설(薛) 씨 성을 가진, 어느 따님의 이야기를 할 차례다. 서민을 아버지로 둔 그녀는 무척 아름다웠다. 말씨가 곱고 행실이 단정한 데다 정도 많아서 누구나 찬미하고 탄복해 마지않았다.

그녀는 형제도 없이 무남독녀였다. 하지만 늙은 홀아비를 정성껏 모시며 효성을 바쳤다. 그러던 중, 진평왕 때에 아비는 방위병으로 나가게 되었다. 북방 변두리, 머나먼 땅으로 병사가 되어서 가게 되었다. 하지만 병들어서 몸이 쇠한 데다 나이도 너무 많았던 터라, 소집에 응하기는 무리였다. 딸은 자신이 대신 나가기를 바랐지만 여자라서 가망 없는 일이었다. 심각한 고민에 빠졌다.

그러던 중 이웃에 사는 웬 총각 하나가 대신 병역을 맡아서 가겠노라고 나섰다. 그도 평민이었다. 이름이 가실이라고 했는데 평소부터 늘 설 씨 처녀의 미모에 넋을 팔고는 사무치게 그리워하고 있었다. 그런 나머지 성질이 곧고 성실했던 그는 설 씨 처녀의 나이 많은 아버지가 군대에 가는 것을 모른 척 보고 있을 수가 없었다.

의리와 정이 남다른 가실을 보고 노인이 말했다.

"이 늙은이를 위한 그대의 정성을 아무것도 가진 게 없는 내가 무엇으로 갚는단 말인가? 바라건대 나의 딸이라도 싫다 않는다면 아내로 맞아주었으면 좋겠네."

가실은 뛸 듯이 기뻤다. 그가 대답했다.

"감히 제가 바랄 일은 못 되지만, 진실로 소원합니다."

가실은 마음이 급했다. 당장 처녀에게 약혼하기를 청했다. 하지만 처녀는 간곡하게 타이르듯 말했다.

"혼인은 인륜대사가 아니옵니까. 서두를 일이 아닙니다. 아버님께서 이미 약조를 하시고 저도 아버님 말씀을 따르기로 하였사오니 서두르지 마십시오. 당신께서 병역을 마치고 돌아오시면 곧장 혼례를 올리기로 하겠습니다."

그러면서 여인은 가지고 있던 구리거울을 반으로 쪼개어서는 서로 나누어 가지자고 했다.

"이것을 신표(信標)로 삼아서 훗날을 기약하기 바랍니다. 그대가 돌아오시는 날, 반쪽씩을 하나로 맞추어볼 것입니다."

가실은 그가 기르던 말로 이에 응답했다.

"이 말은 제가 소중하게 기른 것입니다. 명마가 틀림없습니다. 제가 가고 없는 사이, 대신 길러주시면 우리 사랑의 기약도 굳어질 것입니다."

이로써 둘은 애달픈 작별을 하게 되었다. 가실은 머나먼 북녘 땅으로 갔다.

한데 나라의 사정이 나빠져서 삼 년을 기약했던 병역은 육 년으로 길어지고 말았다. 그것은 나가 있는 사람에게나 기다리는 사람에게나 너무나 까마득한 세월이었다. 처녀는 이미 시집갈 나이를 넘기고 있었다. 이대로라면 혼기를 놓치고 평생을 혼자 살지도 몰랐다. 아버지는 딸에게 더는 기다리지 말고 다른 데로 시집가라고 했다. 하지만 처녀는 단호했다.

"먼저 혼약을 청한 것은 아버지가 아닙니까. 우리가 아닙니까. 가실은 그 아버지의 말을 믿고는 아버지 대신 기꺼이 병역을 맡아서 고생을 자청한 것이 아닙니까.

지금 그분은 적과 맞서서 죽음도 마다 않고 싸우고 있을 것입니다. 우리가 한 약조를 의지 삼아서 그 고통을 이기고 있을 게 뻔합니다. 아버님이 뭐라고 하셔도 이 딸년은 신의를 저버릴 수 없습니다. 두 번 다시 말씀 꺼내시지 않기를 바랍니다."

한데도 아비는 막무가내였다. 딸 몰래 다른 남자를 사위로 정하고는 혼인 날짜까지 잡았다. 딸은 완강하게 거절했다. 아예 도망질을 하기로 마음먹었다. 가실이 남기고 간 말을 붙들고는 하염없이 눈물을 쏟았다. 고삐를 잡고 등을 어루만지면서 울고 또 울었다.

한데 그때 가실이 돌아왔다. 몰골이 초라하고 거지꼴이었다. 누군지 알아볼 수도 없었다. 의아해하는 처녀를 앞에 두고 가실이 무엇인가를 품에서 꺼내었다. 말 앞에 던졌다. 바로 반으로 쪼개진 거울이었다. 여인은 제가 지녔던 나머지 반 조각의 거울을 꺼내어서는 맞추었다.

5 여성이란 것 : 그 근본적인 물음

한국 여성의 성, 그 초입을 위한 몇 마디 : '제1.5의 성'

지금 우리는 '제2의 성'과 '제1의 성' 사이에서 펼쳐지는 논쟁을 상상 또는 가상해볼 수 있다. 이는 실제로 두 성 사이의 논쟁이 벌어진 것이 아니라고 전제하고서 하는 말이다. 논쟁의 주역이 될 사람들은 크게는 아닐지라도 상당한 시대차를 두고 생존한 사람이고 모르긴 해도 직접 만난 일은 아예 없을 것이다.

제1의 성을 주장한 당사자가 후학(後學)으로서 제2의 성을 내세운 선학(先學)에게 반론을, 그나마 전면적 반론이라기보다는 조건부의 반론을 제기하긴 하였지만 그때는 이미 선학이 이 세상 사람이 아니었다. 그러나 한쪽이 다른 한쪽에게 반기를 든 이상, 서로 간의 논쟁을 상상

해볼 수는 있다.

이제 둘러서 말하는 것은 그만두기로 하자.

'제2의 성'은 시몬 드 보부아르(Simone de Beauvoir)의 저 유명한 『Le Deuxieme Sexe』(1949)이고 '제1의 성'은 헬렌 피셔(Hellen Fisher)의 『The First Sex』(1999)란 것을 밝힌다. 이미 널리 알려져 있다시피 제2차 세계대전 직후, 실존주의 철학의 여걸이던 보부아르의 저서에서 '제2의 성'이란 단적으로 여성을 지칭했다. 말할 것도 없이, 첫째가 남자고 둘째가 여성이라는 것이다.

아무려나 실존주의의 기수이던 사르트르와 계약 결혼을 한 것으로 온 세상을 왁자하게 한 보부아르는, 여성은 문화와 역사가 만든 것, 따라서 그 주역인 '제1의 성'인 남자가 만든 것으로 보았다. "여자는 여자로 태어나지 않는다. 여자는 여자로 만들어진다"고 말한 너무나 유명한 명제는 그 뒤 엄청나게 자주 사람들의 입에 오르내렸다. 보부아르가 여성을 '제2의 성'으로 본 것은 그의 이름값을 한 것이기도 하다. 그녀의 이름인 'Beauvoir'는 문자 그대로는 잘 보는 것이기 때문이다.

하지만 이에 대해서 미국의 여류 인류학자인 피셔는 이의를 제기했다. 그녀는 "보부아르가 이런 글을 남긴 후 시대도 많이 변했다"고 전제하고는 이어서 "나는 이런 자료들을 다른 시각에서 읽는다. 여성은 으뜸가는 성이다. 제1의 성이라는 말이다. 남성이 되기 위해서는 화학물질을 첨가해야 한다. 생물학적 관점에서 제1의 성인 여성은 지금 경제 및 사회생활의 많은 영역에서 제1의 성으로 두각을 나타내고 있다"고 잘라 말했다. (『제1의 성』, 정명진 옮김, 생각의나무, 10~15쪽 참조)

이런 차이는 제1, 제2라는 숫자의 차이가 그렇듯이 끝내 대치(對峙)할 만큼 결정적인 것은 아니다. 모르긴 해도 보부아르는 '제2의 성'이란 말에 항변의 뜻을 담았을 것이고 그 항변이 드디어 피셔로 하여금 '제2의 성'이던 것을 '제1의 성'으로 석차(席次) 바꿈하도록 유도했다는 관측이 가능하기 때문이다. 현대 페미니즘의 제1세대와 제2세대 사이에서 일어난 '제2의 성'과 '제1의 성'의 엎치락뒤치락은 현대 페미니즘의 움직임으로 보았을 때, 역사적 필연이었을지도 모른다.

그러나 오늘날 한국의 '페미니티' 그리고 여성 '젠더'에 물음을 던진다면, 다소 문제가 착잡해진다. 생리학적으로 그리고 유전학적으로 여성이 '제1의 성'임을 피셔 편에 서서 시인하는 데는 아무 문제가 없다.

그러나 여성이 아직도 사회적으로 문화적으로 또한 경제적으로 '두각을 나타내는' 정도로 볼 때 한국에서는 피셔 편에 서기가 좀 무엇할 것 같다. 그다지 탐탁지 않을 것 같다. 이 땅에서는 여성이 여전히 '제2'로 머물러 있는 경향이 강하기 때문이다.

그래서 절충안을 내놓고 싶다. 오늘날 한국 여성은 '제1.5의 성'이라고······.

그렇다면 한국의 남성 또한 '제1.5의 성'이 될 테니까, 둘을 모아서 3이 된다. '제1의 성'과 '제2의 성'이 합치면 3이 된다. 이래저래 3이기는 마찬가지다.

한국 여성의 신화적인 삼대 수수께끼

한데 참 묘하게도 신화로 보면 한국 여성은 처음부터 '제1.5의 성'을 소유해왔다.

모든 여성의 시조라고 해도 좋을 '대지모신(大地母神)' 곧 신화에 등장하는, 배우자 없는 '대지의 어머니', 이른바 'Great Mother'는 누가 뭐라고 해도 '제1의 성'이었다. 이 점은 보부아르도 부인 못할 것이다. 대가야의 '정견(正見) 모주(母主)', 신라의 '선도산 성모(聖母)'는 남녀 구별이 생기기 이전의 첫 어머니, 곧 태초의 어머니일 가능성이 충분하다. 속말로 하자면 그녀들이 출산한 아이들은 날 적부터 '아비 없는 자식'이었을 테니까 말이다. 이들 신격화된 여성들은 남성 없이도 아이를 낳을 수 있었다. 그런 뜻으로 그들은 제1의 성이었다.

이 엄청난 '국조모(國祖母)'들에 관한 신화에서 여성은 제1의 성이다. 하지만 현실적으로 한국의 문화에서 여성은 '제2의 성'이었다. 단군 신화에서 웅녀가 남신에게 빌어서 아기 갖기를 소망하였고 그래서 그 소청이 받아들여져서 비로소 혼사(婚事)를 치른 대목이 이에 대해서 말해준다.

그러니까, 신화에 그려진 국조모 또는 대지모신이 누리던 제1의 성과 현실적으로 한국 여성에게 강요된 제2의 성, 그 양쪽에 이 땅에서 사는 여성의 성이 걸쳐 있는 셈이다. 그래서 제1과 제2를 합쳐 둘로 나누면 도리 없이 '1.5의 성'이 나온다. 그게 신화와 현실을 함께 살펴서 얻어낸 이 땅 여성들의 성 수치(數值)다.

그러나 한국의 신화가 여성을 두고 하는 발언은 결코 단순하지 않다. 한국 신화의 여기저기에는 여성에 관한 이상한 징후가 깃들어 있기 때문이다. 그것들은 야릇하고 또 더러는 민망하기는 해도 어김없이 한국인이 간직한 '여성상'의 '고대형' 또는 '원형'이기에 얼굴 한번 찡그리는 것만으로 지나칠 수가 없다. '이상 징후'이기에 오히려 만만찮은 진실이 숨어 있다고 봐야 마땅할 것이다. (그게 또 후손의 도리일지도 모른다).

해서 몇 가지 여성의 이상 징후를 골라보기로 한다. 하지만 무슨 일 정한 순서가 있는 것은 아니기에 그저 무작위로 몇 가지를 열거하면 다음과 같다.

첫째, 동명왕의 어머니, 곧 모후인 유화가 그녀의 동생들과 함께 곤드레만드레 술에 취하는 장면이다. 그것도 처녀들이 떠벌인 자리에서 술상 차려놓고 떳떳하게 마셔대는 것이니 술의 신, 바쿠스의 딸들이 아니고는 여간 민망한 장면이 아니다. 그러다가 취할 대로 취해서는 이른바 '약취(掠取)혼'을 당하니 엎친 데 덮친 격이다.

둘째, 단군 신화의 웅녀에 관한 것이다. 뭘 어떻게 했기에 쑥과 마늘만 먹고 자그마치 백 일 내내 햇빛 한 번 보지 못한 채 웅크려 있었다니! 여간 불가사의한 일이 아니다.

이상에 관해서는 다음에 소상히 이야기하도록 하고, 우선 여기서는 서둘러 세 번째로 화제를 옮기기로 한다.

여자나 남자나 볼메게 되면 뾰로통해지고 입이 붓는다. 특히 입술이 붓는다. 그러면 평소보다는 입술이 길어 보일 것이다. 아무래도 남자보다는 여자 쪽이 더 자주 더 크게 뾰로통해지다 보니, 여자의 입술이 길어지는 정도가 남자보다는 더 클 것이다. 볼멘소리도 그 정도가 심해질 것이다. 여자가 토라져서 무서운 것은 이 탓이다. 하지만 바로 같은 탓으로 여성은 더 예뻐 보이기도 하니, 알다가도 모를 일이다.

그래서 그런지, 이 땅의 신화에는 기다란 오리의 부리 같은 입술을 가진 여자 주인공이 두 사람이나 있었다고 전해져 있다. 이건 참 묘한 이야기다. 이게 바로 한국의 신화에서 찾아낼 여성에 관한 세 번째 이상 징후다. 한데 이들 신화의 여주인공은 굳이 뾰로통해서 입술이 길어진 것은 아니다. 그저 평소에도 입술이 오리 입술이었다니 여간 괴이쩍지 않다.

입술 긴 두 여자! 그들은 누굴까? 한 여인은 신라 혁거세왕의 비가 된 알영이고 또 다른 한 여인은 고구려 동명왕의 어머니인 유화다. 동명왕은 고구려의 첫 왕이니까, 유화는 어디까지나 모후(母后)지 왕비는 아니다. 하지만 왕비 못지않을 만큼 왕실의 중요한 여인이다.

그런데 하필이면 왕비와 또 왕비 못지않을 모후의 입술이 '오리 입술'이었다니 이건 무엇을 의미할까? 태어날 때부터의 체질 이상, 이를테면 '본태적 불구' 내지 '본태적 기형'이라고 볼 수는 없을 것 같다. 본태적 기형으로 외모가 심하게 이지러진 여인이 왕실의 어머니가 되고 왕비가 되는 것은 좀처럼 상상하기 어렵다. 설혹 본태적 기형이 있었다고 해도 그것이 왕비와 모후의 것이라면 굳이 신화로 남겼을 턱이 없다.

하지만 그것이 생체의 이상인 것은 틀림없다. 얼굴 정면, 그것도 입 모양의 이상이니까 어떤 다른 얼굴 부위의 기형보다 더 두드러지게 남들 눈에 띌 것이다. 그러니까 '오리 입술'은 매우 특징적인 이상이고 기형이다. 요즘 같으면 정형수술이나 미용수술을 할 게 사뭇 뻔하다.

유화의 입술은 너무 길어서 말을 못할 정도였다. 사람들이 그것을 자르는데 한 번으로는 잘라지지 않았다. 세 번이나 잘라서 겨우 여느 사람 입술과 같게 되었다고 신화는 전한다. 기록에 따라서는 부리의 길이가 석 자라고도 했으니 놀라운 일이다. 그런가 하면 혁거세의 비인 알영은 "얼굴과 생김새는 아주 아름다웠지만 그 입이 닭의 부리와 같았다"라고 묘사되어 있다.

어떻게 묘사되고 있건 간에 이건 입도 아니고 입술도 아니다. 그야말로 '부리'다. 한자로는 嘴(취)라고 적혔는데, 부리 취 말고도 '주둥이

취'라고도 읽는다. 아니면 무엇이든 물건의 뾰족한 끝도 역시 취다. 그런가 하면 훼(喙)로도 쓸 수 있는데 흔히 '용훼(容喙)'라고 하는 바로 그 훼가 역시 부리로 읽히는 외에 주둥이로도 읽힌다.

그러기에 용훼는 아무래도 '주둥이 놀림'이거나 '아가리질'이 될 수밖에 없을 것이다. 하니까 취(嘴)는 잘 읽어야 주둥이다. 욕이 꺼림칙하면 천생, 부리라고 읽는 편을 골라야 한다. 이래저래 왕비가 될 처녀나 왕의 어머니인 분에게 쓸 수 있는 말이 아니다. 그런데도 알영과 유화가 하필 취를 입에 달고 있었다고 하니 신화 치고도 너무나 당돌하고 야릇하다.

왜 왕실의 여인이 둘씩이나 입의 '기형아' 또는 '기형녀'였을까?

우리는 이 기형을 제거하는 정형수술에 버금가는 작업을 이제 해야 한다. 그것은 기형을 분석해 그 숨은 정체 또는 진실을 밝히는 일이다. 그것은 수수께끼 풀이에 견줄 지적(知的)인 수술(手術)이 될 것이다. 어떻게든 메스나 칼을 들이대어야 할 것이다.

하지만 이것은 다른 것도 아니고 굳이 입부리 자르기다. 화가인 고흐가 스스로 저지른 자신의 귀 자르기와는 다르다. 이 광기의 천재는 자른 귀를 자신이 좋아한 창부에게 선물 삼아 보내었다지만, 알영과 유화는 스스로 자신의 신체 일부를 상처 내는 일, 이를테면 '자해(自害, selfmutilation)'를 한 것은 아니다. 귓바퀴 한쪽이야 잘라내어도 살아가는 데 큰 위해가 안 될 것이다. 하지만 입은 다르다. 그것에는 생존의 문제가 걸려 있다. 입부리 자르기의 의미가 만만치 않음을 짐작케 하는 대목이다.

입의 기형녀들

다 같이 부리 가진 여인이되, 부리에 관한 앞뒤 사연에는 차이가 있다. 알영은 태아로서 누리게 된 첫 목욕과 함께 그 부리를 떼어낼 수 있었다. 이에 비해 유화는 사실혼을 이미 치르고 합법혼을 치른 뒤에 그것도 그녀가 출산을 하기 전에 부리를 잘라낼 수 있었다.

이것은 부리 자르기에 뭣인가 각별난 계기나 동기가 있었음을 시사한다고 볼 수 있다. 물론 그 계기는 미용을 위해서도 아니고 정형을 위해서도 아닐 것이다. 그와는 다른, 무엇인가 뜻있는, 그럴싸한 것이었다고 신화의 문맥에는 시사되어 있다. 입술이 아닌 부리가 달라붙어 있었다 치고 그걸 무턱대고 아무 때나 절제(切除)한 것이 아니라 어떤 일정한 시점에 요구된 절차에 따라 절제된 것이 신화의 문면에 은근히 비쳐졌다고 해도 좋을 것이다.

알영의 부리 절제는 출산 의례에 수반되어 있는 듯이 보인다. 그에 비해서 유화의 부리 절제 수술은 혼사(婚事)에 수반되어서 또는 출산 전에 시행된 것으로 보인다. 이 추리가 옳다면 비교적 확연해지는 것이 있다. 그것은 다름 아니고, 알영도 유화도 그들이 겪어야 할 통과의례의 절차 그 자체의 일부로서 부리 절제 수술을 받았거나, 통과의례에 수반된 부가적인 절차로서 부리 절제 수술을 받고는 정상의 입을 가졌다는 점이다.

여성으로서 치러서 마땅하거나 겪어서 마땅한 '여성 통과의례'의 절차로서 '부리 절제 수술'이 시행되었다는 추리까지는 비교적 쉽사리 해볼 수 있다. 하지만 왜? 하고는 그 동기며 의의를 물을 때, 답이 그렇게 쉽게 도출될 것 같지는 않다.

이 막힌 길을 뚫는 데는 비록 타지역, 타인종의 것이기는 해도 인류학에서 보고된 사례가 도움이 된다. 그것은 다름 아닌 여성의 성숙 의례(puberty rite) 때에 가까스로 어른 되기의 문턱에 들어선 어린 처녀가 '라비아의 절제 수술'을 받는 사례다. 무슨 '몬도가네' 이야기 같은 느낌이 없지는 않지만 허구도 아니고 거짓도 아니다.

라비아(labia)는 음순(陰脣)이라고 번역되는 라틴어 '라비움(labium)'의 복수형이다. 일부 지역의 일부 종족의 경우에 '라비아 절제'는 성숙 의례에 따르는 필수적 절차다. 이것은 좀이 아니라 아주 역설적이다. 성숙, 그것도 성적인 성숙의 징표일 수도 있을 라비아를 자른다는 것은 성숙이라는 자연 생리의 변화에 역행하기 때문이다. 어쩌면 '성숙의 거부' 같아 보이기도 한다. 그런데도 성숙 의례에서 '라비아 절제'는 시행되었다.

한데 참 묘하게도 남성들을 위한 성숙 의례의 한 절차로 간주되어도 좋을 이른바, 할례(割禮)에 '라비아 절제'를 견줄 수 있겠다. 두 경우 모두 성기 일부가 잘려져 나가거나 찢겨져 나가기 때문이다. 이래서 '라비아 절제'나 '귀두 벗기기', 곧 할례가 다를 바 없이 '의례적인 육신 일부 자르기(ritual mutilation)'라고 일컬어지고 있다.

종족에 따라 이 자르기는 인간이 신에게 스스로를 바치는 희생물 또는 공물(供物)로 간주되기도 한다. 이것은 대유법적인 의미를 갖는다. 몸의 일부를 그것도 요긴한 부분을 잘라서 신에게 바치는 것은 몸 전체를 바치는 것을 대신하기 때문이다.

이렇게 되면 할례나 라비아 자르기나 이중으로 의례성(儀禮性)을 갖추게 된다. 통과의례의 절차 일부이자 신에게 바치는 자기희생이 되기 때문이다. 할례는 기독교나 유대교에서는 종교적 정화(淨化) 행위에 속한다.

이와 같은 관찰은 양쪽 다 꼭 같은 성질의 것으로 간주할 수 있게 할 것이다. 하지만 불행하게도 신에게 바치는 희생물이라는 면에 한해서 그나마 조건부로 같은 면을 나누어 갖는 것뿐이다. 남자아이의 할례나 여자의 라비아 자르기나 성기의 일부가 잘라내어지는 것으로는 같은 면을 갖추고 있다. 물리적으로나 외관상으로나 같다. 하지만 속내는 전혀 다르다. 다른 정도가 아니다. 아예 사뭇 반대다. 기호의 겉모양은 같아도 '시니피에(signifié)'는 전혀 다르다. 물리적 외관이 같아서 같은 '시니피앙(signifiant)'이라고 부른다 해도 의미하는 바는 사뭇 다르다. 달라도 서로 반대일 만큼 다르다. 적어도 그런 의외의 면이 있다. 참고 삼아서 하나의 기호를 두고 그 의미하는 바의 구실이 강조되면 시니피앙이라고 하고 이와는 대조적으로 그 의미되는 바가 강조되면 시니피에라고 한다는 것을 덧붙여두고 싶다.

인류학에서 할례는 누구나 알다시피 'circumcision'이다. 여기서 'circum'은 둘레를, 'cision'은 절제를 의미한다. 그러니까 'circumcision'은 둘레 잘라내기다. 아니면 무엇인가 둘러싸고 있는 것을 잘라서 걷어내는 일이다. 'circumcision'은 원칙적으로는 남녀 양쪽에 다 적용된다. 남성 성기의 이른바, 귀두(龜頭)의 표피를 잘라내는 것을 의미하지만 동시에 여성의 음순 또는 음핵 자체나 그 표피를 잘라서 드러내는 것을 의미하기도 한다.

하지만 엄밀히 따져서 여성의 경우는 결코 '둘레 자르기'가 아님을 드러내보인다. 음핵의 표피만이 절제되는 게 아니기 때문이다. 종족이나 지역에 따라서는 음핵인 'clitoris(클리토리스)'만이 아니라 음순인 '라비아'까지도 겸해서 잘라내기도 하는데 이를 '둘레 자르기'라고 볼 수는 없다. 뿌리째 송두리 뽑아내는 일이 문자 그대로의 의미로 사용되는 'circumcision'일 수는 없다. 일부 인류학자가 현지 보고를 할 때, 여성의 경우는 'circumcision'이 아닌 'incision'이란 용어를 즐겨 쓰는 것은 바로 이 때문일 것이다. '안 도려내기' 또는 '속 도려내기'가 다름 아닌 'incision'이다.

이에 비해서 사내를 대상으로 한 'circumcision'은 아무래도 '겉 자르기'에 불과하다. 같은 'circumcision'이라는 이름으로 부른다 해도 그것이 각기 남녀에게 따로 적용될 때 벌어지는 차이는 그야말로 '속 다르고 겉 다르다'.

최초의 '제2의 성'

한데 더욱 설상가상인 것은 차이가 '겉 자르기'와 '속 자르기'에만 국한되지 않는다는 사실이다. 더 엄청난 큰 차이가 엄연히 같은 말로 일컬어지고 있는 두 현실 사이에 가로놓여 있다.

그것은 '서컴시전(circumcision)'을 한 결과의 차이다. 사내들의 '겉 자르기'는 그들의 고추를 더욱더 고추답게 보이게 한다. 아니 그것은 '고추'가 무엇인가 결정적으로 특별난 것, 사내의 사내다운 물건이 되게 한다. 바야흐로 고추는 '팔루스(phallus)'가 된다.

가부장 사회, 부권 사회, 남권이 우월한 사회 구성원이 되면서 남자아이는 이제부터 고추 대신 권력과 물리적인 힘, 사회적 우월 등을 상징할 '팔루스'를 향유(享有)하게 된다. 그게 바로 할례의 보람이다. 한국말 가운데서 '사내', '대장부' 등에 함축된 것이 곧 팔루스다.

그러나 여성의 경우는 날 때부터 갖추고 있던 생리적인 신체의 일부를 영영 아주 제거하는 결과를 낳게 된다. 극단적으로 표현하자면 유(有)가 무(無)로 바뀌는 것이다. 여성의 경우 '서컴시전'은 여성다운 성의 특징을 없애는 것을 의미한다.

사내의 경우는 기왕의 유를 한층 더 돋보이게 하는 데 비해서 여성의 경우는 역으로 유를 말살하는 것이다. 음핵과 음순은 여성의 섹스가 갖출 생리적이고 자연적인 필수 여건이다. 그것들을 제거하는 것은 이미 여성을 여성이 아니게 하는 것이나 다를 바 없다. 이건 가부장제 사회의 생리적 '여성 가공(加工)'이다. 여성을 자연 상태와는 다르게 만드는 셈이다. 이제 여성은 만들어진다. 그건 명백히 '제2의 성'이다. 여성에게서 음순과 음핵이 잘리고 난 다음 '패인 것', '모자라는 것', '있을 게 없는 존재' 등의 함축성이 본격화된다. 앞에서 잠깐 사용한 'incision'은 구멍 또는 홈이 패었다는 뜻이다.

이 글을 통해서 노골적으로 내놓고 말하기는 매우 못마땅한 일이지만, 한국 사내들이 여성에게 대놓고서 하는 '찢어진 년'이란 악담은 이와 무관하지 않다. 사내애들의 성기는 '고추'라고 예쁘게 불렀지만, 어린 여자애들의 경우에는 이 고추와 대칭이 될 용어가 없었다. 어른의 성기를 두고 남녀 함께 일컫는 순수한 우리말이 있어왔지만, 아이들의 경우는 그렇지 못했다.

할머니들은 흔히 '아이고 맛있는 내 고추!' 그러면서 아랫도리를 벗은 꼬마 손자의 사타구니 사이를 매만지곤 했다. 하지만 손녀에겐 고추와 맞먹을 낱말이 없었다. 그것은 아예 여자애들을 '중요한 것이 없는 존재'로 간주했다고 볼 수 있다. 이것이 여성의 '거세(去勢) 콤플렉스'를 조장했을 것은 아주 뻔하다.

여성들은 그들 성기를 두고서 애초부터 거기에 있었던 그 무엇, 사내들의 고추를 닮은 그 무엇이 뜯겨나가고는 모양새가 밋밋하게 되었다고 자기도 모르게 무의식으로 느끼곤 한다는 것이다. 이걸 바로 '거세 콤플렉스'라고 한다. 그러자니 유감스럽게도 여성은 애당초 무엇인가 결정적인 것이 빠진 존재가 되고 마는 셈이다.

'워낙 있었던 것이 패어져나갔다'고들 강박적으로 또한 무의식적으로 생각한다면 그건 여간 마음의 큰 상처가 아닐 수 없다. 여성은 그만 안쓰럽게도 '결여된 존재', 무엇인가 요긴한 것이 빠지고 없는 존재가 되고 말기 때문이다.

한데 문제는 이에 그치지 않는다. 자못 심각한 문제가 아직도 남아 있다. 그것은 성의 쾌락 원리와 관련된다. 사내들의 할례는 포경수술이 그렇듯이 성감을 드높일 수가 있다. 성을 누릴 만큼 누리게 한다. 하지만 음핵과 음순의 제거는 성감의 박탈을 의미한다. 이것은 미국의 이른바, '마스터스 보고서'나 '킨제이 보고서'에 의거해 능히 추론할 수 있는 대목이다. 이것이 결과적으로 여성을 아이 낳는 매체, 어머니로만 한정시키는 결과를 낳는다는 것은 자명하다. 그것은 성의 박탈이기도 하다.

앞에서 누누이 말한 대로, 여성이 한국에서 밭에 견주어질 때를 생각해보면 이 논지는 상당한 근거를 얻으리라 본다. 한국 중세기의 여성들은 누구나 '씨받이'였던 셈이라고 해도 크게 과장이라는 나무람을 받지 않고 넘어갈 수 있으리라 믿는다. 묵은 시대의 실제 언어생활에서 바로 '씨받이'는 여성의 대유(代喩)이기도 했던 것이다.

이제 신화로 돌아갈 계제가 된 것 같다. 그간의 논리나 논지의 우여곡절이 이미 신화의 '부리 자르기'의 숨겨진 정체에 대해서 상당한 해답을 줄 수 있을 것 같다.

앞에서 소개한 '라비움(라비아)'은 일차적으로는 음순을 가리키지만, 입술을 가리키기도 한다. 심지어 '위 라비아', '아래 라비아'라는 말로 구순(口脣)과 음순(陰脣)이 구별되기도 한다. 구순의 순 그리고 음순의 순은 어디까지나 입술이다. 영어에서도 'labial'은 형용사지만, 그것은 음순 말고도 구순도 의미한다.

필자로서는 이런 곡절을 겪은 끝에 유화와 알영의 부리 자르기를 한국판 '서컴시전'으로 보고 싶다. 심지어는 한국판 '인시전'으로 보고 싶기도 하다. 이에 대해서는 한국 여성의 성이 일방적으로 팔루스 원리에 의해서 살펴지고 따져져왔다는 것을 말할 것이다. 한국 상고대의 두 신화의 여주인공은 어김없이 한국의 원초적인 '제2의 성'이었다. 그리고 이 전통은 조선조를 거쳐서 근세까지 줄기차게 지켜져왔다. 이 시대에서는 비록 생리적인 '서컴시전'은 당하지 않았지만, 정신적 또는 정서적 '서컴시전'을 당하면서 여성은 '제2의 성'을 살 수밖에 없었다.

끝으로 하나만 덧붙이고 싶다. 그것은 한국 여성의 잘라지기가 다른 문화나 사회현상에서도 발견된다는 사실이다. 이 땅의 여성들은 남성들이 절대로 경험하지 못할 '집 떼기'를 겪어야 했다. '모태 떠나기'와 '탯줄 떼기', '젖떼기'에 겹친 '어머니와의 살 떼기'는 남녀가 다름없이 겪었다. 하지만 '집 떼기'는 여성만 겪었다. 그것은 제2의 모태 떠나기다.

그러다가 열녀가 될 때 드디어 목숨도 스스로 자르는 경우가 허다했다. '셀프 뮤털레이션'은 마침내 '자기 살해'가 된 것이다. 그것은 생리적이고 자연적인 필수품이 잘린 여성의 궁극적이고도 최후의 잘림이었다.

한국인의 여성적 감성

감성(感性)을 어떻게 정의하느냐에 따라서 이 글의 논지는 달라질 것이다. 따라서 무엇보다 먼저 감성이란 개념을 규정하면서 시작해야 마땅할 것이다.

객체를 정서, 감정, 감각 등으로 수용하고 지각하는 능력이야말로 감성일 것이다. 그와 함께 수용하고 지각해서 형성된 지각의 내용 또한 감성이라고 규정할 수 있을 것 같다. 요컨대 지성, 오성, 이성 등과 상대적으로 대립될 개념인 감성은 머리가 아니고 가슴으로 상징되며, 감각을 위주로 객체를 수용하고 인지하는 능력이라고 해도 좋을 것이다. 그로 인해 형성된 정서며 감정 또한 감성으로 이해해도 괜찮을 것이다.

한데 한국인의 감성에서 '애달픔', '서러움', '한스러움', '애잔함' 등을 비롯해서 '애꿎음', '얄궂음' 등의 순연한 우리말은 제몫을 도맡아왔다. 모두 우리의 정감을 담고 있는 것으로 이해되어도 좋을 만큼, 순연한, 내림으로 물려받은 우리의 감성이라고 보아도 큰 잘못은 아닐 것이다.

가령 '서러움'과 '애달픔'은 근대로서는 김소월에서 비롯해서 오장환, 김영랑, 신석정, 박목월, 서정주에 이르도록, 우리 시가 담아낸 가장 한국인다운 서정이자 감성이었다고 할 수 있다. 물론 민요로는 〈아리랑〉을 '서러움'과 '애달픔'의 노래로 꼽을 수 있는데, 〈아리랑〉에 뿌리내린 한국 근대시의 전통을 짚어낼 수도 있다. 뿌리 캐기로는 또 다른 시각이 보람을 걷게 된다. 비록 서러움, 애달픔 따위의 낱말을 시의 문맥에서 직접 보아내지는 못해도, 고려가요까지도 이 시적인 감성이 소급될 수 있을 것이기 때문이다. 이 경우 〈청산별곡〉이 그 대변자가 될 것이다.

시만이 아니다. 소설에서도 적잖은 작품을 두고 애달픔과 서러움을 얘기할 수 있다. 『배따라기』(김동인)를 전형적인 보기로 들어 맨 앞에 세울 수 있겠지만, 그 아니고도 『운수 좋은 날』(현진건), 『꽃신』(김용익), 『혼불』(최명희) 등을 열거할 수 있다. 특히 『혼불』은 이 방면의 일대 서사시가 아닐 수 없다.

그리하여 우리는 한국문학 전체에 걸친 가장 전형적이고도 대표적인 정조로 또한 감성으로 '서러움'과 '애달픔'을 그리고 '한스러움'을 내세울 수 있다. 그것은 적극적이고 능동적인 의미로 한국문학의 감상주의 또는 센티멘털리즘의 미학을 형성하기도 한다.

한데 이와 같은 서러움과 애달픔의 당연한 연장선상에서 우리는 원한을 논하기도 한다. 한국인의 정서적 생채기이자 감성의 상처가 다름 아닌 원한이다. 그걸 한 차원 높여서 한국인의 '정신적 트라우마'라고 해도 좋을 것이다. 그건 아픔의 감성이고 쓰라림의 감성이다. 그것은 신화, 전설, 민속, 무속신앙 등에서 가장 대표적인 모티브노릇을 맡고 있다. 신라시대만 해도 박제상의 부인에 관한 전설은 원한의 결정(結晶)이다. 바다 건너 머나먼 일본 땅에 볼모로 가다시피 해서는 그예 돌아오지 않는 남편. 그리움으로 산마루 고개턱, 높다란 곳에서 바다만 바라보다가 끝내는 돌비석으로 변한 부인, 여기서 사무치는 그러나 채워지지 않는 그리움은 이내 한스러움으로 바뀌고 말았다. 이 같은 전설과 나란히 원한의 미학, 원한의 서정은 이 땅의 문화 일반과 문학에서 역사적인 주류로 흐르고 또 전승되었다.

이와 같은 서러움, 애달픔, 한스러움 등을 두고서 일방적으로 또 단정적으로 남녀의 성차를 말하는 것은 현명하지 못하다. 왜냐하면 그것들은 한국인의 보편적인 정서요 정감이기 때문이다. 하지만 굳이 그 낱말들이 차지하고 있을 남녀 사이의 상대적인 비중을 따지자면 아무래도 여성 쪽으로 더 많이 기울게 될 것이다. 보다 더 여성적인 정감들이라고 해도 괜찮을 것 같다. 여성다움이 더 진하게 어려 있는 정감이 '서러움', '애달픔', '애잔함', '한스러움' 등의 말에 실려 있을 것 같다는 생각을 하게 된다.

그것은 일상생활을 하는 가운데 무심코 토하는 말로서도 여성 쪽으로 보다 더 짙게 기운다. 그런 여세를 타고 여성 가사나 민요는 그런 말들을 주제 또는 주된 감정이나 분위기로 표출한다고 볼 수 있다. 그러하기에 '서러움', '애달픔', '애잔함', '한스러움'은 보다 더 여성적인 정조에 기운 낱말이라고 보아도 괜찮을 것이다. 그래서도 우리는 '서러움'이며 '애달픔'에 겹쳐서 넓게는 원한을 한국인의 감성으로서, 좁게는 한국 여성의 감성으로서 보게 된다. 하지만 이와 더불어 한국인의 '정'을 짚어보아야 한다. 그것은 다름 아닌 정이야말로 가장 포괄적인 한국인의 감성이기 때문이다.

정을 인정으로 좁혀서 생각할 것은 아니다. 한국인의 정은 곧 정감과 동의어이기도 하기 때문이다. 정에 사무쳐서 세계를 보고, 정에 겨워서 사물을 보고 받아들였던 사람이 다름 아닌 한국인이다. '정답다'는 것은 인간관계에 그치지 않는다. 인간과 사물, 인간과 세계 사이에서도 정은 매듭이 되고 고리가 된다.

한국인은 인정을 말하는 한편으로 물정(物情)이며 세정(世情)을 말해왔다. 한데 사물의 실정이나 세상의 정세(情勢)만이 물정에 담기고 세정에 담기는 것은 아니라고 생각하고 싶다. 사물에 어린 정감과 세계에 어린 정감 역시 포괄된다고 생각하고 싶다. 특히 문학에서는 그 명제가 마땅한 것으로 받아들여져야 할 것이다. 시에 담긴 시적 자아, 시를 시 안에서 직접 읊고 있는 것으로 생각되는 시적 자아와 세계 및 사물과의 정서적 교감 없는 서정은 생각도 할 수 없기 때문이다. 물론 이 경우 시적 자아에 겹쳐서 시인 자신도 얘기될 수 있다.

한스러움이라는 감성

한데 이 대목에서도 역시 여성 우세를 얘기할 수 있다. '정답다', '정겹다' 또는 '정이 어리다'고들 할 때, 그 화두의 주체는 남성이기보다는 여성일 때 더한층 어울리고 절실하다. 다 같은 부모의 정이라고 해도 모정이 상대적으로 부정을 넘어서는 것도 이 때문일 것이다.

   다시금 화두를 '애달픔'이며 '서러움' 그리고 '애잔함'과 '한스러움'으로 돌릴 때, 그것들이 보다 더 여성 쪽에 기운 정조를 담는 것은 무엇을 의미할까? 그것은 이들 네 가지 낱말에 담긴 정조를 정신적인 상처 또는 정서적인 상처, 곧 '트라우마'로 볼 때, 그런 마음의 상흔을 입히거나 끼치는 쪽이 주로 남성 또는 남성이 주체가 된 세상이고 이와는 대조적으로 입혀지는 쪽, 끼쳐지는 쪽은 주로 여성이었다는 사실과 무관하지 않다고 본다.

   가령 애달픔, 서러움, 애잔함 등 정감의 꼭지에 한스러움이며 원한을 둘 경우, 앞에서 거듭 말했다시피 남성이 차지할 몫보다는 여성이 차지할 몫이 압도적으로 커진다. 한스러움이며 원한은 보다 더 여성적인 정감이고 감성이다. '시퍼런 원한'이라고도 하고 '서릿발 같은 원한'이라고도 한다. 푸르되 싸늘하고 소름끼치는 것이 원한의 색감이다. 보는 사람이 몸서리치고 무서움으로 떠는, 그런 푸른빛이 원한의 빛살이다. 그 색조는 푸르뎅뎅하고 푸르디푸르다.

이런 색감이며 정감은 이른바 원귀(寃鬼), 곧 원한에 사무칠 대로 사무친 귀신에게서 가장 전형적으로 나타난다. 그나마 남자 귀신보다는 여자 귀신에게서 한층 더 두드러진다. 여자 귀신은 곧 원한의 덩치다. 옛날 전설에서 귀신이면 으레 여성이다. 남자 귀신은 아주 드문 편이다. 그래서 원한도 여자에게 더 많이, 더 아프게 사무쳐 보인다.

한밤중 어느 고을의 현감이 혼자 책을 읽으며 앉아 있다. 온정신이 책에 쏠려 있는데, 문득 찬바람이 인다. 방문이 스르르 기척도 없이 열린다. 홀연 불빛이 나간다. 문 안으로 누군가가 살며시 나타난다. 가슴 아래까지 검은 머리가 풀린 여인이다. 흰옷으로 몸을 감고 있는데 다리는 보이지 않는다. 슬금슬금 몸이 물살처럼 설렌다. 가장자리가 찢어진 눈으로 남자를 노려본다. 그 눈길이 매섭다. 입 가장자리로는 피가 흐르고 있다. 뚝뚝 핏방울이 떨어지는 입을 연다. 하얀 칼날 같은 이를 드러내면서 말을 건다.

이런 것이 원귀의 판에 박은 듯한 몰골이지만, 그런 모습으로 여인은 자신이 머금은 원한을 풀어놓는다. 전설은 그렇게 이어진다. 전설의 내용은 그녀에게 사무친 원한이 누구 탓에, 무엇 때문에 맺히게 되었는가를 펼쳐놓을 때 알 수 있다. 그녀는 에누리 없이 사내에게 당한 것이다. 억울하고 원통하게 피해를 입은 것이다. 처참한, 참혹한 피해자는, 죽어서도 눈을 못 감고 저승도 못 가는 떠돌이 넋이 되고 말았다.

이 같은 여자 귀신은 으레 남자에게서 피해를 입는다. 원한이 문제가 될 때, 그것이 맺히게 한 가해자는 응당 남자다. 그렇게 원한을 입힌 것은 남자고 입은 것은 여자라는 공식이 세워진다. 그래서도,

> 날 뇌주오, 날 뇌주오.
> 삼십 안짝에 날 뇌주오.
> 낭군아 날 뇌주면 대쪽같이 좁은 길로
> 활대같이 굽은 길에
> 탈랄 털고 내가 감세.
> 제발 좋은 일, 날 뇌주오.

아직 나이 삼십을 넘지 않은 여성은, 아내는 이처럼 민요에 부쳐서 노래한다. 자신들을 놓아주기를, 풀어 놓아주기를 남편에게 빌었다. 사내는 그리고 시집은 단적으로 억압자고 구속자다. 아내는 다만 묶여 있는 자다. 사슬에 얽인 신세다. 그러기에 아내가 바라는 것은 오직 해방이다. 시집이란 사슬에서 풀려나는 것, 바로 그것이다.

한데 그 사슬, 그 올가미는 결국 원한으로 사무치게 된다. 묵은 시대의 아낙은 살아 있는 원귀 꼴이다가 마침내는 죽어서 원귀가 되고 만다. 지나간 묵은 시절, 한 여인의 살아서 사무치던 서러움이며 애달픔의 감성은 마침내 원한으로 응어리졌다가 끝내는 그 여인이 죽어서 원귀가 되게 하였다.

둘째 대목

짝짓기와 혼례

1 결혼이란 것, 혼사라는 것

인륜대사라는 그 말의 무게는 어디로

혼인, 혼사, 혼례

요즘에는 결혼이라는 말을 많이 쓰지만, 같은 뜻의 낱말이 세 가지씩이나 있다. 그만큼 거기에는 막중한 무게가 실려 있을 것이다.

뿐만 아니다. 약혼(約婚), 정혼(定婚), 성혼(成婚), 결혼 이들은 혼사가 이루어지는 절차나 과정 또는 그 결과를 가리키는 말이다. 이들도 넷씩이나 겹쳐 있다. 그런가 하면 婚 자가 뒤에 붙은 낱말로는 의혼(議婚) 미혼(未婚), 기혼(旣婚), 성혼(成婚), 파혼(破婚), 이혼(離婚), 초혼(初婚), 재혼(再婚), 조혼(早婚), 만혼(晩婚) 등 열 가지나 된다.

앞에서 든 넷까지 합하면 자그마치 열네 가지나 된다.

이와 대조적으로 婚 자가 앞에 붙어 있는 낱말로는 혼약(婚約), 혼기(婚期), 혼서(婚書), 혼가(婚家), 혼처(婚處), 혼수(婚需), 혼비(婚費), 혼일(婚日), 혼담(婚談), 혼례(婚禮), 혼사(婚事), 혼가(婚家) 등 무려 열두 가지나 된다.

혼사의 혼은 이토록 번거롭다. 그 쓰임새가 복잡하고 다양하다. 비교적 자주 또 흔하게 쓰이는 낱말들만 골라 세어보아도 이 지경이다. 위에 든 것들을 통틀면 엄청나게도 열 가지가 넘어서 무려 스물여섯 가지가 된다. 이 사실은 혼사가 인간으로서 치러야 하는 일 가운데서도 으뜸으로 중요하고 요긴하다는 것을 말한다고 볼 수도 있다. 번거로울 정도로 그 쓰임새가 만만찮다.

혼사 또는 혼례가 문자 그대로 인륜대사라는 것을 이에서 헤아려도 괜찮을 것이다. 혼인은 대사다. 사람으로서 감당해야 하는 일 가운데서도 크고도 또 큰일, 그게 혼사고 혼례다.

婚이란 글자 풀이는 만만치 않다. 흔하게는 신랑이 신부 맞기를 해질 녘, 말하자면 날이 저물 무렵의 혼시(昏時) 또는 황혼(黃昏)녘에 하기 때문에 생긴 글자라고 풀이하고 있다. 그러나 일부에서는 이건 못 믿을 얘기라고 물리치고 있다.

그래서 가장 믿을 만한 것은 婚 자가 술잔을 받들어서 큰절하는 모양새를 베낀 것이라는 풀이다. 중대한 예절 또는 예식이라는 것에 대해서 말하는 글자가 다름 아닌 婚인 셈이다.

婚 자가 붙은 낱말이, 그나마 흔하게 자주 쓰이는 낱말이, 자그마치 스물여섯 가지나 된다는 통계와 더불어 婚 자가 워낙 크나큰 중대한 예식을 의미한다는 사실이 거듭 우리로 하여금 마음을 다잡게 한다.

아울러서 혼사를 인륜대사라고 말하게 유도하고 있다. '혼인대사' 란 말이 가끔 쓰이듯이, 혼인 자체가 애당초 대사고 큰일이 아닐 수 없다. 옛날 같으면 성혼, 곧 혼사가 성립되기까지의 절차가 다양하고도 까다로운 것은 그 때문이다. 뒤에서도 언급하겠지만, 그 절차는 우선 의혼(議婚)부터 시작된다. 신랑 후보자와 신부 후보자의 집안끼리, 그 어른들이 서로 혼사를 치를까 말까 하고는 의논하는 것이 곧 의혼이다.

이때 중신아비 또는 중매꾼이 두 집안을 오간다. 중매쟁이는 신랑이며 그 집안 그리고 신부며 그 집안의 형세며 처지에 관한 정보를 서로 간에 전한다. 뿐만 아니라 양측 사이에서 서로의 혼사에 관한 생각이며 의견을 교환시키기도 한다.

의혼 다음은 약혼이다. 혼사를 치를 것을 서로 다짐하도록 하면서도, 그 내용을 문서로 교환하는 경우도 있다. 다음은 성혼(成婚), 곧 혼사를 이룩하는 것인데 이게 쉽지가 않다. 세 단계로 갈라져서 진행하게 되어 있다. 예비단계, 본격단계, 보완단계라는 세 절차를 차례로 밟아나간다.

예비단계에서는 우선 혼사의 시작을 알리는 절차가 시행된다. 혼서(婚書)라는 이름의 서류가 신랑 측에서 신부 측으로 전달되는데, 이때 혼인이 성립된다는 다짐을 하고, 예정된 혼인 날짜가 알려진다. 신랑의 사주를 적은 사주단자도 보낸다.

동시에 신랑 측에서 신부를 위한 비단 옷감이 든 예단(禮緞)을 보낸다. 이에는 보내는 예물의 물목을 적은 예단이 포함된다. 그러고는 신랑의 혼행(婚行), 곧 초행이 비롯된다. 예식이 치러질 신부의 집으로 신랑이 비로소 가는 것이 곧 초행이다. 뒤에서 소상하게 묘사할 것인데 초행이라는 절차는 참 성가시다.

신랑이 옥신각신한 끝에 신부 집에 들어서서는 마침내 대례가 치러지는데, 이 절차는 사뭇 엄숙하고 성가시다. 이제 바야흐로 본격적인 혼사가 성립되는 것이다. 대례 다음에는 신방 차리기를 치르고 이어서 후례(後禮)라고 부를 만한 절차가 시행된다. 이때 혼례는 보완단계에 겨우 들어선다. 동상례(東床禮)와 신부의 신행이 이에 포함될 것이다.

  이와 같이 혼사가 진행되는 동안 내내, 신랑 신부 집 안과 마을에서는 줄곧 잔치가 벌어진다. 그래서 한 집안의 혼사는 시끌벅적하게 그만 마을잔치가 되다시피 한다. 온 이웃이 나서서 음식 장만을 거들고 잔칫상 차리는 것을 돕는다. 술판이 벌어지고는 마을의 고샅 안은 어디 없이 흥청댄다. 한 집안의 혼사는 마을이라는 공동체의 축제가 된다.

  이런 것이 묵은 시대의 혼사다. 그야말로 인륜대사였다. 혼인대사였다. 한데 오늘날은 어떨까? 어떤 의미에서든 한 시대 전과 비교하자면 너무나 초라하다. 좋게 말해서 간소하다고 할지 모르고, 또한 단출하다고 이를지도 모른다.

  하지만 단출할 게 따로 있고 간소할 게 따로 있는 법이다. 복잡하고 성가신 것이어서 마땅한 것도 있기 마련이다. 혼사는 뒤에서 말하겠지만 인간이 그들 삶의 요긴한 대목마다 당연히 치러내어야 하는 이른바 통과의례 중에서도 가장 큰 비중을 차지한다. 마땅히 복잡하고 어려워야 한다. 한 민족의 전통문화 가운데서 전해져온 대로 그 원형이 가장 오래도록 지켜지는 것 중 으뜸이 다름 아닌 혼례다.

  그런데 오늘날, 저 상업예식장에서 시행되는 이른바, 결혼식은 간편하다 못해 처신머리 없고 소갈머리 없다는 느낌마저 준다. 그 정경은 대체로 다음과 같다.

  하객들이 줄지어 앉은 예식장 맨 앞의 단상에 주례가 선다. 신랑이 그 밑에 와서 선다. 이어서 신부가 그 아버지와 함께 신랑 곁에 와서 선다. 신랑과 신부가 사회자의 지시에 따라서 그들 어버이들에게 절을 올린다. 그러고는 주례 앞에 다시 둘이 나란히 선다. 주례가 신랑 신부에게 상견례(相見禮), 곧 맞절을 주고받게 한다. 이어서 주례는 몇 초도 안 되는 사이에 두 사람에게 혼인 서약을 시킨다. 그러고는 바로 몇 마디 안 되는 성혼 선언문을 읽는다. 그리고 신랑 신부 퇴장.

그것으로 결혼식은 끝난다. 순식간이다. 십 분 정도가 고작이다. 식후에 기념사진을 찍는 데 시간이 더 걸린다.

박정희 정권이 소위, '가정의례준칙'을 일방적으로 또한 강제로 시행한 이후, 우리의 결혼식은 그만 이 지경이 되고 말았다. 그래서 오늘날 눈 깜박하는 사이에 끝을 보는 것이 다름 아닌 결혼식이다.

이 지경이라서 별수 없이 인륜소사라고 할 수밖에 없지만 차마 그럴 수는 없다. 그러나 이미 인륜대사가 못 된다는 것은 시인해도 좋을 것이다.

앞으로 줄잡아서 삼사십 년, 넉넉하게 잡아서 사오십 년, 그러니까 반세기에 미칠 기나긴 세월 동안, 나머지 온 평생을 두고 삶을 함께 꾸려갈 굳은 다짐을 두는 게 혼례다. 그런데도 그게 겨우 십여 분 정도로 막을 내리다니 아무래도 미심쩍다.

혼사 이야기 : 역전극의 진상

'모든 신화는 원천적으로 연희(演戱)된 것이다.'

모든 신화가 말로 이야기되기 전에 사람들의 행동으로 연극처럼 연출되고 놀아지곤 했다는 것을 강조하는 이 말만큼, 언어 예술과 행위 예술이 워낙 쌍태아였음을 말해두는 보기도 드물 것이다.

그 둘은 워낙 하나였다. 그 둘은 어차피 하나였던 것이다.

이 점은 전설에서도 마찬가지고 일부의 '교양소설' 또는 '성장소설'에서도 지적될 수 있다. 특히 이른바 '이니시에이션(initiation) 스토리', 이를테면 '입사식(入社式) 이야기' 또는 '통과의례 이야기'에서 두드러지게 나타난다. 이 경우 인생의 중요한 고비를 만나서 치르는 예식이나 행사를 이니시에이션, 곧 '입사'라고 한다. 그리고 그 같은 이니시에이션을 줄거리 삼아서 펼쳐진 사건을 다룬 소설을 '이니시에이션 스토리'라고 한다.

그것의 아주 좋은 본보기가 다름 아닌 바보 온달이고 서동 이야기다.

바보 온달(溫達)과 마장수 서동(薯童), 이 두 총각이 장가든 이야기는 누구나 알 것이다. 가난하고 불우한 청년이 신분이며 지체 높은 처녀, 그것도 예사로 높은 게 아닌 공주와 성공적으로 혼사를 치른 화려한 '로맨스'로 기억되고 있을 것이다.

그것은 신랑 된 사람 처지로는 차마 꿈에도 못 꿀 경사고 천운이다. 호박이 넝쿨째 굴러떨어졌다는 속담 그대로다. 천한 주제에 공주를 아내로 얻고 하루아침에 엄청나게 신분이 상승한 이야기다.

왕의 사위가 되었을 뿐만 아니라, 온달은 장군이 되고 서동은 왕위에 올랐다. 복도 이런 복이 다시는 없을 것이다. 한국을 대표할 엄청난 '성공담'의 본보기다. 여기까지는 누구나 쉽게 알아챌 것이다. 쉽게 감탄사를 발하고 경이로워할 것이다.

꿈같은 옛날이야기지, 뭐!

다들 이런 느낌이 들 것이다. 그러고는 그냥 한갓 지나간 까마득한 날의 허구로 돌리고 말 것이다. 그러나 꼭 그렇지만은 않다. 바보 총각과 마장수 총각은 아주 별나게 장가들었다. 둘의 혼사는 기구하고 아슬아슬하다고 해도 좋을 만하다. 어마어마한, 생각도 못할 요행에 더불어 만만찮은 간난과 시련이 그들의 혼사에 따라붙었다.

이들 두 총각의 혼사 이야기, 곧 혼사담의 비밀이나 의의는 이같이 요행과 시련이라는 양면을 동시에 들여다봄으로써 비로소 알 수 있다. 서둘러 결론을 미리 밝힌다면 혼사는 남녀의 합일이되 거기에는 대단한 갈등이 수반된다는 것이다.

갈등 없는 합일은 제대로 된 합일이 아니라는 것, 갈등을 겪고서야 합일이 비로소 완성된다는 것을 바보 온달과 마장수 서동의 혼사 이야기가 보여준다. 이는 나아가 남녀 간 사랑의 본성에 대해서도 시사한다고 볼 수 있다.

용틀임 같은, 용솟음 같은 갑작스런 신분 상승을 두 총각이 이룩해내었다. 엄청난 수직상승이다. 토네이도나 바다물의 용오름에 견주어도 좋을 용립(聳立) 상천(上天)이다. 혼사가 그 돌연변이의 계기가 되고 있다. 물론 혼사담이 출세담과 겹치는 것은 '통과의례 이야기(initiation story)'가 갖추어야 할 속성이라고 하면 그만일 것도 같으나 이 두 총각의 혼사 이야기에는 그것만으로는 풀리지 않는 문제가 있다.

상고대 사회, 그러니까 온달의 고구려 사회 그리고 서동의 신라 사회도 귀족 사회이고 신분 사회다. 계층의 상속이 당연한 만큼, 돌연한 신분 상승은 원칙적으로 있을 수 없다고 보아야 한다. 더욱이 최하층에 속한 마장수 주제에 그리고 제대로 사람대접을 못 받는 정신박약의 꼴로는 상류 귀족 사회에 참입(參入)한다는 것은 전적으로 불가능하다.

그런 뜻에서 온달 이야기도 서동 이야기도 둘 다 현실적으로 불가능한 허구다. 전설이니까 하고 얼버무리는 것이 고작일 것이다.

일반적으로 말해서 '통과의례 이야기'는 극심한 성취담, 곧 무엇인가를 새로이 성취하는 어마어마한 이야기다. 바라던 것 이상의 사회적 지위를 얻어내고 숨겨진 비밀의 귀물을 손에 넣고 아니면 전혀 미지의 땅을 찾아내거나 난제 중의 난제를 풀고 하는 등등에 관한 이야기다.

이건 누구나 짐작하듯이 동화의 동화다운 속성이지만, 신화에도 전설에도 이런 속성은 할애되어 있다. 온달과 서동, 두 젊은이의 혼사라는 통과의례에 이 같은 성취의 주지(主旨)가 곁들여져 있는 것은 당연하다고 해야 한다. 그야말로 파란만장이며 우여곡절을 겪을 대로 겪은 찬란한 성취담이 온달의 것이고 또 서동의 것이다. 그것은 혼례 및 통과의례라는 인생 연극을 언어로 바꾸어 표현한 것일 뿐이다.

서동이나 온달이나 혼사를 치른 바로 그 뒤에 신분이 급상승했다. 여기에는 대단한 의미가 감추어져 있다. 두 주인공은 실제로 바보도 아니고 마장수도 아니었다고 생각된다. 현실적으로는 왕의 사위가 될 만한 넉넉한 상층 계급에 속한 총각들이었으리라고 짐작된다.

그들은 장가드는 예식이 진행되는 동안 다만 바보로 또는 천한 신분의 사내로 취급되었을 것이다. 왜냐하면 신랑이 장가드는 과정에서 그가 신부 측에 의해 낮은 신분에 별것 아닌 사람으로 대접받으면서 고통과 난관이 수반된 시련을 겪기 때문이다.

이 점은 전형적인 가부장제 사회이던 조선조 내내 그리고 극히 근세까지 지켜져왔다. 그런 절차가 혼례 절차 자체에 필수적으로 포함되어 있었다. 혼쭐이 날 대로 나고 벼락을 맞을 대로 맞고는, 그것을 마침내 이겨내면서 그럴듯한 사내로 대접받는 과정이 혼사에 따르기 마련이었기 때문이다. 신랑에게 혼사는 별것 아닌 사람으로 취급받으면서 겪는 봉변을 이긴 결과로 대단한 인물로 승격하는 역전극이었던 셈이다.

 온달과 서동은 바로 이와 같은 역전극을 치러낸 것이다. 이런 혼사라는 역전극이 그럴 듯한 이야기로 꾸며지면서 오늘날 우리가 알고 있는 온달이며 서동의 이야기가 생겨났다. 이 점은 이후 전통 혼례의 절차를 차곡차곡 캐는 동안 자상하게 드러날 것이다.

한국인의 전통 혼례 : 그 모순된 두 얼굴

장가가고 시집가기, 장가들고 시집가기

 이것을 위한 앞뒤 모든 절차, 곧 혼인 절차를 혼사(婚事) 또는 혼례라고 한다. 약혼에서 대례(大禮)를 거쳐서 후례(後禮)까지에 걸친 의례(儀禮), 그렇게 3분절(分節)될 의례(儀禮)가 모두 혼사다.

 한국인이 지키고 또 치러야 했던 통과의례 중에서도 가장 규모가 크고 절차가 까다롭고 복잡한 것이 혼사라고 해도 좋을 것이다. 인륜대사라 부르고 혼인대사라고 일컬어온 것은 이 때문이다.

 혼례라는 통과의례는 으레 성년식 또는 '성숙의 의례'를 겸하는 만큼, 그것으로 미성년은 성년이 된다. 전통적인 관념으로는 어른이 되는 것이다. 따라서 한 개인의 삶의 역사에서 가장 중요한 '리미노이드(liminoid)', 곧 고비요 관문인 것이 혼인대사다. 한 인간이 살아가면서 겪는 가장 요긴한 과도기를 넘기는 것이 혼사고 혼례다.

 사내아이와 계집아이 또는 남아와 여아가 허물을 벗고 신랑이 되고 신부가 되고 겸해서 사위가 되고 며느리가 되어서 새로이 거듭나는 것이 혼사다. 따라서 그것은 당연히 '재생의 의례'를 겸한다. 제2의 탄생이나 다를 바 없다. 그래서도 혼사는 당연히 인륜대사가 되어야 했다.

혼례는 이벤트이면서 퍼포먼스를 겸한 사건이고 행사다. 또한 내러티브, 곧 서사(敍事)다. 퍼포먼스와 내러티브에만 중점을 두고 혼사를 본다고 해도 그것은 능히 거창한 스토리가 되고 텍스트가 되고도 남는다. 혼사는 잔치다. '혼인 잔치'란 말이 따로 있을 정도로 혼사는 한국인이 치르는 잔치 중의 잔치다. 그야말로 대규모 축제다.

시끌벅적하고도 가다듬어져 있고 요란하면서도 정숙하고 들떠 있으면서도 진중한 게 혼사의 잔치판이다. 멋 부리고 농탕치는 한편으로 엄숙한 것이 혼례라는 잔치판이다. 서로 모순되는 두 가지 징표로 잔치는 특정지워진다. 적잖은 무리의 양지와 음지가 또는 긍정과 부정이 아니면 '+/−'가 교차한다. 그래야만 비로소 잔치판이다.

전통 한국 사회에서는 혼사 잔치는 신랑 신부며 그들 가족 사이에만 국한되지 않았다. 집안, 곧 가문의 일이고 더 나아가서는 마을이라는 공동체의 일이었던 것이 혼사라는 잔치판이다. 혈연(血緣)에 더해서 '인연(姻緣)', 곧 '혼인에 의한 인연(因緣)'이 만드는 인간관계가 굳건하게 얽였다. 친척(親戚)이란 말에는 누구나 알다시피 혈연이 하나인 친족과 혼사로 맺어진 외척(外戚)과 인척(姻戚)이 포함되어 있었다. '친외척(親外戚)'과 '친인척(親姻戚)'이란 말은 그래서 생긴 것이다. 그렇게 겹겹으로 새로운 인간관계가 맺어진다는 것은 새로운 공동체 그리고 더 나아가서는 새로운 세상이 열리는 것을 의미했다. 신천지의 개척이야말로 혼사라는 대사였다.

그러니 그 잔치판은 규모가 크고 절차가 복잡할 수밖에 없었고 그러자니 잔치판은 몇 겹의 '+/−'로 점철(點綴)되어야 했다. 아우성과 엄정함이, 취기(醉氣) 만만과 점잖음이 사이좋게 짝을 지었던 것이다. 비틀대고 흥청대는 한편으로는 장중하고 엄숙했던 것이다.

그런 한편으로 혼사를 두고는 동네잔치 또는 마을잔치란 말이 거리낌 없이 사람들 입길에 오르내리곤 했다. 온 집안 그리고 온 마을의 그만그만한 사람들이 더러는 품앗이를 하고 더러는 두레를 하면서 혼사에 가담했다. 그러니 혼사는 여성들로서는 품앗이판이고 사내들로서는 두레판이기도 했다. 조금 작은 규모의 '별신굿'이라고 해도 좋을 만한 축제였다.

그러자니 혼사의 '잔치' 또는 '잔치판'은 규모가 클 수밖에 없었고 따라서 그것은 능히 이벤트라고 부를 만한 것이었다. 사건이고 사업이라고 해도 좋을 일대 '일거리'고 행사였다.

이벤트라서 혼사는 퍼포먼스이기도 했다. 아주 넓게 규정하자면, 퍼포먼스는 인간이 그의 육체며 행위로 나타내는 모든 것을 의미한다고 해도 무방하다. 그것이야말로 오늘날 어떤 문화적 범주나 양식 또는 장르를 넘어서서 '범칭(汎稱)'적으로 사용되는 퍼포먼스의 개념이다.

이에 비해서 집단적이고 규모가 큰 퍼포먼스를 이벤트라고 해도 좋을 것이다. 그래서 거의 모든 이벤트는 퍼포먼스를 겸한다. 그렇듯이 혼사라는 이벤트는 퍼포먼스이기도 하다. 참여하는 주체인, 아크탕(actant)들이 몸짓과 행위로 극적 상황과 줄거리를 엮어나간다는 뜻에서도 혼사라는 이벤트는 퍼포먼스다.

혼례는 신랑 후보자와 신부 후보자 사이, 신랑 후보자의 집안과 신부 후보자 가족 사이의 갈등이 겪어질 대로 겪어지고, 또 벌어질 대로 벌어진 다음에야 비로소 대단원을 맞이한다. 그러자니 그사이에 줄곧 극적인 상황이 전개된다. 혼례 현장은 연극무대가 되기도 한다. 우리의 전통 혼례는 여간 풍부하게 또 다양하게 극적인 갈등을 펼치는 게 아니다. 그것은 일대 극적 사건이다.

따라서 극히 자연스럽게 혼례는 퍼포먼스가 된다. 그렇다고 해서 연극적인 또는 놀이다운 퍼포먼스로만 그치는 것은 아니다. 예식으로서 엄정한 절차가 지켜지는 의례적 퍼포먼스가 가세한다.

재미있는 놀이, 흥청대는 놀이가 까다롭고 규범을 따르는 의례와 어깨를 겨루는 것이 혼사고 혼례다.

양자는 서로 보완하고 도우면서 혼례가 지닌 퍼포먼스의 속성을 드높이고 더 크게 증폭해나간다. 물론 종국에는 의례가 앞서지만 그것은 연극적 상황이며 진행에 기대어서 소기의 성과를 거둔다. 그래서 혼례라는 퍼포먼스는 시종 갈등과 화해에 겹친 단절과 결합이라는 두 가지 이원적 대립항의 모티브를 동력으로 삼아서 수행된다.

한데 혼례는 앞에서 말한 대로 일정한 줄거리를 갖춘, 인간 행위의 연쇄라는 점에서만 퍼포먼스가 되는 것은 아니다. 여기에 또 다른 속성이 첨가된다. 각자가 가진 언어적 자질을 실연(實演)하는 것을 퍼포먼스라고 규정한 이는 촘스키지만, 그런 뜻에서라면 이미 잠재해 있는 어떤 시나리오를 실천에 옮기는 일련의 인간 행위인 혼례는 당연히 퍼포먼스가 될 것이다.

한편 이벤트와 퍼포먼스의 연계선상에서 혼례는 텍스트를 이룬다. 그 나머지 혼례는 '텍스트성을 띤 퍼포먼스'이면서 동시에 '퍼포먼스의 텍스트'일 수 있게 된다. 이 명제는 혼례가 다루어지는 동안 내내 지켜질 것이지만 그 명제에 의해 뒷받침되고서야 비로소 혼례의 기호학적 읽기가 가능해지고 용납된다.

혼례 절차의 큰 줄거리

한국인이 치러낸 통과의례 중에서 혼례는 상장례(喪葬禮)와 함께 가장 복잡하고 어려운 것에 속한다. 한 인간이 태어나서 살아가다가 마침내 죽음을 맞이하는 길고 긴 과정 속에서 겪는, 중요한 고비마다 치러내어야 하는 의례 또는 의식을 일러서 통과의례라고 한다.

태아가 갓 태어난 바로 뒤에는 탄생의례를 치른다. 다음은 '세이레(삼칠일)'를 지나서 '백날(백일)'을 그리고 첫돌을 맞이하면서, 각각 그에 알맞은 통과의례를 치른다. 그것으로 바야흐로 유년 시절에 접어든다. 그러고는 소년 시절을 보내고 난 다음, 성년식을 치르고는 어른이 되는 것이지만, 머지않아 짝을 구해서 혼사를 치르게 되는 것이다.

이렇게 혼례는 인생의 절정기에서 치르는 통과의례가 된다. 한데 워낙 중요한 의례라서 그 절차며 격식이 여간 복잡하고 까다로운 게 아니다. 의혼(議婚)으로 시작해서 혼약과 대례(大禮)를 거쳐서 신방 차리기에 이르는 과정은 엄청 성가시다. 다음에서는 그 모든 절차를 한 대목씩 따로따로 살피고자 한다.

1) 의혼 : 혼인하자는 의논

신랑 후보자와 신부 후보자의 두 집안 사이에서 앞으로 치를 혼사에 관해서 의논하는 절차가 다름 아닌 의혼이다. 그것을 대목마다 따로 줄여서 보이면 다음과 같다.

① 중신아비 혹은 중신할미를 통해서 혼담이 오고간다.
② 양가에서 그 부모들이 신랑 후보자와 신부 후보자의 궁합을 본다.

③ 혼사가 정해지고 나면 남자 측에서 여자 쪽으로 납채(納采), 곧 사주·사성(四星)을 보낸다. 종이 한 장을 다섯 번 접은 사주·사성을 흰 봉지에 넣은 다음, 싸릿대를 잘라서 그 틈새에 꽂는다. 그러고는 청홍 두 빛깔의 실로다가 싸릿대를 감아올리고는 양끝을 엮어맨다. 이것을 다시 청홍 두 빛의 보자기에 싸서 신부 댁으로 보낸다(이 경우 사성이란 생년월일을 의미함).

④ 사성이 보내질 때, 남자 측에서는 혼사를 청구하는 청혼(請婚)서를 함께 보내기도 하는데 이에 대해서 신부 측에서는 혼사를 허락하는 허혼서를 남자 측에 보낸다. 이로써 혼약(婚約)이 성립된다.

⑤ 날받이, 곧 결혼할 날짜를 고르는 택일은 여자 측에서 정해 남자 측에 알리는 것이 보편적이나, 남자 측에서 택일한 결과를 신부 측에 알리는 경우도 없지 않다.

⑥ 택일이 되면 남자 측에서 여자 측으로 납채를 하는데 이를 봉치라고 한다. 이에는 신부의 대례복(大禮服)을 만들 옷감과 패물 외에 약간의 현금도 포함되는데 이것들은 함(혼수함)에 넣어서 보내진다. 옷감은 '떡설', 현금은 '조급돈'이라고 부른다. 옷감은 저고리와 치마 각각 세 벌씩이다.

⑦ 함에는 예장지(禮狀紙) 또는 혼서지(婚書紙)를 넣는데, 이에는 신랑 신부의 본관, 이름, 생년월일시가 적혀 있되 신랑은 왼쪽이고 신부는 오른쪽이다.

⑧ 혼수함은 함진아비가 지고 가는데, 이것이 신부 측에 전달되기까지는 상당한 옥신각신이 따르기 마련이다.

2) 신랑 초행 : 그가 예식장으로 가는 첫길

신랑이 대례가 치러질 신부 집으로 가는 것을 초행(初行)이라고 한다. 그것은 다음과 같은 절차를 밟는다.

① 신랑이 신부 집으로 초행길에 오른다. 이에는 후행(後行)이 동반하는데, 이들은 상객(上客), 중방(中房), 소동(小童) 등 세 부류로 나뉜다. 또 함진아비도 따른다. 그전에는 신랑은 가마를 이용했다.

② 신랑 일행이 신부 측 마을에 도착하면 신부 측 사람들이 일행을 '정방'으로 안내한다. 정방은 신랑 일행이 오는 길목이되 신부 집에 못 미친 곳이라야 한다. 신부 집이 마을의 맨 가장자리 외딴집이고 이웃에 다른 머물 만한 집이 없을 때는, 하다못해 신부가 있는 안방을 지나지 않는 신부 집의 다른 방에 들어야 한다. 신랑은 정방에서 예복으로 갈아입는다.

③ 신랑이 정방에 들었다는 전갈이 오면 신부 측에서는 신랑 일행에게 간단한 요깃거리를 상차림해 내간다. 그러고는 비로소 예식이 올려질 초례청(醮禮廳)을 차리기 시작하면서 신부 집 안은 분주해진다.

3) 신랑 입장

① 함진아비는 혼례식인 초례가 치러지기 전에 얼굴에 숯검댕이나 먹칠을 하고 신부 집 안으로 들어가서 혼주(婚主), 곧 신부 집안의 가장 큰 어른에게 함을 전한다. 이때 그는 여간 짓궂지 않다. 장난도 심하게 친다. 요란을 떨고 야단법석을 친다.

② 함진아비 뒤를 따라서 신랑이 대문 안으로 들어선다. 이때 신부 측에서는 신랑에게 수수밥이나 재를 끼얹는다.

③ 홀재비(홀기, 곧 초례 절차를 부르는 사회자)가 '하마(下馬)' 하고 소리 지르면 신랑은 그 구령에 맞추어서 마치 말에서 내려서는 시늉을 하면서 미리 쌓아놓은 등겨 더미를 밟고 뜰 안으로 들어선다.
④ 이어서 신부 측 혼주인 신부 아버지가 신랑을 맞아서 그와 마주 선다. 서로 반절을 나누고는 신랑은 대례상 앞에 가서 꿇어앉는다.
⑤ 그러고는 신랑은 신부가 나타나기까지 대기한다. 이는 상당히 오래 지속된다.

4) 대례 : 드디어 초례가

신랑과 신부가 드디어 하나 되기를 다짐 두는 절차가 대례(大禮) 또는 초례(醮禮)다. 대례는 큰 의례라는 뜻이고 초례는 술 따르는 의식이라는 뜻이다.

신랑 신부가 큰 상을 가운데 두고 맞절을 주고받는 절차가 혼례의 가장 중대한 대목이라서 대례라 부르지만, 이때 신랑 신부가 술잔을 서로 주고받는 대목을 강조해서 술 따를 '초(醮)' 자를 붙여 초례라 일컫게 된 것이다. 경건하고 엄숙하게 주고받는 술 한 잔에 서로가 평생을 기탁하는 것이다. 그래서 다음과 같이 여간 까다로운 절차를 밟은 게 아니다.

① 신랑 입장과 때를 같이해서 대례상이 격식을 갖추어서 차려진다. 상의 동쪽은 신랑 몫이고 서쪽은 신부 몫으로 배정된다. 신랑을 위한 동쪽에 놓인 꽃병에는 팥을 넣고, 신부를 위한 서쪽에 놓인 꽃병에는 참깨를 넣는다. 그러고는 대나무, 치자나무, 사철나무 따위의 가지를 꽂는다.

② 대례상에는 가래떡을 말아올린 용떡을 놓되, 동쪽 용의 머리에는 밤을, 서쪽 용의 머리에는 대추를 박는다.

③ 대례상에는 동서로 촛대를 하나씩 차리되, 그 아래 동편에는 날밤, 서쪽에는 대추와 깨를 깔아놓는다.

④ 대례상에는 그 동서 양편을 갈라서 수탉과 암탉이 놓이고 청실홍실이 놓인다.

⑤ 이상으로 대례 상차림이 끝나면 홀기(笏記)를 부르는 '홀재비' 또는 '홀애비'가 등장한다.

⑥ 신랑은 대반(對盤), 곧 도우미에게서 나무로 만든 오리를 받아 신부 측 혼주에게 바친다. 혼주가 그것을 상 위에 놓으면 이어서 신랑이 일어나서는 두 발자국 물러나 두 번 큰절을 한다.〔이를 전안지례(奠雁之禮), 곧 오리를 바치는 예라고 한다.〕

⑦ 다음으로 친영례(親迎禮), 곧 친히 정중하게 (신부를) 맞아들이는 예가 치러진다. 이때 둘러선 사람들이 신랑의 흉을 보고 놀리고 한다. 그러면 신랑은 웃으면 첫 아기로 딸을 낳는다는 민간의 속신(俗信) 때문에 웃지 않고 오히려 근엄한 표정을 짓고는 한다.

⑧ 드디어 신부가 안방에서 식장으로 나오는데 전신을 오색 찬연한 옷과 장신구로 치장해 있다. 흰 한삼(汗衫)으로 가린 두 손을 들어서는 얼굴을 가리고 대반의 부축을 받으면서 천천히 걸음을 옮긴다.

⑨ 동서로 갈라서서 마주보고 있다가 이내 신랑은 남향, 신부는 북향하고는 작은 푼주에 대고는 손을 씻는다. 신랑은 손가락을 물에 담갔다가 푼주 밑에 깔린 종이에 물을 튕기고, 신부 측에서는 신부를 대신해서 대반이 세 번 물을 튕긴다.

⑩ 다시금 마주보고 서서는 신부가 신랑에게 큰절을 두 번 한다. 이

에 답해서 신랑은 꿇어앉아서 고개를 가볍게 숙인다. 같은 절하기가 다시 반복되고 둘이 마주보고 꿇어앉는다.〔이를 상배지례(相拜之禮)라고 한다.〕

⑪ 신랑 신부는 앞에 놓인 술잔으로 두 번 술 마시는 흉내를 내고는 세 번째로 홍실이 감긴 신랑 잔과 청실이 감긴 신부 잔을 서로 교환한다. 이때 신랑의 잔이 먼저 건네진다. 이것이 바로 교배지례(交杯之禮)다. 이로써 대례의 정규 절차가 모두 끝난다.

5) 후례 : 대례 이후

① 대례를 마친 신랑은 큰방으로 들어가 정해진 방위를 잡아 앉고 신부는 안방에 들어가 앉는다. 신랑 상객은 사랑채의 상객 방에 들어간다. 신부 측에서는 작은 상을 보아 신랑 방과 상객 방에 들어놓는다. 얼마쯤 지난 뒤에 신랑과 상객은 푸짐하게 음식을 차린 큰상을 받는다.

② 이어서 처가 측에서 신랑, 곧 동상(東床)에게 차려낸 음식값인 동상례 비용을 청구하는 문서가 얹힌 작은 상을 상객 방에 들여보낸다. 상객은 약간의 현금을 넣은 봉투나 아니면 언제까지 얼마를 갚겠노라고 적은 종이를 봉투에 넣어 상에 얹어 내보낸다.

6) 신방 차리기

① 저녁이 되면 그사이 각자 따로 다른 방에 있던 신랑과 신부가 신방에 든다.

② 병풍이 처지고 솜을 바닥에 깐 요강이 미리 마련된 신방에 신부가 먼저 들어가서 윗목에 앉는다. 이어서 신랑이 방으로 들어서면 간소하게 차린 주안상이 들어온다. 신부는 신랑의 잔에 술을 따른다.

③ 이런 사이 내내 '신방 엿보기'가 진행된다. 신부 측 가족 중에 젊은 패들이 창호지를 손가락으로 뚫고는 두 사람의 동정을 엿본다.

④ 주안상을 물리고 나면 신랑이 먼저 자기의 겉옷을 벗는다. 그다음 신부의 옷을 벗겨주는데, 이때 신부의 가슴을 만지거나 머리를 만지는 것은 금기다. 신부가 유종(乳腫)을 앓거나 일찍 죽게 된다는 것이다.

⑤ 신랑은 신부의 저고리 고름을 풀어주는데 이것을 '가슴풀이'라고 한다. 그다음에 신부가 자기 손으로 겉옷을 벗으면 신랑이 신부를 안아 자리에 누인다.

7) 동상례 : 신랑 다루기

① 첫날밤이 새면 신랑은 아침에 신부 마을의 사람들을 맞아서 한바탕 대접한다.

② 그러다가 오후가 되면서 처갓집 식구들과 마을사람들이 신랑 다루기를 한다. 신랑의 팔다리를 묶고는 죄인 다루듯 하는데 갖가지 어려운 물음이며 수수께끼를 던져서 트집을 잡는다. 애먹이고 들볶고 한다. 장난도 친다. 발바닥에다 매질을 하기도 한다. 시끄럽고 요란하고 그래서 신이 나고 재미가 있어야 한다. 그렇지 못하면 신부 집이 마을이나 근린에서 인심을 잃는다.

8) 신행 : 꽃가마 타고 신부는 떠나고

① 사흘을 넘기고는 신부가 신랑을 따라 시가로 향하는 신행을 떠난다. 그러나 더 오래전에는 석 달을 묵힌 다음 또는 한 해를 묵힌 다음에야 비로소 신행을 떠났다.

② 신부는 떠나기에 앞서 자기 집과 식구들에게 영이별을 고한다.

부엌에 들어가서 솥뚜껑을 세 번 들어올렸다 내렸다 하면서 들썩거렸다. 신부 어머니는 딸에게 흰 종이쪽지 몇 장을 주면서 물을 건너거나 서낭당 앞을 지날 적마다 그 종이를 던져서 부정이나 잡귀를 물리치라고 했다.

③ 가마 타고 신행 가는 신부에게는 상객(신부 아버지), 웃각시(올케나 언니), 하님(언니나 친구)이 따른다. 일행은 시가 식구들에게 바칠 선물이 든 예단함(禮單函)과 예단 음식을 가지고 간다.

이상은 한국 전통 혼례를 세부적으로 본 자료로, 부산시 동래구 두구동에서 채록된 것이다. 그러나 1)에서 8)까지로 분류하고 ①, ② 등 세목을 정한 것은 필자가 나름대로 재정리한 것이다.

한데 같은 자료(보고서)에서 다루고 있는 경남 지역 다른 마을의 혼사에 관한 보고에서, 앞에 보인 여러 조항의 다른 변이(變異)를 열거하면 다음과 같다.

1)-② 정방은 사처(私處)라고 한다.
2)-② 신랑이 예식장에 들어올 때, 불 지른 짚단을 넘어오게 한다.
2)-③ 신랑은 가마에 탄 채로 신부 집 문 앞에 피워놓은 짚불을 넘어서 문 안에 든다. 그렇게 해서 문 안으로 들어선 신랑은 또다시 곡식 가마니를 밟고 가마에서 내려선다.
2)-⑤ 신랑이 뜰에 드는 것을 보고는 겨우 신부는 머리를 틀기 때문에 신랑은 무척 오래 기다리게 된다.
3)-⑫ 신랑 신부가 쪽바가지로 잔을 교환하되, 신랑의 것은 상 위로 신부의 것은 상 아래로 옮긴다.

5)-① 신방을 신랑 집에 차리고 첫날밤을 보낸다.

5)-② 신방이 차려질 방에 신부가 먼저 들어가서 뒤에 들어오는 신랑을 맞아 잠시 상면하고는 이내 신부는 나간다. 그런 뒤에 신방이 제대로 차려지면 신랑이 먼저 들어가서 나중에 들어오는 신부를 맞는다. 이때 신랑은 돌아서서 맞이한다. 들어온 신부가 돌아앉으면 신랑이 신부를 돌려 앉히고 비로소 맞대면한다.

7)-① 신랑의 집이 멀 경우는 '인재행(引再行)'이라는 것을 하는데, 이는 신행을 늦추는 것이다. 이 경우 신랑은 신부 집 아닌 이웃 마을의 남의 집에서 따로 혼자 잔다. 최근에는 잠깐 이웃집에 머물렀다 오는 정도로 간소화되었다.

7)-① 삼일신행은 상놈들이나 하는 짓이라고 해서 양반으로 자처하는 집안에서는 신랑이 신부가 신행할 날짜를 잡아주고 혼자 집으로 간다. 따라서 해묵히기 신행을 하는 게 원칙이다. 해묵히기를 못할 형편이면 인재행을 하는데, 이때 신랑은 근처의 잘 아는 집에서 하룻밤을 자고 다음 날 신부로 하여금 신행을 떠나게 한다.

7)-① 동상례가 끝난 다음 날 신랑만 제 집으로 돌아간다. 그리고 사흘 뒤에 처가에 가서 하루를 쉬고 또 혼자서 집으로 돌아온다. 그런 다음 따로 날을 잡아서 신랑이 처가로 가서 신부와 함께 신행을 한다.

8)-③ 신행 가는 신부의 가마에는 호랑이가죽 또는 호랑이그림이 그려진 방석이 깔려 있다.

시달리는 신랑

앞에서 들어보인 여러 조항이 말하듯 혼사며 혼례는 엄청 까다롭고 어려운 일이었다. 그 점은 신부 측과는 비교도 안 될 정도로 신랑과 신랑 측에서 한층 더 두드러진다. 요컨대 신랑은 크게 시달리고서야 장가를 들게 되고 신부는 호사를 누리고 대접받으면서 시집을 간다. 그런 대조가 혼례 절차에서 드러난다. 신부에게는 꽃가마 타기가 시집가기인 데 비해서 신랑에게는 청천 하늘의 벼락 맞기가 바로 혼례다.

바로 이 점을 앞에 들어보인 여러 항목에서 알 수 있다. 신랑으로서는 신부가 간난과 고통을 수반한 투쟁으로 따내는 전리품(戰利品)과도 같다. 전쟁에서 겨우 거두는 수확물 같은 것이 다름 아닌 신부다. 앞에서 여러 대목에 걸쳐서 낱낱이 지적한 압도적인 혼사의 세목이 이에 대해서 증언하고 있다.

이는 시종일관 같은 패러다임이 신태그마(syntagma)의 축을 따라서 전개되는 것이라고 말해도 좋을 것이다. 이 경우 패러다임이란 동일한 주제나 관념 등을 서로 조금씩 다르게 표현한 것의 묶음이라고 볼 수 있다. 그것들은 수직으로 한 동아리가 되게 마련이다. 이에 비해서 신태그마는 패러다임을 수평축을 따라 나열해놓은 것이다.

이론만으로는 이해가 쉽지 않으니 보기를 들기로 하자.

나는 크게 소리 지른다.
본인은 소란스럽게 외친다.
저는 우렁차게 고함친다.

이 세 문장은 결국 같은 말을 하고 있다. 한데 이 경우 '나는-본인은-저는'은 그것대로, '크게-소란스럽게-우렁차게'는 또 그것대로, '소리 지른다-외친다-고함친다'는 그것대로 한 덩어리를 이룬다. 이것이 곧 패러다임이다.

그런데 문장을 짓는 사람은 그 수직의 묶음인 패러다임에서 한 낱말씩을 골라다가 '나는 소란스럽게 고함친다'와 같이 수평축을 따라서 펼쳐놓는다. 그래서 한 문장이 만들어진다.

한데 결혼식이 시간의 전후를 따라서 수평축으로 진행되는 내내, 이를테면 초행, 대례(초례)를 거쳐서, 동상례를 치르기까지 신랑은 거의 시종일관 동일한 패러다임을 펼치게 된다. 시간의 순차에 차이가 있을 뿐, 끝내 같은 일만 반복하는 것이라 해도 좋을 것이다.

한데 그 패러다임들은 뭘까? 다른 게 아니다. 시련과 수난, 봉변과 욕보기, 갈등과 분규로 요약될 수 있는 일만 신랑은 골라서 당하게 되어 있다. 그러는 사이, 신랑은 시종일관 정신적 상처를 입는 피해자고 업신여김을 당하게 마련인 수모자(受侮者)의 처지를 오히려 달게 받아내어야 한다. 그 결과로 신부는 신랑이 따내는 전리품이 된다. 하지만 초례를 거치고 신행을 떠나는 과정에서 신부는 내내 깍듯이 대접받는다. 장중하게 모셔지기도 하는 것이니 신랑의 처지와는 대조적이다.

이런 신랑의 꼴을 구체적으로 보면 어떤 것이 될까? 초행을 가서는 식장 입장까지, 그러고는 대례를 거쳐서 동상례를 당하기까지 신랑은 어떤 처지에 놓일까? 사뭇 궁금할 것이다.

가령 초행길은 신랑이 자기 집을 떠나 혼례식장이 될 신부 집으로 가는 길이고 걸음이다. 그런데 가는 중간에 갈림길을 만났다고 치자. 한쪽은 넓고 편한 평지 길이고 다른 한쪽은 꾸불꾸불한 좁은 고갯길이고 험한 길이라고 하자. 이럴 경우 신랑은 영자택일을 해야 하는데 그게 묘하다. 구태여 편하고 좋은 길을 버리고 험하고 궂은 길을 고르게 되어 있다. 어느 고장에서나 다 그렇지는 않지만, 일부 지역에서는 그렇게 하도록 마련되어 있다.

이렇게 해서 '편함 : 험함'의 대비에서, 아니면 모순 대립에서 불리한 쪽을 택하게 되어 있는 신랑은 그 뒤에도 비슷한 절차나 과정을 밟는다. 가령 초행이 거의 끝나서 예식장인 처가가 그다지 멀지 않는 지점에 다다르면, 신부 측에서 나타나 신랑을 놀림감으로 삼는다. 정중한 대접이 예상되는 상황에서 푸대접도 예사 푸대접을 받는 게 아니다. 이에는 '정중함(예의 바름) : 박대(푸대접)'의 대비가 눈에 띈다.

뿐만 아니다. 신랑에게 바로 고행길인 초행길은 이 정도로만 신랑을 애먹이는 게 아니다. 신부 집 가까운 중간 어름에서 신랑은 신부 측과 맞닥뜨리는데 그게 또 다른 말썽을 부린다.

신부 가족은 신랑에게 농을 걸면서 희롱하고 놀리고 든다. 정장한 신랑이 일부러 갖추어서 들고 있는 부채를 빼앗으려고 옥신각신한다. 그러다가 신부 측에서 신랑에게 시 한 수를 읊어보라고 권하기보다는 강요하다시피 한다. 결과는 뻔하다. 신랑이 읊는 소리를 듣자마자 신부 측에서는 핀잔을 준다.

그것도 시라고? 아유, 이 형편없는 짓!

신랑은 이런 꼴을 당한다. 신부 측에서 신랑을 점잖게 후대(厚待)해야 마땅한 상황에서 홀대하고 조롱하고 있다.

그러니까, 초행길에서
편함 : 험함
정중함 : 놀림
후대 : 박대

라는 서로 비슷한 세 가지의 대비가 신랑을 괴롭히는 셈이다.

초행길에서 이미 드러나는 이와 같은 대비는 대례를 거치고 동상례를 치르기까지 내내 반복된다. 그래서 신랑은 시달릴 대로 시달리고 괴롭힘을 당할 대로 당하기 마련이다. 그사이에 신부는 내내 '꽃 신부'지만 신랑은 줄곧 '가시방석 신랑'이다. 온달이고 서동이다.

그 가장 극적인 상황이 다름 아닌 동상례다. 동상례는 한자로 東床禮라고 쓴다. 사위를 높여서 일컫는 말이 바로 東床인데, 다르게는 東廂 또는 東牀이라고 쓰기도 한다. 상(床)과 牀은 같은 글자로서 평상 또는 마루를 가리키고 이에 비해서 廂은 곁방을 의미한다.

그러니까, 이들 세 가지 동상은 동쪽으로 난 마루 아니면 평상 또는 방을 가리키는 셈이다. 그런데 그게 왜 사위에 대한 존칭이 되었는지는 다잡아서 확실히 알 수는 없다. 모르긴 해도 동쪽은 해돋이의 좋은 방위니까, 사위를 깍듯이 예우해서는 동을 보고 있는 마루, 아니면 방에 자리 잡게 한 것이 아닌가 하고 짐작해볼 뿐이다.

그렇다면 동상례는 안 그래도 섬겨 마땅한 사위를 다시 또 예우하는 것이 된다. 한데 그것은 허울뿐이고 이름뿐이다. 동상례는 신부 측에서 아예 내놓고 신랑을 가지고 놀고 희롱하고 닦달질하고 다조지고 한다. 초야를 갓 치른 신랑을 동여매다시피 해서는 신부 측 패거리가 신랑의 혼을 빼려고 든다. 답이 엉뚱한 괴상한 수수께끼를 묻고는 신랑이 미처 대답을 못하면,

그것도 몰라? 이 바보!

하는 식으로 매질한다. 한데 그 수수께끼는, 이른바 '난센스 퀴즈'다.

"기찻길은 멀리 가면 좁아진다. 왜 그러게?"
"한겨울 얼어붙은 논바닥에 학이 한 다리를 들고 서 있다. 왜 한 다리지?"

이런 것들이다. 합리적으로 궁리해 답을 끌어낼 수가 없다. 상식으로는 말도 안 되는 당돌한 답이 나오는 것이 난센스 퀴즈다.
앞의 두 난센스 퀴즈의 답은,

"왜는 왜야. 멀리 갈수록 기차가 작아지니까."
"왜는 무슨 왜? 두 다리 다 들면 넘어지니까!"

이런 식이다. 미리 알고 있지 않고는 낼 수 없는 답이다. 그래서 신랑이 정답을 대면,

이 녀석 미리부터 알고 있었구나!

그러고는 엉덩짝을 매질했다. 이러나저러나 매질은 벗어나지 못한다. 신랑은 묶여서 들보에 거꾸로 매달린 흉한 꼴로 수모를 당하고 학대를 당하기 마련이다.
이 지경이 바로 동상례다. 동이 터오르는 해돋이 대하듯 신랑을 대하라고 해서 굳이 동상례라고 이름 붙였는지도 모를 일인데 웬걸 결과는 학대례가 되고 또 박대례가 되고 만 것이다.

2 짝짓기의 위대한 서사시

멀리 거슬러 올라가기로 하자.
삼국시대와 그 이전으로
거기서 우리들 혼례의 뿌리를 본다면…….

상고대의 혼인 현장으로

수천 년 오랜 역사에서
혼례의 자취를 캔다.
그 짝짓기의 과정
그 인연 짓기의 과정을
캔다.

앞에서 우리는 긴 지적(知的) 여행을 해왔다. 남녀 사랑의 짝짓기의 겉을 현미경 들여다보다시피 했다. 그러면서 그 속내에는 내시경을 들이대보기도 했다.

이제 그것을 바탕 삼거나 뒤에 깔고서 한국의 고대에서 펼쳐진 대단한 혼례들을 살펴보고자 한다. 문헌을 뒤적대는 한편으로 전설이며 신화에도 귀를 기울이면서 그 일을 해내고 싶다. 그와 함께 오랜 옛날의 혼례 현장도 제법 꼼꼼히 구경하고자 한다. 그러고는 눈을 크게 뜨고 시야를 넓게 멀리까지 뻗치고자 한다. 그럼으로써 제법 길게 또 끈질기게 혼례의 전후를, 그 예비단계며 사후 마무리단계까지 포함해 큰 줄기를 더듬으면서 일관되게 뒤져낼까 한다.

그러자니 이미 앞에서 살펴본 대목들과 불가피하게 중복되는 이야기도 있을 것 같다. 하지만 그 잔가지들을, 그것들이 원래 속해 있던 전체 나무줄기 속에 자리 잡게 해주는 보람을 일부러 놓치고 싶지는 않다. 말하자면 이제부터 뒤늦게나마 남녀 짝짓기의 줄거리 토막들이 아니라, 그 전체를 거시적으로 보아가고 싶다. 그것은 혼례 절차의 앞과 중간 그리고 마무리를 통틀어서, 전체를 규모가 큰 서사시로서 보아가고자 하는 것이다.

그래서 우선 눈에 든 것이 〈가락국기〉에 전해진 금관가야의 혼속(婚俗), 곧 결혼 풍속이다. 그리고 그것에 버금해서 또 하나 눈에 든 것은 고구려의 혼속이다. 이 고구려의 보기는 부여까지 그 일부가 거슬러 올라가기도 한다.

금관가야의 혼속에 관해서는 실제 남은 기록이 그렇게 길지가 않다. 그러나 그 속내를 살리고 늘려서 비슷하게나마 '짝짓기의 서사시'를 꾸며보았다. 하지만 고구려의 것은 남은 기록 자체가 웅혼하고 장쾌한 일대 서사시다. 이 북방 왕국의 왕가 혼속은 그 자체가 서사시였던 셈이다.

그러나 사례는 가야와 고구려에서만 그치지 않는다. 신라에서도 퍽 재미난 결혼 풍습을 보아낼 수 있기 때문이다. 신라의 혼속에 관한 기록은 왕족의 것도 아니고 서사시도 아니다. 그러나 어렵사리 신라의 혼속을 고구려나 가야의 것과 상대적으로 견주어보는 데는 다소간 도움이 될 것이다.

그러다 보면 무심코 '나도 이렇게 했어야 했던 건데……' 라고 이미 지난 과거를 아쉽게 되돌아보지나 않을까 모르겠다. 아니면 '나도 앞으로 이래야 할 텐데……' 라고 미래에 희망을 걸지도 모른다.

그건 그렇다 치자. 아무튼 한반도 남단 상고대의 왕국과 한반도 북단 및 만주와 연해주에 걸쳐 있던, 또 다른 우리네 상고대 왕국, 이들 두 왕국에서 오늘날의 우리는 그들이 남긴 혼사에 관한 서사시를 찾아볼 것이다.

가야의 것이나 고구려의 것이나 다 같이 에누리 없이 '결혼 서사시'라고 보아도 좋을 것이다. 이들 두 편의 왕가의 서사시를 겸한 왕국(시조)의 서사시는 무속신앙의 서사시를 빼고 나면, 우리나라의 경우로는 '유이무삼', 곧 둘은 있으되 셋은 없는 귀한 서사시다. 그런데 그 희귀한 서사시가 둘 다 '혼사 서사시' 란 것은 대단한 일이다.

뿐만 아니다. 금관가야의 서사시의 경우는 그들 왕국의 시조부와 시조모의 혼사 절차를 그들 왕국의 독특한 축제로서, 카니발로서 두고두고 재현했다. 이것으로도 우리는 혼사가 곧 인간 대사(大事) 중의 초대사라고 말할 수 있게 된다. 참 묘하다. 두 서사시가 약속이나 한 듯이 혼사를 중심으로 삼다시피 엮여 있다.

다른 인간생활의 영역을 두고는 그런 서사시가 남은 것도 아니고 또한 구할 수 있는 것도 아니다. 한데도 혼례를 두고서, 사랑의 짝짓기를 두고서는 서사시가 남았다는 것, 그것을 다함께 마음에 새겨두고 싶다.

그러면서 그만큼, 혼례가 또한 사랑이 중요했다는 것을 그리고 남녀 짝짓기가 소중했다는 것도 명심해두고 싶다.

하늘이 정해준 짝 : 천정배필의 으뜸

지난 시절의 혼사에서
남녀 짝짓기는 우연으로는
받아들여지지 아니한 것.
하늘이 정하는 필연으로 받들어진 것.

전통적으로 혼사는 신랑 신부 두 남녀만의 결합으로 끝나지는 않는다. '양가지합', 곧 두 집안의 합치란 말이 일컫듯이 혼사는 집안과 집안의 결합이기도 했다.

한데 신화시대나 상고대로 올라가면, 이 책의 다른 곳에서도 시사되어 있듯이 혼사는 우주적 규모로 커진다.

'코스믹 웨딩' 또는 '코스믹 매리지', 이를테면 '우주적 합일'이라고 함직한 남녀의 짝짓기가 상고대와 신화시대에 치러지고 있다.

그나마 하늘이 미리 정한 대로 합일하고 있다. 그야말로 '천정배필(天定配匹)' 되기가 신화시대며 상고대의 신화적인 남녀의 결혼이다. 훗날 천정배필이 칭송되기 이전에 이미 신화는 그것을 높이 추켜들어 보이고 있다.

그러나 그 정도가 아니다. 혁거세와 알영은 태어나면서 미리 배필이 되게 운명 지어져 있다. 그만큼 혼사에서 남녀의 짝짓기는 운명적이고 또 필연적인 것으로 인식되어 있었던 셈이다. 이 두 남녀의 경우에는 그 운명적인 짝짓기가 하늘에 의해서 마련된 것으로 인식되어 있다. 결혼은 사랑이기 이전에 운명이다. 후세에 결혼을 두고 인연이란 말이 사용되었을 때, 그것에는 상당한 정도로 남녀 짝짓기를 운명으로 보는 시각이 끼쳐져 있을 것 같다.

혁거세와 알영의 경우처럼, 하늘이 맺어준 천정배필이라는 생각은 가락국의 수로왕과 허 황후의 경우에도 적용될 수 있다.

이들 두 쌍은 다 같이 하늘이 정한 천정배필, 그나마 우주적 합일을 동반한 천정배필이다.

하늘에서 내린 수로왕은 가락을 건국하고 난 다음 이내 신하들에 의해서 결혼하도록 진언을 받는다. 그런데 수로왕은 왕후를 맞는 것은 하늘이 시키는 것이라고, 하늘의 명(命)이라고 하면서 기다리라고 한다.

그 뒤에 바다 너머 아유타국에서 스스로 건너온 공주는 신부로서 수로왕과 맺어진다. 한데 그 맺음은 하늘이 미리 주선한 것으로 되어 있다.

공주의 부왕의 꿈에서 황천의 제왕이 계시를 내린다. 가락국의 왕인 수로는 하늘에서 내려서 왕이 된 신성한 사람이니, 공주를 보내어 배필이 되게 하라고 일러준다.

그래서 공주는 부왕의 명을 받아서 스스로 수로왕을 찾아간다. 그야말로 '시집가기'를 하게 되는데, 이로써 이들 두 신랑 신부의 짝은 하늘이 미리 정해준 천정배필의 시작이 된다. 한국의 역사상 최초의 천정배필이 되는 것이다.

신부 마중의 화려한 축제

온 나라 안이,
산과 육지와 바다가
통틀어서 예식장이 된
그 엄청난 퍼포먼스.

하늘이 명한 신랑과 하늘이 정한 신부, 그렇게 서로 만나는 것이 천정배필이다. 신라의 혁거세와 알영은 태어나면서 미리 신랑 신부로 짝을 짓게 하늘이 마련하고 있었다. 가락의 수로왕과 그 비인 황옥은 하늘이 중매를 들어서 신랑 신부가 되었다. 그래서 이들은 이 땅의 첫 천정배필이 되었다.

하늘이 중매를 선 만큼 수로왕과 공주인 황옥의 혼사는 여간 벅차고 장쾌한 일이 아니다. 그것은 일대 퍼포먼스고 눈부신 스펙터클이다. 대가야의 통치자와 한 왕국의 공주의 혼사답다.

수로왕과 황옥의 짝은 하늘과 바다의 짝이다. 수로왕은 하늘 제왕의 자손으로서 하늘에서 지상으로 내리고 있다. 황옥은 까마득한 피안(彼岸), 머나먼 피안의 바다 너머 아유타국 출신이다. 그녀는 바다의 여인이다. 그러기에 이들 두 사람의 짝은 하늘과 바다의 짝이다. 그것은 우주적이다.

그래서일까? 신부가 시집가기 위해서 신랑의 집으로 가는 초행길과 그것을 맞는 신랑의 마중이 대단하다.

삼국시대 이후 조선왕조를 거쳐서 극히 최근까지 혼례는 원칙적으로 신부 집에서 치러졌다. 신랑이 처가로 가게 되어 있었다. 그와 같이 신랑이 혼례를 올리기 위해서 신부의 집으로 가는 것을 초행이라고 했다.

한데 황옥은 혼례를 치르기 위해서 신부로서 신랑 쪽으로 가고 있다. 가락에서는 신랑 아닌, 신부가 초행을 간 것이다.

가락에서는 신부의 초행이나 그것에 응한 신랑 측의 마중이 모두 어마어마하다.

우선 신랑 측의 마중 행사가 대단했다. 머나먼 바다를 건너온 신부가 닿을 포구를 향해서 말을 탄 기마대(騎馬隊)와 배들로 이루어진 선단(船團)의 행렬이 내달아갔다. 육지로는 기마대가, 강으로는 선단이 행렬을 이루어서 나아간 것이다. 그것은 여간 장려하지 않았을 것이다. 일대 장관이었을 것이다.

그런 중에 신랑이 될, 왕은 몸소 궁을 나와서는 신부가 올 길목에 포장을 친 막사를 짓고 대기했다.

신부의 행차도 대단했다. 붉은빛 돛을 달고 쪽빛 깃발을 나부끼면서 배들이 육지를 향해서 항해했다. 눈부시고 번쩍대는 정경이 벌어졌을 게 틀림없다.

그렇게 신부 측이 바다로 해서 다가오는 게 보이자, 신랑 측의 무리는 횃불을 사뭇 높이 추켜들고는 마중을 갔다. 기마대는 기마대대로 마중하고 선단은 선단대로 마중하는데 그게 또 여간 화려하고 엄숙한 게 아니었다.

배마다 목련나무 노와 계수나무 노를 높이 들고 신부가 배를 내릴 물가에 진을 쳤다. 지적은 안 되어 있지만 향기 나는 나무로 다듬은 키도 높이 추켜세워졌을 것이다.

노며 키가 무리지어 곧추세워진 채로 배가 물살을 가르는 것, 그것은 오늘날도 해군의 의장대(儀仗隊)가 곧잘 보여주는 광경이다. 가락의 신랑 측에서는 그렇게 해군 의장대를 갖추어 신부를 정중하게 맞았다. 이미 신화시대에 그랬던 것이다.

　신부 초행과 신랑의 마중은 사실상 본격적인 혼례의 도입부이고 예비 절차에 불과하다. 초행이며 마중이 이토록 장려하고 엄숙했으니 막상 초례청(醮禮廳), 곧 결혼식을 올릴 식장에서는 여간 대단한 게 아니었을 것이다. 불행하게도 그 부분에 관한 기록은 남겨지지 않았다.

　그러나 그 예비 절차인 신부의 초행과 신랑의 신부 마중만 가지고도 우리는 가락의 혼사가 일대 스펙터클이었음을 말해도 좋을 것이다. 오늘날 우리들에게, 상업예식장에서 인스턴트의 혼례를 치르고 있는 초라한 우리들에게 가락의 혼사는 결혼의 구실이며 뜻을 새삼 엄숙하게 고쳐 생각해보도록 일러준다.

결혼이 국가적 기념행사로

왕이라서 그랬을까?
그가 치른 혼사를
온 나라의 백성들은
자신의 일처럼 돌아보면서
기념 잔치를 벌였으니

　대규모이고 화사하고 또 엄숙했던 잔치, 그것이 가락의 혼사다. 굳이 왕과 왕비 사이의 혼사라서 그랬다고 말해버리고 말 수는 없다. 왕실의 혼례도 필경, 백성의 혼사를 그 기본으로 하고 있을 것이기 때문이다.

그러므로 가락의 일반 백성들의 혼사도 규모는 조금 작아도 그 전체 줄거리는 상당한 정도로 왕실의 혼사를 닮았다고 보아도 좋을 것이다.

이는 극히 최근까지 지켜진 전통 결혼식이 결코 수월치 않았음에서도 헤아릴 수 있다. 신랑이 신부 집으로 가는 초행, 신부 집에 차려진 초례청에서 치러지는 합근(合卺)의 예식, 그리고 그 밤의 신방 차림에 이어서 다음 날 아침의 동상례까지, 전통 혼사는 꼬박 하룻밤하고 이틀이 걸렸다.

혼례를 치르고 신랑이 제 집으로 가고 난 다음, 친정에 그냥 머물고 있던 신부가 자그마치 삼 년이 지나서야 시집을 감으로써, 이를테면 신행을 감으로써, 혼사가 마무리되던 것까지 계산한다면 전통 혼례는 더 한층 성가시고 복잡했을 것이라 여겨진다. 무려 삼 년에 걸쳐서 잔치가 치러진 것이다.

그런 게 워낙 혼사라야 한다. 한 개인은 한평생 동안 여러 차례의 통과의례를 치른다. 삶이 거치고 겪어야 하는 요긴한 고비를 통과할 적마다 정해놓고 식이나 의례를 치르게 되어 있다. 젖먹이 시절에 이미 통과의례를 올린다. 태어난 지 얼마 되지 않아서 세이레, 그리고 백일을 치른다.

그러다가 소년 소녀로서 제법 성숙하게 자라서 사람 구실을 혼자서도 제대로 할 만해지면 성년식을 치르게 되어 있기도 했다. 그렇게 어른이 되기 전 여러 차례의 통과의례를 치른 다음, 드디어 결혼이라는 일생에서 가장 규모가 크고 뜻이 깊은 통과의례를 올리게 마련되어 있다.

한데 전통 혼례의 내력을 거슬러 올라가보면 이미 까마득한 그 옛날, 적어도 사오천 년 정도 더 오래된, 자그마치 오십 세기를 더 넘은 시절의 부여시대에서 그 보기를 찾아볼 수 있다. 해모수와 유화의 사연 많고 곡절도 많은 혼례를 보자.

그런 중에 우리는 부여의 것에 능히 견줄 만한 대규모의 장려한 혼례를 가락에서 만난다. 수로왕과 허비 사이의 혼사를 만나게 되는 것이다.

한국 혼사의 역사를 말할 때, 이들 두 혼사는 그 으뜸에서 빛을 발한다.

한데 〈가락국기〉는 실제로 치러진 혼사 그 자체가 아니고 혼사를 되돌아보는, 그래서 기념하는 일대 축제를 범국가적 잔치로서 기록해놓고 있다. 이 점은 한국 혼사의 역사를 말하게 될 때 아주 크게 강조되어야 한다.

앞에서 보인 것처럼, 신부의 신행과 그 신부 마중에서 어마어마한 규모의 행사를 베푼 가락에서는 후세까지 두고두고 그 혼사를 반기고 기리며 기념행사를 치러나갔다. 당장에 치러지고 있는 혼사가 아니다. 이미 치러진 혼사를 되돌아보는 크나큰 잔치다.

수로왕과 허비는 각각 158세와 157세로 세상을 뜨고 만다. 후대의 왕들은 해마다 이른 봄의 3일과 7일에, 여름의 5일, 가을의 5일과 15일에 왕과 왕비를 추모하는 제사를 올리고는 했다.

그런 중에 수로왕과 허비의 혼사도 그 절차가 거듭거듭 되새겨지곤 했다. 그것을 『삼국유사』에 실린 〈가락국기〉는 "희락사모지사(戲樂思慕之事)"라고 표현한다. 기쁨과 즐거움으로 그리워하는 행사라는 뜻이다.

해마다 7월 29일이 되면 가락의 백성과 벼슬아치들이 무리지어서 바다가 바라보이는 언덕에 모였다. 포장 쳐서는 막사를 지어놓고 다들 술과 먹을거리로 먹으랴 마시랴 사뭇 흥청망청했다. 그러면서 동서로 갈라서서는 서로 눈짓 주고받으며 요란을 떨었다. 신부가 도착할 것을 미리 반긴 것이다.

그와 함께 장골 인부들이 좌우로 편을 갈라서, 한패는 육지에서 말을 경주하듯 하면서 내달리고 다른 한패는 마치 물새 떼처럼 배를 저어서 내달리되 신부가 처음으로 배를 내린 포구를 향해 서로 앞을 다투면서 나아갔다.

기마대와 선단이 각기 육지와 강에서 서로 다투듯이 나란히 나아가는 장면은 상상만 해도 장쾌하다. 여간한 스펙터클이 아니다.

그리하여 바다 건너온 신부가 도착했음을 신랑인 수로왕에게 급히 알리던 행사를 재연한 것이다.

왕과 왕비의 혼사가 오죽하면 그랬을까? 온 백성이 마치 각자 자기 집안의 혼사이듯이 반기고 즐기면서 국가적 기념 축제로 삼은 것이다. 인류가 하고많은 축제를 벌이고 있지만, 각각 자기 나라의 왕과 왕비의 혼사를 기념해서 재연하는 축제가 가락의 것 말고 따로 있을 것 같지 않다. 그것은 진실로 인류가 유념해야 할 이벤트이고 퍼포먼스였던 것이다.

신부를 채가다니, 그것도 정식 혼례 절차로서

같은 신랑 신부가
두 번 시집가고
장가든
그 묘한 사연.

한데 부여며 고구려의 혼사에서는 이 같은 천정배필이 통하지 않는다. 부여의 신화에서는 사내가 억지로, 힘으로 어느 여성과 짝을 짓고는 그게 혼사의 한 단계가 되는 것을 보여주고 있다. 그러니 천생 '인정배필', 곧 사람이 배필을 정했다고 말할 수밖에 없다.

신화시대에 이미 한(韓) 민족의 혼사는 이같이 '천정'과 '인정'으로 서로 달라져 있다. 가락과 신라가 한반도 남쪽 끝의 나라인데 비해서 부여는 그 북부와 만주에 자리한 나라라서 그런 차이가 생긴 것일까?

천신이기도 한 부여의 왕 해모수는 압록강 가의 연못에서 놀고 있는 처녀들, 그나마 하백, 곧 강물의 신의 딸들을 덮친다. 그야말로 성희롱에다 성폭력까지 저지른다. 요즘 같으면 영락없이 법적으로 책임을 져야 할 것이다.

한데 참 묘한 것은 그 덮침이 두 남녀를 짝짓게 한 사실이다. 사내가 여자를 억지로 덮쳤으면 결과적으로 여성은 달아나야 한다. 한데도 해모수가 덮친 유화라는 여인은 사내 곁에 머물고 만다.

그래서는 유화의 아버지 하백이 노발대발한다. 형사범(刑事犯)으로 고발까진 하지 않았지만, 여간 화를 낸 게 아니다. 그러자, 겁을 먹었던지, 해모수는 자기가 덮친 그 여자를 돌려보내려고 든다. 하지만 사내가 뜻밖에 마음에 들었던지, 아니면 찰떡궁합이었는지 몰라도 신부가 된 여성은 단연코 거절한다.

해모수는 장인어른의 노여움을 풀기 위해서 신부를 데리고는 강물 밑의 수궁에 있는 처가로 찾아간다. 여자의 아버지인 하백(河伯), 곧 강물의 신은 해모수에게 "네가 뭔데 내 딸을 채갔냐!"고 사납게 따지고 든다. 그래서 시비가 벌어지고 급기야 장인은 사위의 능력을 보기 위해서 내기며 겨루기를 하자고 든다.

네가 하늘의 제왕의 핏줄을 타고난 게 틀림없다면, 변신술을 시험해 보자!

라고 하백은 해모수에게 권한다.

둘은 둔갑내기로, 곧 변신술로 겨룬다. 하백이 먼저 잉어로 변신하는데, 해모수는 수달이 되어서 위협한다. 하백이 못 견디고는 사슴이 되어서 뛰자, 해모수는 이리가 되어서 덤빈다. 또 못 견딘 하백은 꿩이 되어서 하늘을 난다. 해모수는 순간적으로 매로 둔갑해서는 덤빈다.

더는 못 견딘 하백은 백기를 들고는 해모수를 사위로 받아들이마고 한다. 그래서 정식으로 둘은 장인과 사위가 된다.

이런 사연으로 보아서 해모수는 혼사를 두 번 치르게 된 셈이다. 처음은 신부를 가로채어서 짝짓기를 하는 것이고, 두 번째는 처가의 승인을 얻어서 합법적으로 혼사가 온전히 마무리되었다.

이럴 때 인류학에서는 전자를 '사실혼'이라고 규정하고 후자는 '합법혼'이라고 한다. 신부를 가로챈 것이 찜찜하긴 해도 그것으로 해모수는 신부와 사실상 짝을 짓고 있다. 하지만 인류학의 보기들로 보아서, 사실혼에서는 가로채든 어떻든 처가의 정식 승인을 받지 않은 채로 실질적으로 남녀가 맺어지게 되어 있다.

그런 다음, 해모수가 그렇게 했듯이, 신랑은 처가의 시인을 받아서 온전하게 자격을 갖추게 되는 합법혼의 절차를 밟게 되어 있다.

해모수는 요컨대, 두 번 장가를 간 셈이다. 사실혼과 합법혼의 두 번 장가가기를 한 것이다.

싸워서 얻어낸 전리품의 신부

고행하듯이
신부를 만난 사연,
목숨 걸고 투쟁해서는
신부를 만난 사연,
그것은 로맨스의 극치니……

조금은 묵은 시절에 흔하게들 하던 말이 있다.

'아무개 총각이 신부 얻어서 장가갔다.'
'아무개 처녀가 신랑 얻어서 시집갔다.'

바로 이 말, 예사로 입에 올렸다.

신랑도 신부도 마찬가지로 얻는다고 했다. 한데 '얻어먹는다'고 할 때, 그 얻기는 공짜로 손에 넣는 것을 의미한다.

하지만 신부며 신랑 얻기는 그렇게는 안 된다. 그냥 얻는 것은 천만 아니다. 공짜로 얻는 것은 만만 아니다. 힘들여서 얻고 공들여서 얻게 되어 있다. 그것은 신부의 경우에 더한층 심하다.

옛날이야기 가운데서도 모험담에서는 사내 주인공이 위험을 무릅쓰고 갖은 모험을 이겨낸 끝에서야 가까스로 신부를 얻게 된다. 신부야말로 모험의 유일한 절대의 보상이다.

그 점은 동화에서도 다를 바 없다. 동화 주인공은 어려움을 겪고 겪어서는 모든 장애를 이겨낸 끝에 겨우 신부를 만나게 된다. 간난신고의 유일한 보람이 곧 신부 얻기다.

　이건 옛날 모험담과 동화의 정형이고 공식이지만, 바로 그런 공식을 우리의 전설에서도 확인할 수 있다. 그 전설의 주인공이 바로 거타지(居陀知)다.

　이야기는 신라의 진성여왕시대로 거슬러 올라간다.

　여왕의 막내아들인 아찬양패가 당나라에 사절로 가게 되었다. 바다에 백제의 해적이 날뛴다고 하여 궁사(弓師), 곧 활을 잘 쏘는 병사 오십 명이 함께 움직였다. 배가 마침 곡도(鵠島)라는 섬에 이르자 풍파가 거칠게 일어났다. 열흘을 섬에 머물러 있어도 풍파는 멈추지 않았다.

　아찬양패는 근심하다 못해서 점술사를 시켜서 알아보았고, 점술사는 섬에 있는 신의 못에서 제사를 올리는 게 좋을 거라고 말했다.

　그래서 제사를 드리자 못의 물이 한 길도 넘게 용솟음쳤다. 그날 밤에 아찬양패의 꿈에 한 노인이 나타나서 말했다.

　"부디 활 잘 쏘는 사람 하나를 골라서 이 섬에 머물게 하시오. 하면 바람이 잔잔해질 것이오."

　아찬양패는 잠이 깨자, 옆 사람들에게 누구를 여기 머물게 함이 좋을까 하고 물었다. 그러자 사람들은 모름지기 쉰 개의 나무 조각에 궁사의 이름을 적어서 물에 띄우되, 그중 물에 잠기게 되는 한 사람이 뽑히도록 하자고 권했다.

　아찬양패는 그 말을 따랐다. 그러자 거타지라는 활 잘 쏘는 병사의 이름이 적힌 나무 조각이 물에 잠겼다. 그래서는 그를 섬에 머물게 하자 이내 순풍이 불어서 배는 머뭇댐 없이 항해를 시작했다.

　혼자가 된 거타지가 근심에 싸여 섬에 서 있는데, 문득 한 노인이 못에서 나오며 말했다.

"나는 서해의 신이오. 해가 돋을 무렵이면 웬 중이 하늘에서 내려온다오. 그런데 그가 다라니의 주문을 외우면서 이 못을 세 바퀴 돌면 우리 부부와 자손들이 모두 물에 떠오르지 뭐요. 그러면 그 중은 우리 자손들의 간이며 창자를 잘라내어 먹어치우곤 했소.

이제 다들 잡아먹히고 우리 내외와 딸 아이 하나만 겨우 살아남았소. 그 중이 보나마나 내일 아침에도 올 것이니 바라건대, 활을 쏘아서 잡아주시오."

노인의 청에 거타지는 쾌히 응하면서 말했다.

"활쏘기라면 제게 맡기셔도 됩니다. 제가 뛰어난 궁사이니까요. 기꺼이 노인장의 분부를 받들겠습니다."

다음 날 새벽, 숨어서 기다리고 있는 거타지 앞에 과연 중이 나타났다. 그러고는 주문을 외면서 늙은 용인 서해의 신을 잡아서는 간을 꺼내고자 덤볐다. 노리고 있던 거타지는 중을 쏘아 맞혔다. 중은 순간에 늙은 여우가 되어서는 땅바닥에 떨어져 죽었다.

노인은 그의 목숨을 구해준 거타지에게 딸을 바치겠으니, 아내로 삼아달라고 했다.

그러면서 딸을 꽃송이로 변하게 해서는 거타지로 하여금 품에 품게 했다. 그러면서 두 마리 용을 시켜 당나라로 향하는 거타지 일행의 배를 지키고 가게 해주었다.

두 마리 용이 등에 지고 내달려오는 배를 보고 당나라 사람들은 기겁을 했다. 이를 알게 된 왕은 신라의 사신이 예사 사람이 아닐 거라면서 잔치를 베풀고 황금이며 비단을 선물했다.

신라로 무사히 돌아온 거타지는 그의 품속 꽃송이를 꺼내어서 여자가 되게 하고는 내내 함께 살았다.

이렇게 거타지에 관한 신비한 이야기의 줄거리는 마무리된다. 무엇인가 초인적인 능력으로 공을 세우고 그 보상으로 신부를 비로소 얻어내고 있다.

한데 고려 태조 왕건의 할아버지인 작제건 또한, 그 아내를 서해의 용왕에게서 얻어내는 과정에서 거타지와 거의 같은 자취를 보이고 있다.

이에서 우리는 앞서 얘기되었듯, 해모수가 갖은 시련을 겪은 끝에 신부와의 결혼을 일구어낸 것을 절로 연상하게 될 것이다. 거타지와 작제건과 해모수, 이 세 영웅적 인물들이 하나같이 고난과 시련 없이는 신부를 맞이할 수 없었음을 알아보게 될 것이다. 영웅에게 '결혼은 그래야만 한다'고 신화며 전설이 일러주고 있다.

그 점은 아주 근세까지에서 모든 신랑이 처가 가족들에게 시달리고 그들 때문에 애먹고 하는 고생 끝에 겨우 결혼식이 치러질 신부 집에 도착하고 있다는 것과 맞먹는다. 묵은 시대 이 땅의 신랑들은 누구나 거타지고 작제건이고 또 해모수였던 것이다.

일편단심 사랑 : 신라 적에도 한 번 다진 사랑은 영원히

변함없는 사랑
그 굳건한 꿈은 이미 신라시대에.
춘향의 선배가 그때 살아 있었으니.

물론 사랑에도 역사가 있다. 그러자니 사랑도 시대의 변화에 따라 그 모양새를 달리하기도 한다.

오늘날의 십대가 제 마음대로 마음껏 나누어 갖는 사랑은 조선시대에는 어림도 없었을 것이다. 자유연애라는 말은 조선조가 아주 기울고 난 뒤, 비로소 근대화의 길에 들어선 개화기 이후에, 이른바 신식 남녀 사이에서 가까스로 움트기 시작했다. 하지만 이제 자유연애라는 말은 낡은 고물이 되고 말았다. 연애에 새삼스레 자유니 뭐니 하고 유난떨게 이미 아니기 때문이다.

하지만 시대야 달라지든 말든 변함없는 사랑의 모습이 영영 얘기 못 될 것은 아니다. 진실된 사랑!

변함없을 사랑!

이 사랑은 시대의 변화를 타지는 않을 것이다.

하기에 그런 사랑의 사연을 신라시대 진평왕 때 이미 듣게 된다.

경주에서 먼 시골이었을까? 윤리라는 마을에 설(薛) 씨 성을 가진 처녀가 살고 있었다. 비록 가난하고 외진 집의 딸이었지만 몸맵시며 얼굴이 아름답고 마음씨가 고와서 칭송이 자자했다. 한데 그 아비가 북방의 오랑캐를 막는 병사가 되어서 가게 되었다. 강제로 징용당한 그는 떠나야 했다. 하지만 나이가 너무 많아 기력이 없었다. 거기다 병까지 앓고 있었다. 딸은 기가 찼다. 아버지 대신 군대에 가지 못하는 여자의 몸이 한스러웠다. 크나큰 고민에 빠졌다.

한데 설 씨 처녀를 알뜰히도 짝사랑하고 있던 가실이란 젊은이가 나섰다. 설 씨 처녀를 만나서는 자신이 그녀의 아버지 대신 군에 가겠다고 했다.

"내가 비록 못났지만, 그대를 무척 사랑하기에 감히 아버님을 대신

할까 하오. 내 정성을 거두어주기 바라오. 그대에게 바치는 사랑으로 받아주기 바라오."

설 씨 처녀는 마다할 일이 아니었다. 가실에게 두 번 절하고는, "감히 바라지는 못할망정, 정말로 소원하는 바입니다"라고 말했다.

그러자 마음이 급한 가실은 당장 약혼을 하자고 나섰다. 하지만 설 씨 처녀가 간곡하게 타이르다시피 말했다.

"말씀은 백번 고맙습니다. 하지만 혼인은 인간의 크나큰 윤리라 창졸간에 서둘 일이 못 됩니다. 제가 이미 마음으로 그대를 받아들인 이상 그대 떠난 이후로 세월이 간들, 어찌 변심을 하겠습니까. 죽어도 그런 일은 없을 것입니다.

그대가 우리 아버지 대신 변방에 병사로 나가서 소임을 마치고 돌아오면, 날을 잡아서 혼례를 올리기를 다짐합니다."

그렇게 단단히 맹세하면서 처녀는 거울을 꺼냈다. 그것을 반으로 쪼개어서는 서로 몸에 지니기를 청했다. 뒷날, 가실이 돌아오는 날, 반 조각의 거울을 서로 맞추어서 신표 삼고는 혼례를 올리자고 했다.

가실은 떠나면서 그가 기르던 말 한 필을 설 씨 처녀에게 맡기며 이 말을 가실 자기를 보는 듯이 보살펴달라 부탁했다.

이런 곡절 끝에 가실은 변방으로 징용되어서 갔다. 워낙은 삼 년이 기한이었으나 나라에 일이 생겨서 육 년으로 기한이 늘어났다.

가실이 정해진 기한 안으로 돌아오지 않자, 처녀의 아버지는 약속한 기한이 넘었음을 핑계대면서 새로이 혼처를 정해서 시집가라고 명했다.

한데 설 씨 처녀는 아버지의 명을 거역했다.

"가실 젊은이는 아버지 대신 싸움터에 자청해서 간 분이 아닙니까. 아버지 대신 굶주리고 헐벗은 채 적과 싸우노라고 죽음을 눈앞에 두고는 무진 고생을 하고 있을 것입니다. 그런 터에 그와 주고받은 약속을 저는 어길 수가 없습니다."

그러나 아버지는 고집을 꺾지 않았다. 너무 늙은 데다 자신의 병이 무거워가고 있음을 생각하고는 딸 몰래 혼처를 정했다. 이미 날도 받아 놓고 새로운 사위를 맞아들이려 했다.

설 씨 처녀는 도망치려 했다. 하지만 처녀의 몸으로 그게 마음대로 될 일이 아니었다. 절망에 빠진 처녀는 마구간에 가서 가실이 남기고 간 말을 붙들고는 하염없이 눈물을 흘렸다.

그러자 마치 그것에 응답하듯이 가실이 나타났다. 몰골이 말이 아니었다. 초췌하기가 말이 아니어서 다들 가실인 줄 알아보지 못했다.

말을 붙들고 울고 있는 약혼녀에게 가실은 반 조각 거울을 내던졌다. 처녀는 그것을 자기의 반쪽 거울과 맞추어보고는 더한층 큰 울음을 울었다.

마침내 백년가약을 맺은 두 남녀는 그 뒤, 두고두고 복되게 살았다고 이야기는 마무리되어 있다.

주변의 어떤 악조건에도 매이지 않고, 시절이며 세월의 기나긴 변화에도 불구하고 끝끝내 지켜낸 사랑의 맹세는 이미 신라 시절에 비롯한다. 설 씨 처녀는 그래서 춘향의 대선배가 된다.

셋째 대목

또 다른 짝짓기 이야기: 그 기묘함, 그 야릇함

1 그 많은 합(合)은?

둘이 하나가 되다니?

결혼

이 한마디가 지닌 묘한 매력에서 사람들은 쉽게 헤어나질 못한다. 더욱이 젊은 총각과 아리따운 처녀의 짝짓기라면 으레 결혼이란 말은 진하고도 진한, 장밋빛에 물들어 있기 마련이다. 그러면서 '결혼—' 이 한마디는 선율을 탈 것이다.

새 출발의 삽상함이 우선 느껴질 것이다. 더불어서 미래와 희망은 온전히 같은 뜻의 말로 둔갑할 것이다. 더 나아가서는 행복이 연상될 것이고 그것을 예식의 화려함이 그리고 하객들의 웅성거림이 화사하게 수놓을 것이다. 거의 모든 동화가 그 대단원에서 '그래서 그들은 장가들고 시집가서는 잘 먹고 잘 살았더란다'라고 전체 줄거리를 끝맺음하는 것은 바로 이 때문일 것이다.

결혼은 환상에 넘친 동화의 눈부신 끝마무리다. 혼사, 혼인, 혼례……, 이렇게 묵은, 오래된 말을 써도 그 눈부심이 달라질 것 같지는 않다. 이들 세 낱말은 한국에서 전통적으로 허다하게 사용되어왔다. '결혼'이란 낱말을 앞질러서 훨씬 많이 또 자주 사용되어왔다. 거기에 비하면 '결혼'은 그 사용 빈도가 사뭇 뒤떨어진다.

자세히 추적한 적이 없어서 확실하게 말할 것은 아니지만, 아마도 우리의 중세기나 근세기까지는 '결혼'이란 말을 그다지 흔하게 쓰지 않았으리라는 추정을 해보아도 큰 잘못은 아닐 것 같다. 해서 일본에서는 예전부터 흔하게 사용된 말이 곧 '결혼'임을 전제한다면, 어떤 결론이 나올까? 오늘날 우리는 '혼사', '혼인', '혼례' 등 우리다운 말은 버리다시피 하고서는 어느새엔가 그만 남의 나라 말을 빌려다가 아주 제 것처럼 쓰고 있다는 혐의가 전혀 없다고 말하기가 어렵다. 그것도 인륜대사(人倫大事), 곧 인간으로서 치르고 겪을 가장 큰일을 두고서 남의 나라 낌새가 더 짙은 말을 쓴다는 것은 아무래도 좋게 볼 수 없다.

아무려나 오늘날, '결혼'은 꽃다발에 묻히고 황금관을 머리에 쓰고 있다. 누구나 축하하고 반기기 마련인 것이 다름 아닌 '결혼'이다. 무엇보다 예식장 들머리에 놓인 요란한 화환의 행렬이 이에 대해서 잘 말해주고 있다. 또한 예식장 안의 여기저기가 황금색으로 치장된 것도 같은 증언을 할 것이다. 입구의 책상 위에는 돈 봉투가 수북수북 쌓여 풍요와 윤택을 자랑한다.

이 모든 것을 앞질러서, 절로 두 남녀의 짙은 사랑이 연상될 것이고 따라서 당연히 합일이 떠오를 것이다. 결혼은 무엇보다 '합일의 의례'

로 인식된다. 주례사에는 으레 '두 몸이 하나 되어……'가 들어간다. 또한 '일심(一心) 동체(同體)'란 구호가 외쳐지곤 한다.

전통적으로는 '이성지합(二姓之合)'에 보태어서 '양성지합(兩性之合)'이란 말이 매우 강조되어왔다. 이것저것 할 것 없이 온통 합(合)이고 또 합이다. 무턱대고 합일이고 또 합일이다. 뿐만 아니라 합이(合二)이기도 하다. 서로 다른 두 성씨(姓氏)의 집안끼리 하나가 되고 또한 서로 잘 모르는 남남끼리인 양가(兩家)가 또한 합일하니까, 합일이나 합이나 그저 그게 그거다. 합을 하는 것은 신랑과 신부 두 사람만이 아니다.

한국인은 사람과 사람 사이에서 합이란 말을 즐겨 써왔다. 두 남녀의 합이 맞고 부부의 합이 맞듯이 부모 자식 사이도 역시 합이 맞아야 한다고 생각해왔다. 그런가 하면 사람과 물건, 사람과 세상 사이에서 또한 사람과 시(時) 사이에서도 역시 합이 맞느냐 안 맞느냐가 이러쿵저러쿵 논란이 되었다.

한자의 합(合)은 그릇인 口에 뚜껑을 얹은 모양새를 나타내고 있다. 그러다가 여러 사람의 입(말)이 하나로 잘 어울리는 것도 합이라고 하게 되었다. 그래서 그런지 남녀가 하나 되는 경우, 유달리 합 자가 많이 사용되었다.

합궁(合宮), 합근(合巹), 합금(合衾), 합례(合禮), 합방(合房).

이게 모두 남녀 사이의 합이다. 합궁은 성교와 같은 뜻인데 합금이나 합방도 비슷한 뜻으로 쓰인다. 금(衾)이, 곧 이부자리니까 합금은 한 요를 깔고 한 이불을 덮고 잔다는 뜻이다. 합방은 방을 함께 쓴다는 것이니까 모두 다 남녀 결합에 대한 우원법, 곧 둘러말하기다. 합궁의 궁(宮)은, 이 경우 왕궁이 아니고 실(室)과 같이 보통의 방이란 뜻이다.

이와는 좀 다르게 합례는 혼례와 같은 뜻이니, 혼례인즉 다름 아닌 남녀가 합치는 예식이란 뜻을 담고 있다. 그런가 하면 합근의 근(졸)은 술잔이라서 신랑 신부가 술잔을 나누어 마시는 절차를 의미하며 혼례 자체를 뜻하기도 한다.

이같이 남녀 사이는 그것도 혼례에서의 남녀 사이는 그저 합이고 또 합이다. 둘이 하나 되기다. 하지만 이는 좀 꼼꼼히 생각해보아야 할 것 같다.

주례사에 어김없이 담는 말이 다름 아닌 '일심동체' 다. 물론 좋은 말이다. 신랑 신부의 마음이 들뜰 말이다. 아마도 거의 반드시 정해놓다시피 '와! 드디어 우리는 하나야!' 라고 감격에 겨워할 것이다.

'일심동체', 곧 두 마음은 하나요 두 몸은 같은 것으로 어울리기를 바란다는 것, 그 마음가짐까지는 나무랄 것이 없다. 하지만 그게 쉽진 않다. 쉽게 생각하면 오히려 결과는 정반대로 나타날 수도 있다.

사고피는 결혼식

한데 오늘날, 예식장 풍속과 거기서 치러지는 혼례 절차 가지고도 합이며 합일은 다짐될 것인가? 괴롭고 슬프지만, 큰소리로 장담할 일은 아닐 것 같다.

앞에서도 언급했듯이, 오늘날 거의 대부분의 혼례는 상업예식장에서 시행된다. 그것은 아마 혼례가 얼마쯤 상품화되었다는 것을 의미하지는 않을까? 슈퍼마켓에서 살 수 있는, 대형마트에서 돈 주고 손에 넣을 수 있는 물건들과 결혼식은 얼마쯤 닮은꼴일 수도 있다. 이는 기우나 헛걱정만은 아니라고 본다.

무엇보다 예식장에서 치러지는 예식 절차는 정체불명이고 국적불명이다. 가령 예식장에서 혼례를 지켜보고 있으면 신부가 등장할 때, 처음부터 얼굴이 드러나게 베일을 머리에 걸치고는 나타난다. 베일을 썼다고 해서 이것이 서구식이 될 수는 없다. 국적불명이다. 서구라면 신부는 그녀의 아버지와 나란히 신랑 앞으로 걸어 들어온다. 그때는 온 얼굴이 베일에 싸여 있다시피 한다. 그러다가 신랑 바로 곁으로 왔을 때, 비로소 장인이 될 사람이 제 딸의 베일을 들어올린다. 그때 비로소 신부의 얼굴이 모두 드러난다.

이 장면은 매우 극적이며 상징성이 높다. 신부의 아버지는 자신의 귀여운 딸을 가능한 오래 자기편에 두고는, 신랑에게 넘겨주기까지 되도록 시간을 오래 끌려고 한다. 차마 내놓기 아쉬운 귀물을 최후의 임계점(臨界點)에 다다라서야 마지못해 양도하는 것을 나타내기 때문이다.

비록 한국의 신부가 서구식으로 베일을 썼지만 그 상징적 의미는 그리고 극적 소임은 전혀 받아들이지 못했다. 그러하기에 우리의 상업예식장 안의 혼사는 국적불명이고 정체불명이다. 낯설기만 하다. 우선 예식장 안의 장식물부터 낯설다. 인공적이고 자위적이라는 인상을 강하게 풍긴다. 서툴디 서툴다.

그게 모두 어디서 온 양식일까? 한국식? 일본식? 아니면 서구식? 그 어느 것일까? 그 어느 쪽도 아니다. 겉치장과 겉모습은 제법 서구식으로 보일 수도 있다. 하지만 그렇지 않다. 그렇다고 전통 한국식이 아닌 것은 누구라도 슬쩍 보기만 해도 알 수 있다.

그렇다면?

그렇다. 정작 그것은 '상업예식장식'일 뿐이다. 그 정도로 심각하게 상품화되어 있다. 돈 주고 물건 사듯이 오늘날은 예식장에서 미혼의 남녀들이 혼례를 사들인다. 그러고는 신랑 신부가 되고 일심동체가 되기를 바란다.

오늘날 인간의 사회적 행위의 가장 중요한 기반은 상행위다. 거리는 없어지고 상가만이 도시의 변화가와 그 주변을 채운다. 어디나 슈퍼마켓이고 대형마트다. 도시 곳곳이 쇼핑몰이다. 도시의 '몰(mall)화'라고 해도 과장이 아니다.

서울만 해도 그렇다. 해방 전후는 물론이고 그 저주스런 6·25전쟁이 끝난 뒤에도 상가라 할 만한 곳은 종로였다. 그나마 종로 사거리에서 3가에 좀 못 미치는 언저리까지다. 거기에 구태여 보탠다면 을지로 입구와 삼각동, 그 정도가 전부였다. 물론 재래시장은 별도로 하고 말이다.

하지만 오늘날은 온 서울 장안이 다 상가다. 시울특별시의 그 시(市)가 공교롭게도 시장 '시'인 것은 우연한 일이 아니다. 하긴 도시(都市)의 시(市)는 저잣거리의 시, 곧 시장(市場)의 시에서 따온 것이다. 그렇다 해도 이 경우 저잣거리는 우리 한국의 방방곡곡, 어느 고을, 어느 고장에서나 그러했듯이 큰 고을의 일부 중심지이지 결코 그 전부는 아니었다. 하니까 오늘에서야 도시의 '시'는 제빛을 제대로 찾은 셈이다. 오늘의 우리는 시장에 나앉아서 살고 있다.

인터넷이 그 현상을 본격적으로 부채질한다. 인터넷은 다름 아닌 저잣거리다. 그래서 우리는 안방에 앉아서 상행위에 종사한다. 현대인은 누구나 '상인'이고 장사꾼이다. 개인의 집은 가게다. '코모디티

(commodity)', 곧 상품성 또는 상업성은 현대인의 인격 그 자체다. 산다는 것의 옳고 바른 이치, 인생 철학도 상술이 대부분 차지한다.

일반 시민이 사기만 하는 구매자로 머물고 있지는 않다. 인터넷을 통해서, 구매 행위를 통해서, 상품 사용을 통해서 그들은 상품 생산에 종사한다. 그들은 생산하는 구매자다. 이 같은 이중성이 현대인을 더한층 장사꾼으로 만든다. 그러다가 마침내 저 인륜대사도 사고팔기에 이르렀다. 이제 상행위가 바로 인륜대사의 자리까지 등극한 것이다. 현대사회의 제왕 자리를 차지한 것이다.

이런 물살, 그것도 급류 속에서 결혼식도 마침내 상업예식장에서 사고팔게 되었다. 그러자니 그 절차가 도무지 아리송해졌다. 어느 나라의 것도 아니고, 어느 전통을 따른 것도 아니다. 이미 말한 바와 같이 박정희 정권 때, 이른바 '가정의례준칙'이란 것이 어느 날 느닷없이 팔을 걷어붙이고는 우락부락하게 나서서 설치기 시작했다. 결국 가정의례준칙에 따라 대부분의 혼례와 장례가 정해졌다.

점잖게 '준칙(準則)'이라고, 즉 국민이 그것에 준해서, 말하자면 그것을 본보기 삼아서 따를 규칙이라고 했지만 실상은 그게 아니었다. 실제로는 '강칙(强則)'이고 '폭칙(暴則)'이었다. 폭력적 강제 규정이 되어 강행되었다.

이런 준칙을 만드는 데 어떤 인사가 참여했는지는 모르겠지만, 정말 딱한 무지몽매한 사람들이었다고 말하고 싶다. 글쎄? 법 전문가를 비롯해서 그 밖에, 가령 사회학자, 역사학자, 민속학자들이 참여했다면 더 심한 욕을 들어도 이제로서는 그들도 할 말이 없을 것이다.

혼례와 장례는 원칙적으로 가장 민족적이고 또한 종족적인 민속이다. 한나라의 민속이나 전통문화 가운데서 가장 보수적이다. 따라서 오래도록 두고두고 전하고 또 지키는 것이 몇 가지 있다. 민간 약품과 전통 식품과 전통 의상 그리고 민간신앙과 각종 의례(儀禮), 그나마 혼례나 장례 같은 이른바, '통과의례'가 그런 것들이다.

　이들을 두고서 민간 전통 또는 민족문화의 큰 줄기라고 해도 무방하다. 한데 이것은 어디까지나 일반론이거나 다른 나라 이야기다. 한국은 단연코 예외다. 글쎄? 그 줄기 중에서 그런 대로 옛 모습을 지니고 남은 것이 무얼까? 음식과 약품 정도다. 나머지 것들은 기진맥진해 있다. 안 그래도 숨이 넘어가던 것을 그 가정의례준칙이 나서서 목을 죄어놓았다.

　앞에 든 큰 줄기 가운데서도 각종 의례는 사회 관습이자 전통이고 또 한 사회 규범이고 약속이다. 아주 중요한 각자의 정체성과 집단의 정체성이 거기에 달려 있기 마련이다. 전통을 따르며 살아가는 한 인간의 삶은 사뭇 결정적인 자국을 그리고 자취를 남긴다.

　뒤에서 더 자세히 이야기하겠지만 최근까지, 이를테면 가정의례준칙이란 괴물이 나돌기까지, 이 땅의 혼례는 고구려, 신라 이래로 유지되어왔다. 그만큼 끈질기고 야무진 게 전통 혼례다. 한데 그것을 하루아침에 크게는 '근대화', 작게는 '간소화'라는 엉뚱한 구호를 내걸고는 고친다기보다는 없애자고 든 것이다. 한 집안으로 치면 온 가문의 내력도 몰라보는 상것이나 후레자식이란 소리를 들어 싸고도 남는다. 천 년도 넘게 지켜왔는데 어느 정권 하나의 횡포로 그만 종언을 고했다. 그런 황당한 가정의례준칙의 깃발을 등에 업고 상업예식장 주인이 어느 날 문득 만들어낸 것이 '상업예식장식 혼례'다.

　앞에서도 본 대로 상업예식장에서 혼례는 그야말로 극단적으로 간소화되었다. 절차 전부를 통틀어 식은 삼십 분 미만으로 끝이 난다. 신랑 신부의 맞절 주고받기, 주례의 혼인선언문 낭독과 주례사 읽기가 주된 절차다. 이는 순식간에 끝을 보고 그다음인 기념사진 찍기에 더 많은 시간이 걸린다. 이건 여간한 본말의 전도가 아니다. 이 점은 거듭거듭 강조하고 싶다.

이러고도 인륜대사일까? 단지 반 시간도 걸리지 않는 일이 대사, 곧 큰일일 수는 없다. 벼락에 콩 구워 먹기라면 지나칠지 모르지만 절로 그런 생각이 드는 것을 막기는 어렵다. 시간과 절차의 단순함을 따지자면 이건 아무래도 인륜대사가 아니다. '인륜소사'일 뿐이다. 아니, 인륜미사(微事)가 되어버린 것이나 아닌지 걱정스럽다. 워낙 까다로운 게 의식(儀式)이다. 무겁고 힘든 게 의례(儀禮)다. 상당한 인내와 자제를 요구하지 않고는 전례(典禮)일 수가 없다. 간소화가 지나치면 결과적으로 의례는 실례(失禮)가 된다.

어떻게 해서든 한국인다운 장중하고 화사한 혼례 절차 그리고 그 의미를 다시금 살펴야 할 것이다. 옛날을 돌이켜보아야 할 것이다.

갈등 빚기의 혼례

전통적으로도 혼례는 '합일의 의식(儀式)'이었다. 그것은 어김없는 일이다. 확실한 사실이다. 하지만 그것만은 아니다. 오늘날의 사람들은 뜻밖이라고 놀라워할 것 같지만, 혼례도 결혼식도 전통적으로는 '갈등의 의식'을 겸했다.

갈등의 의식이란 말 자체가 이미 모순적이다. 의식이나 예식(禮式)은 의전(儀典)이나 의례(儀禮)란 말이 그러듯이 장중하고 엄숙하기 마련인 함축성을 갖고 있다. 옷깃이 절로 여며지고 고개가 무겁게 숙여지기 마련이다. 한데도 그 의례란 말에 갈등이란 말이 얹혀서 '갈등의 의례'라니, 도무지 말이 아닌 것으로 느껴질 것이다. 갈등이라면 말썽부리고 옥신각신이다. 적어도 의례가 의례다우려면 그럴 수는 없다. 이것만 해도 볼썽사나운데 그 갈등의 의례가 합일의 의례와 짝을 이루다니? 뭐가 뭔지 갈피를 잡을 수 없을 정도다.

합일과 갈등은 서로 상반된다. 합일하면 갈등이 없어야 할 것이고 갈등이 벌어진다면 합일은 당치도 않다. 한데도 혼례는 무슨 수로 또 왜 무슨 곡절로 엉뚱하게도 그 둘을 겸해서 가지게 되었을까? 앙숙끼리 합을 맞추었을까? 남녀가 합쳐져서 하나가 되기 마련인 혼례에 그 하나 되기를 방해하는, 걸림돌이 되는 절차가 껴 있다니 말도 안 된다 할지 모른다. 하지만 그런 모순은 사실로 존재한다.

겉으로는 멀쩡한 합일의 의례인 것이 어김없는 사실이다. 하지만 바닥에는 또는 뒤로는 눈에 쉽게 띄지 않게 정반대의 어떤 힘이 작용한다. 합일을 방해하고 어긋나게 하는 절차가 은은히 바닥을 흐르고 있다. 그게 바로 '갈등의 의식'인데도 결과적으로는 합일을 돕고 재촉하고 드디어는 굳히는 구실을 해낸다. 참 절묘한 일이다. 갈등의 의례는 '모순의 의례'라고 불러도 좋을 것이다. 겉 다르고 속 다르고 하다가 마침내는 속이 겉을 강화해주는 구실을 감당해낸다. 이 결과 모순의 의례나 갈등의 의례는 '합일의 의례' 속에 수용된다.

혼례는 합일의 의례지만 그 밑창에는 갈등의 의례를 깔고 있다. 그런가 하면, 장례는 '결별의 의례'인데도 새로운 차원에 다다르는 '결합의 의례'를 밑바닥에 깔고 있다. 양쪽 다 인간이 치르고 또한 겪을 큰일 중의 큰일, 그야말로 대사 중의 대사다. 장례와 혼례는 인간의 양대사다.

 장례는 돌아가신 이와 살아남은 이들 사이의 영원한 결별이다. 그러하기에 이별을 강조하고 마무리하는 절차가 대세를 취하는 것은 엄연한 사실이다. 돌아가신 이의 넋을 돌아가 마땅할 곳으로 보내드려야 하기 때문이다. 그래서 장례에서는 전송하는 절차가 당연히 큰 몫을 차지한다.

 부디 먼 길 살펴가십시오! 그 처음 가시는 길, 그리고 영원히 못 돌아오실 길을 잘 가시길 바랍니다. 끝까지는 못 따라가고 또 배웅도 못 해드리지만 편안히 가시길 빌고 또 빌겠습니다. 첫발, 첫걸음 내디디시는 것밖에 더는 못 도와드려 여간 마음이 아프지 않사옵니다. 하오나 마음으로는 가시는 걸음걸음 마지막 한 걸음까지 지켜보고자 하는 저희의 정성을 거두시어 잘 가시길 바랍니다. 홀로 가시는 길 외롭다 마시고 부디부디 잘 가시길 축원합니다.

 장례의 중요한 절차는 이와 같은 살아남은 가족의 소원을 반영한다. 그것은 이별의 아픔에 저릴 대로 저려 있는 절차다. 차마 못 떠나보낼 분을 피눈물로 전송하기 마련이었다. 하지만 이것만이 아니다. 또 다른 절차가 있다.
 돌아가신 이의 넋을 신령(神靈)으로 모셔 받드는 절차가 있기 마련이다. 이제 그분은 신위(神位), 곧 신의 자리에 앉으실 것이다. 두고 가는 가족과 집안을 오래오래 돌보고 살펴주실 것이다. 그리하여 돌아가신 이의 신령과 살아남은 가족의 생령(生靈)은 새로운 인연을 도탑게 지켜간다. 전통적인 장례에서는 이만한 다짐을 두고 살아남은 유족들이 돌아가신 이에게 경건하고 엄숙하게 경배를 드리는 절차가 포함되어 있다. 집 안 울안에 사당을 따로 지었다. 그만한 형편이 못 되면 대청마루를, 생사를 넘은 상면(相面)의 성역(聖域)으로 삼기도 했다.

이렇듯이 혼례나 장례는 서로 다른 두 가지 요소를 동시에 집행했다. 그같이 앞 다르고 뒤 다르고 겉 다르고 속 다른 두 가지 절차가 시행되었다. 그러하기에 크게 보아서는 둘 다 '모순의 의례' 다.

돌아가신 이와 살아남은 유족이 이별만 하는 것이 장례가 아니었듯이, 남녀가 합치기만 하는 게 혼례는 아니었다. 합치는 과정에서 막심하게 갈등과 분리를 겪어야 했다. 그래서 혼례든 결혼이든 '단절의 의식' 이란 전혀 다른 예기치 못할 일면을 갖추고 있었다. 그것은 겉보기만으로는 황당하고 당돌하고 어긋난 것처럼만 보일 혼례의, 아주 중요한 속성 중 하나였다. 합치면서 갈라서고 외돌아서서는 더한층 하나 되기를 촉구하는 것이 다름 아닌 혼례고 결혼식이었다. 이는 혼례나 결혼식이 보이는 '야누스의 얼굴' 이었다.

기꺼이 하나 되기를 위해서도 티격태격해야만 했다. 밀착하는 합일을 위해서도 갈라서서는 아옹다옹해야 했다. 이것도 일종의 사랑싸움이다. 밀고 당기고 끌고 밀치고 하는 줄다리기와도 같은 것이 신랑 측과 신부 측 사이에서 벌어졌다. 아옹다옹하고 으르렁대고 하는 놀이와도 같은 일면을 전통 혼례는 그럴싸하게 갖추고 있었다. 합치기 전에 미리부터 사랑싸움을 벌이는 대목을 전통 혼례에서는 놀이처럼, 또는 축제마냥 연출됐다.

이와 같은 전통 혼례가 지닌 서로 다른 두 속성은 혼례에 상당한 정도의 엎치락뒤치락하는 성가심이 있게끔 하였다. 하지만 이런 '의례의 모순' 은 혼례에만 국한되지 않았다. 이미 말한 바와 같이 장례 또한 겉 다르고 속 다른 두 속내를 갖추고 있었다. 하지만 이는 결코 혼례와 장례에서만 그런 것은 아니다. 다른 의식이나 의례에도 또 놀이에도 그런 엉뚱한 모습이 아로새겨져 있었다. 이를테면 크게는 인간 문화 자체의 변증법이고 작게는 의례나 의식의 변증법이라 불러도 좋을 것이다.

정-반-합

누구나 알고 있을 변증법의 도식이다. 이미 있는 것을 정이라 하면, 그것에 반대하면서 갈등을 빚는 것이 다름 아닌 반이다. 그러나 이 옥신각신은 드디어는 정도 아니고 반도 아닌 그러면서 양자를 다 포괄한 제3의 새로운 것, 곧 합을 일구어낸다. 이것이 쉽게 간추린 변증법의 공식이라면, 혼례와 장례만이 아닌 인간 문화 전반에서 찾을 수가 있다.

마을굿에 따르는 이른바, 편싸움도 예외는 아니다. 마을굿은 계절의 고비를 풍요롭게 탈 없이 넘기기 위한 잔치고 또 굿이다. 또 거기 따른 놀이다. 말하자면 마을의 통과의례다. 통과의례로는 혼례나 장례와 다를 바 없다.

마을굿에서 펼치는 놀이에서는 편싸움이 한몫을 크게 도맡는다. 줄다리기, 석전(石戰), 차전(車戰) 등이 질탕하게 벌어지는데, 대개는 동서로 나뉜 마을이 편가르기를 해서는 경합을 벌인다. 서로 지지 않으려고 기를 쓰고 싸운다. 두 마을 또는 두 편 사이에서 갈등이 극대화된다. 한데 이 경쟁과 갈등은 필경, 두 마을 또는 동서로 나뉜 한 마을 안의 공통된 풍요와 공존과 공영(共榮)을 일구어내는 것을 목적으로 삼는다. 다툰 끝에라기보다, 바로 다툼 그것을 통해서 둘 다 사이좋게 잘 살아보자는 것이다. 즉 갈등이 합일과 공존을 영위하는 셈이다.

이 원리는 혼례에도 그대로 적용할 수 있다. 옥신각신이, 어근버근함이 오히려 두 남녀의 하나 되기를 재촉한다. 갈등이 합일을 위한 보약 노릇을 한 것이나 다를 바 없다. 왜 성가시게 그랬을까? 물론 일차적으로는 재미나고 신명을 지핀 혼사를 위해서였을 것이다. 신랑과 신부의 첫 만남을, 생판 모르던 남남인 남녀가 생전 처음 비로소 맺어지는 것을 흥청망청하게 이끌어나갔다. 그래서 곧잘 부끄럼에 눌리고 마는 그들의 기를 돋우기도 했을 것이다. 사랑이 그리고 정이 얼마나 뜨겁고 들끓어야 하는가도 혼사의 놀이판은 암시했을 것이다.

하지만 결코 그것만은 아니다. 신랑 측이며 신부 측의 일가친척마저 또 마을사람들마저 흥의 도가니, 신명의 도가니 속에 녹아들게 유도했을 것이다. 혼인 잔치는 신랑 신부 당사자만의 몫으로 국한되지는 않는다. 그것은 두 집안과 두 마을의 몫으로 돌아가기도 한다.

집안 잔치고 마을 잔치인 것이 바로 혼인 잔치다. 마을은 이래서 새로이 단합하고 그 공동체성을 드높인다.

결혼의 난장판

실제로 전통 혼례는 한 집안의 축제이자 마을 축제였다. 거나한 놀이판, 휘청대고 능청대고 흥에 겨울 대로 겨운 놀이판이기도 했다. 심지어 그 놀이의 현장은 마을굿의 난장판에 견줄 만도 했다.

난장은 한자로 亂場이라 쓴다. 요즘도 즐겨 써대는 '난장판'이란 말의 뿌리는 마을 난장에 있다. 亂場이란 글자가 알알이 보여주듯이 문란(紊亂)하고 요란(搖亂)한 게 난장이다. 뒤죽박죽이고 엉망진창인 게 바로 난장이다.

이런 뜻의 난장에서 장은 '시골 장터'라고 하는 바로 그 장이다. 오일장이 서는 장거리, 저잣거리가 다름 아닌 장이다. 한데 닷새마다, 예컨대 초하루, 초엿새, 열이레, 열엿새, 스무하루, 스무엿새…… 이런 식으로 매달 정해놓고 닷새 간격으로 벌어지는 장은 제대로 된 정규장이다. 그렇지 못하고 임시로 서는 장을 난장이라고 해왔다. 그건 대체로 마을굿같이 큰일이 벌어지는 때에 맞추어서 선 장이다.

그런 임시장일수록 난잡스러울 정도로 요란했다. 그러니까 임시라서 난장이고 또한 문란해서도 난장이었다. 온 장거리가 시끌벅적 야단을 떨었다. 가게마다 전마다 분잡(紛雜)하고 들끓었다. 저잣거리는 순식간에 신명판이 되었다. 물건 사랴 흥정하랴 시끄러웠다. 술기운에 온 장거리가 휘청댔다. 광대들의 놀이판이 벌어지고 투전판에 사람들이 몰려들었다. 아옹다옹하는 싸움판이 안 벌어질 수 없었다. 문자 그대로 난장이 벌어진 것인데 오죽했으면 식민지시대에 일제는 이를 금지시키기도 했다. 혹 난장을 틈타서 만세사건이라도 벌어질까 겁을 먹었기 때문이다.

난장은 이렇듯이 문란하고 요란한 놀이판이었다. 축제판이었다. 전통 혼례는 예식장 안팎에서 그걸 흉내 내다시피 했다. 이것이 바로 신랑 신부를 앞으로 내세워서는 벌어진 신부 측과 신랑 측 사이의 옥신각신이고 아옹다옹함이다. 이를테면 신부 측이 주도권을 잡고는 신랑 측과 함께 벌인 갈등이 혼례의 난장이다. 난장에 견주어도 좋은 놀이판이다. 문란한 축제다.

마을굿을 계기로 치러진 난장은 마을로 하여금 계절의 고비, 이를테면 겨울에서 봄으로 아니면 가을에서 겨울로 옮겨갈 무렵의 전환기를 또는 과도기를 능숙하게 넘기기 위한 절차였다. 인류학에서 '리미노이드'라고도 일컬어지는 이러한 과도기나 전환기는, 이도저도 아닌 어중간한 시기이면서도 아직은 출현하지 않은 새로운 출발을 재촉하는 시기이기도 하다. 그것은 문턱 또는 고개, 관문 등에 의해서 상징될 성질의 것이다. 아니면 굴이나 나루 같은 것으로도 상징될 수 있다.

그래서 그 시기는 묵은 것이 아직도 미적대는 시점, 그로 말미암아 미래가 안개 속에 있는 위기의 시점이다. 그러면서도 앞날의 희망을 내다보는 시기다. 그래서 아슬아슬한 시기다. 불안과 희망이 교차하는, 복잡하고도 걷잡을 수 없는 시기다. 그 어중간한 상태, 그 어정쩡한 상황이 불안을 기대와 함께 부추긴다. 그래서 마음이 혼돈스러워진다. 바로 이 난관을 넘어서기 위한 발악과도 같은 행위가 다름 아닌 난장이다. 마음의 혼돈에 맞먹을 인간 행동의 혼돈이라고 해도 크게 잘못될 것은 없다.

하지만 그와 같은 난장의 출렁임은 결과적으로는 추스름을 가져다준다. 흐린 물병을 되게 흔들어서 흐린 것들을 빨리 가라앉게 하는 것과 비슷한 효과를 난장은 빚는다. 몸이 고단할 때 우리는 무심코 몸을 흔든다. 머리가 아프면 머리를 흔들기도 한다. 이와 같은 흔들림에 견줄 것이 난장이다. 그것은 사회적이고 문화적인 흔들림이다.

한차례 호되게 묵은 사회를 뒤흔들어서 새롭게 깨어나게 하자는 숨은 의도를 난장은 간직한 셈이다. 난장은 부활을 위한 흔듦이다.

혼례도 따지고 보면 '리미노이드'다. 미성년이 성년이 되는 과도기다. 혼자이던 자가 남과 어울려서 둘이 되는 변성기(變成期)에서 혼례가 치러진다. 한 인간의 평생에서 가장 중요한, 가장 힘든 과도기의 의례고 전환을 위한 의식이다. 그래서 혼례에도 난장이 따른다. 각종 어지럽고 말썽 사나운 놀이판이 질펀하게 벌어지게 마련이다.

그런 한편 난장에 견줄 갖가지 놀이에는 당연히 재미와 흥이 따르기 마련이다. 이것으로 혼례는 그 축제다움을 크게 증폭시킬 수 있다. 신바람 나고 흥청대는 놀이판이 되기도 하는 것이 전통 혼례다. 한데 바로 이와 같은 혼례의 난장판, 혼례의 놀이판은 그 전체적 추세에 있어서 주로 신부 측에서 신랑 측을 도발하고 도전하게 함으로써 구체화될 말썽 부리기, 시비 걸기 등으로 표현해도 좋을 갈등으로 연출되고 또 연행(演行)된다. 이래서 갈등과 마찰은 혼례에 빠져서는 안 될 주요한 요소가 된다. 그러면서 결과적으로는 혼례가 원래 목적으로 삼는 남녀의 합일을 더한층 강하게 실현시킨다. 비 온 뒤에 땅이 굳어지는 격이다.

전통 혼례가 연행되는 동안, 내내 신부 측은 신랑 측을 욕보인다. 장난을 걸고 노리개로 삼으려 든다. 심지어 웃음거리로 조롱하려 들기도 한다. 혼례는 그 전체 절차에 걸쳐서 줄기차게 신부 측이 신랑과 신랑 측을 욕보인다. 신부 측은 여간 심보가 사납지 않다. 신랑 측의 화를 돋우면서 신랑과 그 일행을 계속 깔보려고 한다. 그것은 혼례의 예(禮)자를 무색케 할 만한 것이기도 하다.

사위는 백년과객이고 백년손님이라는 속담이 있지만 혼례는 그것을 우습게 여긴다. 사위는 바보 사위가 되고 웃음거리 사위가 된다. 그동안 전해온 하고많은 '바보 사위' 전설도 이래서 생겨났다.

옛날 어느 집에서 하필 바보 사위를 보았다. 사람 손이 없는 처가에서 어느 날 사위를 불렀다. 소를 한 마리 살까 하니 와서 도우라고 전갈을 보냈다. 사위는 걱정이 태산이었다. 도리 없이 영리한 아내와 의

논했다.

"여보, 소를 볼 적에는 말입니다. 우선 머리를 쓰다듬고 다음으로는 배 밑을 훑어보고 그리고 끝으로 엉덩이를 툭툭 쳐보아야 합니다. 그래서 세 곳 다 단단하고 토실토실하면 그 소를 고르면 됩니다."

장인과 함께 장에 간 사위는 아내가 일러준 대로 소를 보아서는, 훌륭한 황소 한 마리를 골라냈다. 장인은 매우 흡족했다.

"내 사위 장한지고!"

그런 뒤 얼마 지나지 않아서 장모가 앓아서 병석에 누웠다는 기별이 왔다.

"내 가서 장모님 보고 오리다."

"아니 당신 장모님 보고 온다지만 어떻게 보는 줄이나 아셔요?"

아내가 걱정을 하자 남편은 이렇게 말했다.

"암, 문제없지. 나 말이야 보는 건 잘하거든!"

그는 의기양양하게 처가를 향해 갔다. 안방에 들어서자 앓아누운 장모 곁으로 다가갔다. 불문곡직하고는 이불을 들쳤다. 이내 장모 머리를 썩 만졌다. 배를 철썩 두들겼다. 엉덩이를 찰싹 쳤다. 그러고는 웃으면서 말했다.

"우리 장모님 좋다!"

한데 이 정도로 끝나질 않는다. 더 심한 이야기가 있다.

한 사내가 장가를 갔다. 첫날밤을 맞았다. 신방이 알록달록하게 차려졌다. 신랑은 신부를 마주볼 뿐 어쩔 줄을 모르는 것 같았다. 머뭇대고 뜨거운 숨을 토하고 몸을 비틀고 사족을 뒤틀고 도무지 꼴이 아니었다.

신부는 내내 고개 숙이고 하화를 기다렸으나 마른기침 한 번 토하질 못했다. 족두리 쓴 머리가 무겁고 고개가 저리고 해서 마음먹고 움직이기는커녕 작게 주억거릴 수도 없었다. 차라리 문틈으로 불어드는 바람결에 흔들대는 촛불이 부러웠다.

그런 꼴로 한참이 지나갔다. 신랑은 문득 오줌이 마려웠다. 때마침 내리기 시작한 비가 처마를 타고 내리다가는 섬돌에 떨어지는 소리로 오줌기가 느껴진 것 같았다. 그는 다짜고짜 밖으로 나갔다. 마당에는 자욱하게 비가 내리고 있었다.

비 맞기 싫은 신랑은 마루 끝에 서서 바지를 내리고는 오줌을 누었다. 비 소리를 밀치고는 싸! 하는 제법 우렁찬 소리로 신부는 신랑이 밖에서 뭘 하는지 짐작할 수 있었다. 한데 이게 무슨 일? 신랑은 들어올 줄 몰랐다. 밖에는 계속 비가 내리고 있었다. 그럭저럭 한밤이 지나갔다. 밖에서는 인기척이 없었다. 드디어 첫닭이 울었다. 그래도 밖에서는 깜깜 무소식이었다.

견디다 못한 신부가 문을 열었다. 마루 끝에 시꺼먼 그림자가 우두커니 서 있었다. 한 손으로는 내려진 바지춤을 잡고 다른 한 손으로는 고추를 잡고 버티고 있었다.

영문을 모르는 신부가 물었다.

"뭘 하셔요. 그렇게 서 계시지 말고 안으로 듭시지요."

"보면 몰라! 아직도 오줌이 나오고 있지 않아!"

지칠 대로 지친 신랑은 꺼져가는 소리로 대답했다. 그러면서 그는 처마 끝, 섬돌 위에 주룩주룩 내리는 빗물을 가리켰다.

장모 보러 간 사위나 비오줌을 눈 사위나 여간 아니다. 바보로도 일
등 바보들이다.

바보 사위, 멍청이 신랑

이와 같은 바보 사위며 바보 신랑 이야기는 의젓하게 우스갯소리의 한
종류를 이룬다. 아니, 바보 이야기 하면 으레 바보 사위며 바보 신랑 이
야기다시피 한다. 이것에 기대어서 '사위는 곧 바보다'라는 명제 하나
쯤 만들어도 별로 지나치지 않을 것 같다.

'사위 바보!' 덩달아서 '신랑 바보!' 이렇게 흉을 보아도 괜찮을 것
이다.

여기서 우리는 『춘향전』을 떠올린다. 과거에 급제한, 그나마 장원급
제한 이 도령이 옥에 갇힌 춘향 앞에 나타날 적에 그는 어떤 꼴이었던
가? 과객이고 거지꼴이다. 그는 현감 생일잔치판에 눈치 없이 껴든 빌
어먹는 길손이다. 초라한 지경을 넘어서 남루하다. 이게 바로 혼례가
치러지는 동안 홀대받는 사위 꼴이다. 그렇기에 사위는 백년길손이자
바보다.

겉으로는 바보 사위 이야기가 사위를 백년과객이라고 하는 말과 사
뭇 어긋나게 느껴질 수도 있다. 하긴 '과객'을 손님으로만 해석하면
바보 사위와 과객 사위는 서로 모순되는 것으로 생각할 수 있다. 하지
만 '과객(過客)'은 지나치는 손님이고 나그네 손님이다. 보통 과객이
라면 길 가기가 다 끝나는 것으로 나그네 신세를 벗어난다. 한데 사위
는 하필 '백년과객'이다. 영원한 과객이다. 나그네 신세를 평생 못 면

할 처지다.

그것도 사위 개인으로서 그런 몰골인 게 아니다. 처가 식구에게, 특히 장인 장모에게 그렇다는 것이다. 변덕스럽고 종잡기 힘들고 지나가는 바람결 같은 것이 처가 식구의 눈으로 본 사위라는 것이다. 어설픈 데도 녹록치 않은 게 사위라고 처가의 어른들은 생각한 것이다. 요컨대 사위라는 사나이는 처치 곤란이다. 변화무쌍이어서 뭘 해도 막무가내다. 그런 게 사위다. 아주 가까이하기도 그렇고 아주 멀리하자니 차마 그럴 수 없는 어중이고 얼치기가 사위라는 젊은 사내다. 그야말로 '불가원(不可遠), 불가근(不可近)'이다.

그 녀석이 평소 딸에게 하는 꼴로는 못 본 척도 하고 냉대도 하고 싶지만, 그래야 조금은 맺힌 마음이 풀릴 것이지만, 그랬다가는 후환이 두렵다. 그러잖아도 서러운 '출가외인'에게 또 무슨 앙화가 미칠지 모른다. 처가로서는 이도저도 못할 게 사위다. 그래서 사위는 백년과객이다. 하니까 바보 사위나 과객 사위나 그저 그게 그거다. 그 둘은 서로 오십보백보다. 아니 백년과객 꼴이라서 밉고 또 얄밉다. 그러자니 바보로 보고 싶고 등신, 머저리로 취급하고 싶어진다. 영락없이 현감 잔치마당에 나타난 길손과 거지를 겸한 이 도령 꼴이다.

이런 처가 측의 심사가 혼례에 미리 껴들면서 신랑은 호되게 바보 꼴이 되고 얼간망둥이 처지로 전락한다. 처가 측에서 미리 하는 복수요 앙갚음이라고 해도 지나침이 없다. 그래서 혼례판은 신랑을 골탕 먹이고 욕보이는 난장판이 된다. 덕택에 혼사는 그럴듯한 볼거리, 구경거리가 벅신대는 놀이판이 된다. 그래서 잔치판은 흥판이 된다.

이렇듯이 장가가는 동안에 신랑은 죽자고 조롱당하고 웃음거리가 되고 바보 취급을 당하기 마련이다. 그래야만 겨우 신부 얻어서 장가를 간다. 장가들기는 지옥들기나 마찬가지라는 일면을 분명히 갖추고 있다. 그래서 신랑에게 혼사는 장밋빛이나 분홍빛만으로 물들어 있지 않다. 뜻밖의 시련이고 난리판이다. 장차 남의 집 처녀 얻어서 한 가정을 이룩하기까지 신랑이 미리 물어야 하는 대가는 너무나 엄청나고 크다. 이에, 앞서 언급했듯, 신랑에게 신부는 싸우고 싸워서 또 견디고 견뎌서 겨우 얻어내는 전리품이었다.

지난 시절 관객을 제법 많이 끌어모았던 영화 〈시집가는 날〉(오영진 시나리오)에서 신랑은 하마터면 엉터리 가짜 신부를 얻을 뻔한다. 한국 영화 〈시집가는 날〉에서만 가짜 신부가 등장하는 것은 아니다. 온 세계의 많은 동화들 가운데서 '뒤바뀐 신부' 또는 '가짜 신부' 이야기를 찾기는 누워서 떡먹기다.

'검은 신부와 흰 신부' 말고도 '꼬마 동생과 꼬마 누이' 그리고 '꼬마 거위 소녀' 등의 동화에서 뒤바뀐 신부나 가짜 신부의 이야기를 볼 수 있다. 한데 '검은 신부와 흰 신부'는 서로 비슷한 이야기 줄거리가 온 세계에 널리 전해져 있다. 그야말로 '지구촌 동화' 중 하나다. 거의 유럽 전체에 퍼져 있을 뿐만 아니라 남아프리카에도 번져 있다. 그리고 하고많은 북미 원주민 사이에 널리 분포된 이 동화는 인도와 필리핀 외에도 남미까지 전파되어 있다.

이들 동화에서 친오누이나 의붓오누이 또는 하녀나 연적(戀敵) 등이 진짜 신부를 밀어내거나 감추거나 아니면 물에 빠뜨리거나 해서 종적을 없애버리고는 자신이 신부 자리를 차지하지만 그게 오래는 못 간다. 가짜의 정체가 탄로 나거나 진짜 신부가 위기를 넘기고는 다시 나타나거나 해서 본시대로 신부의 자리 또는 아내의 자리를 되찾는다.

그 구체적인 줄거리를 요점만 소개하면 누구나 '아! 바로 그 동화

군!' 하고 고개를 끄덕일 것이다.

평소에 주인공 소녀를 미워하던 계모가 한겨울에 산딸기를 따오라는 명령을 내린다. 가엾은 소녀는 도중에 우연히 만난 요정(또는 마녀)에게 친절을 베푸는데, 그 답례로 요정은 소녀를 미녀로 만들어주고 또 입에서 침이 아닌 금 또는 보석을 마음대로 내뱉을 수 있는 능력을 갖게 해준다. 한편 요정에게 못되게 군 계모의 친딸은 보기도 무서운 몰골로 바뀌고 또 입에서는 두꺼비를 내뱉는 저주를 받는다.

여주인공은 왕자의 눈에 들어서 신부가 된다. 그러자 계모는 술수를 꾸며서 왕자의 비인 신부가 아기를 낳은 뒤에 그녀를 물에 빠뜨려버린다. 그래서 계모 딸은 언니인 척하고는 신부 자리를 꿰찬다. 한데 다행스럽게도 주인공은 물속에서 거위로 변신하고는 밤이면 젖먹이에게 젖을 빨리기 위해서 왕궁으로 날아든다. 거위가 세 번째로 궁중에 나타났을 적에 신랑이 잡아서 포옹하자 그 순간 거위는 본시대로 아름다운 신부의 모습을 되찾는다.

그 결과 신부는 제자리를 차지하고, 악당들은 처벌을 받는다.

이와 같은 줄거리는 단순한 이야기로만 그치지 않는다. 이야기 뒤에 또는 바닥에는 그럴 만한 사연이 감추어졌거나 잠겨 있다. 그게 뭘까? 딴 게 아니다. 제 마음에 드는 신부를 얻기까지, 혼사를 제대로 마치기까지 신랑에게는 갖가지 난관과 위난(危難)이 주어진다는 것이다. 그게 곧 혼례 절차의 일부다. 한데 그 실제의 고비나 난관 또는 위기가 이야기로서 과장되면 또는 강조되면 다름 아닌 신부를 도둑맞거나 신부가 악랄한 심보를 가진 가짜와 바뀌는 것으로 표현되는 것이다.

이는 한 남성이 사랑하는 여인을 갖는다는 것이 얼마나 힘든 일인가를 보여준다. 혼례 역시 적어도 신랑에게는 큰 부담이요 시련이라는 것을 상징한다. 장가를 쉽게 호락호락 가서는 안 된다는 것, 젊은 한 남성에게 신부 갖기가 얼마나 어렵고 힘든 일인지를 더불어서 상징한다.

이 점은 동화를 보아도 금세 알 수 있다. 그 아름답고 환상적인 동화에서도 공짜로 쉽게 장가가는 총각은 하나도 없다. 주인공이 왕자나 귀공자인 경우도 마찬가지다. 그들은 천신만고, 그야말로 목숨을 건 모험을 치르고 죽을 고비의 난관을 넘고 헤친 끝에서야 비로소 아리따운 처녀를 아내로 맞는다. 이럴 경우 대개 신부는 신랑이 헤쳐온 가시밭 너머에 핀 장미꽃이기 마련이다.

가령 우리의 동화 가운데서도 '땅 밑 황금돼지' 이야기는 어떨까?

널리는 또 잘은 알려져 있는 것 같지 않지만, '땅 밑 황금돼지'는 우리가 지금 다루고 있는 화제와 관련된 무척 재미있고도 요긴한 옛이야기다. 그 이야기 속에는 하마터면 남에게 신부를 빼앗길 뻔한 대목도 있는데 이야말로 '뒤바뀐 신부'와 견주어도 좋을 '뺏길 뻔한 신부'에 대한 이야기다.

옛날 옛날 아주 먼 옛날, 한 젊은이가 세상에 나가 그의 큰 뜻을 펼치기 위해서 고향 집을 나섰다. 사람들이 많이 모여 사는 곳으로 가자고 마음먹었던 것이다.

길을 따라 꼬박 사흘을 간 어느 날, 어느 주막에 머물게 되는데, 길가에 붙은 방을 보았다.

"아무개 부잣집 딸아이가 정체불명의 괴물에게 잡혀갔다. 누구든 그녀를 살려서 데려오면 사위 삼기로 한다."

그런 방문을 본 젊은이는 이튿날 이른 아침에 처녀가 잡혀간 방위를 물어보고는 길을 나섰다. 한참 길을 갔다. 길은 험해지고 산골로 숨듯이 좁아지기도 했다. 한데 문득 까치 울음이 크게 들려왔다. 달려갔다. 큰 구렁이에게 삼켜지기 직전의 까치가 비명을 지르고 있었다.

그가 바위를 들고 위협하자 구렁이는 도망을 갔다.

"고맙습니다. 어디에 무얼 하러 가시는지는 몰라도 제가 도울 일이 있으면 좋겠습니다." 까치가 말했다.

잠시 후 생명의 은인의 말을 들은 까치는 "아! 그러신가요" 하면서 좋은 길잡이가 되어주었다.

"이 길을 따라 한참을 가셔요. 그럼 바로 길가에 솟은 큰 소나무 뿌리 곁에 있는 작은 바위 하나를 보실 겁니다. 그걸 들어내시면 구멍이 나 있을 텐데요, 거기로 해서 아래로 내려가셔요. 그게 바로 황금돼지 소굴로 가는 들목이랍니다. 웬 처녀가 황금돼지에게 잡혀서 거기 들어가는 것을 며칠 전 제가 보았으니까요."

까치와 헤어지고 얼마쯤 가다가 바로 그 바위를 찾아낼 수 있었다. 그걸 들어내니까 제법 큰 구멍이 뚫려 있었다. 젊은이는 조심조심 내려갔다. 그러고는 땅 밑 저 아래로 꾸불꾸불 나 있는 굴길을 따라갔다.

한참을 가다 보니 이게 웬일! 넓은 광장이 펼쳐지고 그 앞에는 엄청 큰 집이 있었다. 사방의 기척을 엿보고 있는데 안에서 인기척이 났다. 젊은이는 얼핏 대문 앞 우물가에 솟은 나무 위로 올라가서 몸을 숨겼다. 대문을 열고 나타난 것은 물동이를 인 처녀였다. 우물에서 물을 긷다가 물에 비친 사람 그림자를 본 그녀는 화들짝 놀랐다. 사람이 올 곳이 아니었기 때문이다.

우리의 젊은 총각 주인공은 처녀에게 사정을 이야기했다. 하다 보니 이 처녀야말로 방문(榜文)을 써붙인 그 부잣집 따님이었다. 처녀는 자신을 구하러 온 총각을 안으로 데리고 들어가서는 집 안 외진 곳에 숨어 있게 하면서 말했다.

"나를 잡아온 것은 무서운, 태산만 한 금빛 돼지입니다. 나만이 아니고 다른 많은 처녀들이 잡혀와 있습니다. 황금돼지가 돌아오면 제가 술을 많이 먹일 테니 그가 곯아떨어지면 그때 처치하세요."

밤이 깊자 태산 같은 황금돼지가 씩씩대면서 돌아왔다. 안방에 와서는 코를 벌룽거렸다.

"이거, 어디서 사람 냄새가 나지?"

"무슨 사람 냄새요? 제 냄새 아닐까요."

이렇게 주고받은 뒤 황금돼지는 이내 술상을 받고는 술을 냅다 들이켜기 시작했다. 곯아떨어지기까지 시간이 얼마 걸리지도 않았다. 주인공은 이때다 하고 황금돼지의 목을 쳤다. 그런데 잘린 목이 천장으로 솟구치더니 다시 어깨로 돌아와 아무 일 없었던 것처럼 본시대로 달라붙는 게 아닌가! 그러고는 무섭게 눈알을 부라리는 것이었다.

그 짓이 두 번 반복되었다. 세 번째 목이 잘렸을 때 처녀가 얼핏 나서서 목에 소금을 뿌렸다. 그제야 괴물의 목은 바닥에 피를 흘리면서 나동그라졌다.

주인공은 잡혀온 다른 사람들도 함께 구해서는 땅굴 바깥으로 내보내었다. 그들을 먼저 올려보냈다. 다들 줄을 타고 다시금 지상으로 돌아갈 수 있었다. 한데 먼저 나간 이들 가운데 웬 총각 한 녀석이 위에서 줄을 완전히 끌어올려버릴 줄이야! 주인공만 달랑 지하에 남았다. 그 엉뚱한 사내가 부잣집 처녀를 가로채자고 꿍꿍이를 꾸민 것이다.

절망에 빠진 주인공에게는 방법이 없었다. 땅이 꺼지라고 한숨을 쉬는데 위에서 뜻밖에 무슨 기척이 났다. 까치 소리였다. 쳐다보니 아까 살려준 그 까치였다.

"짹짹, 꺅꺅!"

기특한 새가 위에서 줄을 내려보내 주었다. 이내 지하에서 빠져나온 주인공은 일행을 뒤따라갔다. 배신한 사내를 혼내주고 부잣집 처녀를 도로 찾아서는 그녀의 집으로 함께 돌아왔다.

그리고 부잣집 딸과 혼사를 치른 주인공은 그 뒤 내내 잘살았다.

이렇듯이 한 젊은 사내가 여인을 얻어서 장가가는 데는 반드시 어려운 난관과 험악한 시련이 따르기 마련이다. 이 점은 거의 모든 동화를 두고 같은 말을 할 수 있다. 즉 '아무개 주인공 사내는 모험을 하고 또 하고 한 끝에 마침내 신부 얻어서 장가갔다', 이것이야말로 거의 대부분의 동화 줄거리를 요약한 것이 된다.

이렇듯이 총각이 장가를 한 번 가기 위해서는 첩첩이 쌓인 난관과 고난을 헤치고 가야 한다. '황금돼지' 이야기만 해도 자그마치 세 번의 난관 또는 시련을 겪어야 했다. 땅굴로 통하는 길 찾기가 첫 시련이다. 황금돼지와 겨루는 것이 두 번째의 고비다. 배신당해서 땅 밑에 내버려진 것이 세 번째 위기다.

총각이 전사(戰士)가 되지 않고서 또는 용사가 되지 않고서도 신부 얻어서 장가가기를 바란다는 것은 패전(敗戰)한 장군이 개선하는 것과 다를 바 없다. 어림도 없는 일이다.

혼쭐나는 신랑들

한데 총각이 이처럼 혼쭐날 대로 나고서야 가까스로 장가가는 줄거리를 다루는 이들 이야기는 다 무얼까? 왜 이와 같은 이야기가, 그것도 동화로서 온 세계에 드넓게 퍼졌을까? 궁금증은 이것만이 아니다. 그 지경으로 곤경을 겪는데도 왜 이야기 속 젊은 남자 주인공들은 구태여 장가를 가려 하는 걸까? 이 물음은 다시금 또 곱씹어야 한다. 이야기를 거듭 풀어가야 한다.

여기에는 오직 하나의 정답이 있을 수가 없다. 또 모든 동화에 통하는 정답을 예비하고 있지도 않다. 동화의 주인공은 한 번도 본 적도 만난 적도 없는 어떤 처녀와 맺어지는 경우가 적지 않기 때문이다.

그렇다면 동화 속 주인공은 포기할 만도 한데 왜 안 그럴까? 그런 장가는 가지 않아도 될 텐데 말이다. 지난 시절의 이야기고 그나마 허구, 곧 꾸며낸 이야기라서 재미있게 끌어가자고 그러는 것일까? 그래서 정작 젊은 남성 주인공이 장가가기 전에 겪는 고난은 이야기의 재미에 불과한 걸까? 이런 물음을 연달아 내던져보아도 당장은 뾰족한 수가 있을 것 같지 않다. 우선은 답을 보류하고 또 다른 옛날이야기를 들여다보기로 하자.

우리는 옛날 동화나 현대의 영화만 이야기하고 말 수는 없다. 지금 당장 우리에게 주어진 주제와 관련해 우리에게는 오래고 오랜 소중한 신화가 의젓하게 전해지기 때문이다.

고구려와 신라는 너무나 황당한 혼사담, 곧 혼인 이야기를 남기고 있다. 그것도 고구려는 무려 세 편씩이나 당돌하고 기발한 결혼 이야기를 전한다. '역시 고구려는 고구려다!' 라는 생각을 이런 대목에서도 절로 하게 된다.

그것들은 전설이 으레 당혹스럽기 마련인 점을 계산에 넣는다 해도 여전히 엉뚱한 이야기다. 요즘 식으로는 판타지라고 불러도 괜찮을 만한 대목이 아주 없지도 않다. 믿을 수 없는 대목이 있어서 전체 줄거리도 뚱딴지같은 인상을 풍길 정도다. 하지만 이들 어처구니없는 이야기에 담긴 혼사의 절차는 천 년도 더 넘게 지켜져왔다.

'그 허무맹랑한 것이 천 년도 넘게라니?' 이렇게 아무도 안 믿을 테지만 천 년이 훨씬 넘게 지켜져온 것은 엄연한 사실이다. 근대에도, 그러니까 줄잡아서 지금부터 백여 년 전까지만 해도 엄연히 간직되어왔다. 황당한데도 불구하고 역사적인 현실로 지켜진 것이다. 지금 오륙십 대 이상이 된 어른들의 아버지들께서는 누구나 온달이었고 그 어머니들께서는 누구나 선화공주였다면 믿을까?

한데 그와 같은 이야기는 도대체 뭘까? 다름 아니고 앞에서도 본 대로 고구려의 '바보 온달 이야기' 그리고 동명왕의 아버지인 '해모수 이야기' 그리고 실제로 고구려의 신랑들이 혼사를 치른 절차를 말해주는 역사적 기록이다. 또한 신라의 향가에 붙어 전해지는 '서동 이야기'다.

오늘날에도 온달처럼 장가가고 싶은 사람은 쌓이고 쌓였을 것이다.

'바보 취급받으면 어때? 공주 같은 여자 얻어서 큰 몫 챙기면 그게 어디야! 그보다 더 팔자 펼 수는 없지!'

'장가 한번 잘 가서 팔자 고치자!'

이런 궁리에 젖을 수 있을 것 같다.

한때, 그러니까 한 시대 전에 신부를 얻자면 "열쇠 세 개 갖고 오는 여자로 골라라!"라는 꼴사나운 말이 나돌았다. 한데 자동차, 아파트, 금고 이 셋을 위한 열쇠를 혼수(婚需)로 가지고 올 신부를 청할 자격이 있는 사내라야 비로소 사위 삼아야 한다고들 했다. 그게 바로 삼사(三士)인데, 그 세 가지 사는 다름 아니고 판사, 검사, 변호사라고 했다.

야속한 이야기였지만 어디 그만한 것을 신부에 부쳐서 탐낼 사람이 어디 삼사뿐이겠는가! 세상 사내 가운데 적잖은 사내가 그럴 테니까 말이다. 하긴 "피가 서 홉만 있어도 처가 덕 보지 말라"라거나 "처가와 뒷간은 멀수록 좋다" 등의 속담이 있어서 세상 사내들의 결벽증에 대해 짐작하게끔 하지만 그게 쉬운 일은 아닐 것이다. 그렇기에 옛날에 나돌던 속담이 "양반은 어려서는 외가 덕에, 어른 되어서는 처가 덕에 그리고 늙어서는 사돈댁 덕에 산다"라고 한 것이다.

보통 남자도 이 지경인데 하물며 그가 온달이거나 그 비슷한 처지의 사내라면 처가 덕 보고 장가가고 싶은 마음은 굴뚝같을 것이다.

'바보가 공주를 아내로 얻어서 부마(駙馬)가 되는 게 어딘데!'
'그뿐인가? 드디어는 장군이 된 게 바로 바보인데, 나 정도의 사내라면!'

이런 생각을 할 사람이 흔해 빠졌을 것이다. 삶에 갑자기 무지개가 서는 기분에 젖을 것이다. 뿐만 아니다. 세상 총각의 꿈을 부추길 얘기는 고구려 아닌 다른 나라에도 또 있다.

선화공주 얻어서 느닷없이 왕가의 사위가 되고 덩달아서 큰 벼슬, 아니지 왕의 자리에 오른 서동처럼 장가들고 싶은 총각인들 왜 없으려고! 산에서 캔 마를 팔아서 겨우 목숨 부지하는 주제에 공주 얻어서 장가간 서동처럼 되기를 바랄 사람이 적진 않을 것이다.

아! 온달이여, 아! 서동이여, 우리 그대들 뒤를 따르게 하소서!

한데, 우리는 신부에게 열쇠 세 개 들려서 시집오게 한다는 야박한 세상을 겪은 지가 바로 어제다. 조금 치사하다는 생각도 든다. 아파트 열쇠, 자동차 열쇠, 금고 열쇠에 비하면 신부는 차라리 덤이나 서비스에 불과한 그런 꼴로 장가가는 신랑 이야기는 이미 전해진 지 오래고 또 오래다. 그런 게 요즘 세상의 사내대장부 꼴이다. 그러니 온달과 서동이 그들의 우상이 될 것은 사뭇 뻔하고도 남는다.

이렇듯이 고구려의 온달과 신라의 서동이 장가든 이야기는 환상적인 성공담이고 당돌한 출세담, 곧 출세하는 이야기다. 순간에 팔자 고친 이야기다. 신랑이 되면서 벼락 장군이 되고 벼락 왕이 된 전설이다.

자고 나니 왕이 돼 있더라!
눈 좀 부비고 나서 보니 왕의 사위로 둔갑해 있더라!

태어나기야 어떻든 간에, 타고난 신분이야 어떻든 아내 하나 잘만 얻으면 왕이 되고 장군이 된다면, 대다수의 세상 사내들은 그보다 나은 총각 팔자 어디 있겠느냐고 흥분할 게 뻔하다. 그렇다. '온달전'과 '서동 이야기'는 황당한 출세 이야기다. 하늘에서 황금이 굴러떨어지는 요행수의 이야기가 아닐 수 없다. 이건 '남자판 신데렐라' 이야기다.

누구나 알다시피 온달은 세상에 널리 알려진 아주 내놓은 천치고 바보였다. 오죽하면 '바보'라는 관형어가 아주 고정적으로 달라붙었을까! 그래서 세상 사람들은 으레 '바보 온달'이라고 불렀다. 그는 내놓은 천치 바보다. 한국 역사상 가장 잘 알려진 바보요 백치다. 그의 이름은 바보로서 청사에 우뚝 남아 있다.

한데도, 아니 그래서 그런지 공주는 굳이 그에게 시집가겠다고 우겼다. 부왕이 미리 정한, 근사한 혼처가 있었건만 들은 척도 아니했다.

"노상 울기 잘하는 이 울보 딸보고 아버님께서는 뭐라 늘 약조하셨습니까? '그래 네가 그렇게 울기 잘하면 바보 온달에게 시집보낸다'고 매번 다짐 두신 게 아닙니까? 하기에 어릴 적부터 제 마음은 이미 온달에게 가 있었습니다."

그래서 아버지인 왕의 꾸짖음은 공주에게 혼약(婚約)이 되었다. 울보 공주는 근 십 년 넘게 아버지에게서 같은 말을 들어왔으니 귀에 못이 박히듯 마음에도 못이 박힌 것이다. 그러면서 공주의 마음 안에서는 신랑이 전혀 모르는 새에 약혼이 성립된 것이나 다를 바 없게 되었다.

"아무리 그렇다 해도 내가 너를 어찌 한갓 거리의 바보에게 시집보낸단 말이냐. 절대로 안 된다!"

하지만 공주는 완강히 버티고 나섰다. 아버지에게 언약을 굳게 지키라고 요구했다. 그것도 지조고 정조였을까?

"정 고집을 피우겠다면 아예 궁성을 나가거라!"

화가 날 대로 난 왕은 공주를 내쫓았다.

공주는 궁성에서 쫓겨났다. 이건 추방이다. 가출한 공주는 온달을 찾아가서 신부가 되었다. 지체도 살림 규모도 거지꼴이었다. 한데도 신랑 신부는 가정을 꾸렸다.

이건 어떻게 따져보아도 또 캐어보아도 말이 안 된다. 천하의 고구려 왕국의 공주님께서 어느 날 느닷없이 친정인 왕궁에서 축출당해서는 취할 데라고는 아무것도 없는 사내에게 시집이라고 가다니! 하강(下降)한 강혼(降婚), 곧 내리시집도 예사가 아니다. 어느 순간 공주가 알거지 바보 천치에게 부왕의 명을 어겨가면서까지 제 발로 걸어가서는 신부가 되기를 자청하다니, 이건 도무지 못 믿을 이야기다.

  이는 로맨스가 아니다. 황당하고 부당한 이야기다. 바보 신랑에게는 기찬 황금빛 로맨스가 될지 모르지만 왕족들로서는 공주가 망발을 해서 망조가 든 비참한 이야기다.

2 그 엄청난 신분의 차이에도

바보가 공주를 아내로 얻다니?

한데 그 뒤가 아주 극적이다. 공주는 궁중에서 가져온 패물을 팔아서 살림에 보태어 쓰면서, 좋은 말 고르고 기를 줄 아는 평소의 소양을 살려서 신랑을 가르치고 또 훈련시켰다. 바보 가난뱅이 신랑을 마부 아닌 일류의 기사(騎士)로 변신케 하자는 것이었다.

이것은 좀 엉뚱하다. 쫓겨나 보잘것없는 사내에게 시집이라고 온 처지에, 그것도 억지 춘향이 꼴로 내리시집을 온 터에 가당키나 한 일인가 말이다. 거지꼴의 사내를 당당한 무사(武士)로 만들어보자고 들었으니 이게 무슨 당돌한 야망일까? 보통 같으면, 상식 차원에서는 황당한 꿈을 공주가 꾼 셈이다. 그야말로 백일몽에 지나지 않을지도 모른다.

한데도 공주는 그 짓에 착수했다. 공주는 난데없이 말의 조련사가 되고 신랑으로 하여금 마술(馬術)을 익히게 하는 교사가 되었다. 이 말타기 재주의 마술은 마법(魔法) 부리는 마술(魔術)에 견줄 만하다. 신랑의 사회적 신분 그리고 그 인성의 됨됨이로 보아서 공주는 마법 부리는 마술과도 같은 말타기의 마술을 신랑에게 전수하고자 든 것이다. 결과적으로 공주 신부는 마술사가 되고자 나선 셈이다. 이는 매우 중요한 일이다. 지금 당장 우리가 다루는 주제를 위해서도 둘도 없이 요긴한 대목이다.

하지만 공주 마술사는 조련사로서 성공한다. 그 대성공, 그나마 기적과도 같은 성취의 결과를 살피는 일은 잠시 미뤄두고 공주의 처신이며 구실을 조금 더 자세히 들여다보기로 하자.

말 조련사 또는 기사 조련사로서 공주가 가진 풍모를 보면, 고구려 여성들이 동북아시아 제일의 기마족(騎馬族) 국가의 여성이라는 면목을 어렵지 않게 헤아릴 수 있다.

고구려는 누구나 알다시피 부여의 뒤를 이어서 오늘날 중국의 동북부와 아무강 유역 러시아의 연해주 일부에 터전을 둔 거대한 제국이다. 만주퉁구스족에 속할 그러면서도 한(韓) 민족의 의젓한 원류를 이룬 호한하고도 장쾌한 민족이 건립한 나라가 바로 고구려다. 아시아에서 중국 본토에 건립된 제국이나 왕국을 빼고는 이만한 국가를 건설한 것은 오직 고구려뿐, 다른 보기는 없다. 중국 땅의 왕국 또는 제국과 맞먹을 동아시아의 왕국으로 또 제국으로서 고구려는 사뭇 우뚝하다.

만주퉁구스족은 인류학에서는 에벤키족이라고도 일컬어지는데, 멀리 서쪽으로는 바이칼호(湖)와 앙가라강 유역부터 동으로는 연해주에 이르는 엄청나게 넓은 지역에 걸쳐 그들 생활의 근거지를 닦아낸 종족이다. 그들은 대평원에 살면서 사냥과 목축으로 삶을 영위해왔다. 그들에게 말은 제2의 만주퉁구스족이라고 불러도 좋을 것이다.

대평원과 대초원을 삽상하게 질주하는 준마의 무리 또 무리……. 그 등에는 활을 멘 또는 창을 꼬나잡은 기수(騎手)들이 박차를 가하고 또 가하면서 말을 몰고 있다. 그들의 함성과 대지를 울리는 말발굽 소리가 거친 바람을 타고 온 창공에 번진다. 말을 달리는 채로 그들은 활을 쏜다. 내달리는 말 등에 올라앉은 채로 창을 내던진다. 쓰러지는 사슴의 비명이 드넓은 초원의 공간에 메아리친다.

만주퉁구스족은 이런 호쾌한 기마족이다. 그들의 삶을 말에게 기탁한 야인(野人)들이다. 고구려족도 워낙 이들과 크게 다를 바 없는 기마족이었을 것이다. 하지만 만주퉁구스족으로서는 최초로 왕국을 건설한 부여에 이어서 두 번째로 거대한 왕국을 건설한 그들이기에 그들의 역사는 시베리아와 만주에 걸친 대서사시가 아닐 수 없다.

그런 기마족의 여성들이기에 말 기르고 간수하는 명수로서 큰 사회적 구실을 다한 것으로 짐작된다. 그것이 바로 '바보 온달' 이야기에 잘 기록되어 있는 셈이다. 그러하기에 고구려의 여성들은 강한 야성녀(野性女)의 모습을 지니고 있을 테지만 그중에서도 왕족이나 귀족 출신이라면 야성과 귀태가 용케 하나로 어울려 있기도 했을 것이다. 이쯤에서 우리는 온달의 신부가 된 공주의 모습을 방불하게 그려볼 수 있다.

모르긴 해도 오늘날 중국의 북동부에 종족의 고향을 두고서 청, 금의 두 제국을 이룩해서는 중원(中原)을 제패한 위대한 만주족은 발해와는 또 다른 고구려의 후계자로 보아도 큰 잘못이 아닐 것 같다. 바보 온달의 신부는 그와 같은 고구려족의 전형을 갖춘 여성일 것 같다. 공주는 그들이 누리고 또 실천한, 사회적 소임이며 국가적인 성(性) 역할(役割)에 대해서 시사하고도 남는다. 이 점은 고구려를 비로소 일으켜 세운 동명왕의 어머니 유화부인에게서도 확인할 수 있다. 부여의 왕가에서 태어난 주몽은 부여 왕자들의 핍박을 받고는 남으로 신천지를 구하러 떠난다. 이를테면 고구려 건설의 첫발을 내딛은 것이다.

한데 자못 심한 핍박을 받고 있던 와중에 아들 주몽을 위해서 모후(母后)인 유화는 비방을 세운다. 부여 왕가의 말을 기르는 목장에서 썩 뛰어난 정도가 아니라, 으뜸으로 날쌔고 용맹스러운 어린 말 한 마리를 유화는 골라낸다. 그러고는 바로 그 말의 혀에 바늘을 꽂는다. 말은 먹지를 못하니까 점점 수척해간다. 왕족들이 말이 자라는 상황을 검사할 겸 우수한 말을 고르기 위해서 목장에 나타난다. 몇 마리 마음에 드는 것을 고르고는 그 야윈 말은 본 척도 않는다. 버림받은 셈이 된다. 보기 좋게 유화부인이 파놓은 함정에 걸려든 셈이다.

이걸 보면 주몽의 어머니, 대 고구려 왕국 시조왕의 어머니, 곧 고구려 왕조의 시조모(始祖母), 곧 '그레이트 마더(Great Mother)'는 꾀보고 꾀돌이인 셈이다. 이를테면 '트릭'을 잘 부리는 머리 좋고 기민한 재주꾼으로 보인다.

인류학에서 '트릭스터(trickster)'로 일컬어지는 인물은 전설이나 신화에서 대활약을 하는 영웅급의 주인공이기 마련이다. 그는 잔재주를 곧잘 부려서는 남을 속이고 골탕 먹이고 하면서 제 뜻을 펴나간다. 그의 가장 큰 무기는 창도 칼도 아니고 바로 머리다. 그는 무사(武士)가 아니고 '두사(頭士)'나 '뇌사(腦士)'다.

그가 부리는 트릭은 더러 사기술이 되고 속임수가 되지만 그것은 웃음을 빚고 유쾌하기조차 하다. 뿐만 아니라 정의를 실현하고 악을 응징

하는 구실을 다하기도 하니까 속임수 치고도 괜찮은 속임수다. 홍길동과 그 일당을 의로운 도적이란 뜻으로 의적(義賊)이라고 부르듯이 트릭스터는 의로운 사기꾼, 곧 의사기사라고 부를 수도 있을 것이다.

그렇다 치면 봉이 김선달이 트릭스터고 김삿갓 또한 상당한 트릭스터인 셈이다. 한데 이들의 대선배로서 우리 신화에는 유화부인 말고도 또 다른 트릭스터가 등장한다. 그는 다른 사람이 아닌, 바로 신라의 제3대 왕 탈해다.

트릭스터 신랑

트릭스터 탈해의 행적을 자세히 살피면 다른 것으로는 잘 드러나지 않을 혼사 또는 혼례의 색다른 비밀이 보인다. 이 점으로도 탈해는 퍽 흥미로운 인물이다. 그는 변종이고 특종이다. 괴인(怪人)이고 또 기인(奇人)이다. 그로써 그가 신화 주인공으로서 갖출 신비함은 더욱더 두드러진다.

그는 워낙 바다 건너온 떠돌이 나그네로 옛 기록에 남아 있다. 이객(異客) 또는 이방인인 셈이다. 그런 처지에 느닷없이 왕위에 오른다는 것이 호락호락했을 턱이 없다. 불가사의한 일이다. 한데도 이 황당한 이객은 그것을 성취했다. 대단한 인물이다. 당시 신라 사회의 개방성도 한몫 거든 것으로 봐야겠지만, 이객의 비상한 재주며 능력이 보다 더 큰 구실을 했을 것이다.

물론 다르게 생각할 수도 있다. 원시 신라 사회에 있었을 특수한 의례 또는 의식을 고려하면 전혀 다른 이야기를 할 수 있다. 젊은이를 위한 통과의례, 그것도 성년식과 입사식을 겸한 통과의례에는 으레 이객이 큰 몫을 할 만한 대목이 껴 있기 마련이다.

이제 바야흐로 아이 티를 벗고는 성년의 문턱에 턱걸이를 할까 말까 하는 중간 과도기, 이를테면 '어중이의 시기' 또는 '어중된 시기'에 본격적으로 어른의 자격을 얻어내는 데 필요한 의식이나 의례가 다름 아닌, 성년식이라는 통과의례다. 성년식은 '성숙의 의례'라고도 하지만 입사식은 요즘처럼 어느 회사에 들어간다는 뜻이 아니라, 어떤 사회조직, 곧 결사(結社)에 들어간다는 뜻이다. 가령 신라의 미성년들이 어른이 되면서 화랑도라는 국가조직에 또는 결사에 참여한 것은 성년식과 입사식이 겸해진 것으로 볼 수 있다.

이와 같은 통과의례에 임하는 당사자들을 '입사 후보자' 또는 '초입자'라고 부른다. '초참자(初參者)'라고 부를 수도 있을 이들은 화랑도처럼 일단 지금껏 속해 있던 가정의 울타리에서 벗어나 그들만의 특정한 공간에 수용된다. 그런 뒤에 일정한 시련과 간난을 겸한 교육 및 훈련의 기간을 지나 비로소 어른 사회에 입사한다.

이들만의 수용소 같은 외딴 공간에 머물다가 뒤늦게 제대로 된 기성의 어른 사회로 용납되는 것인데, 바로 이에 즈음해서 이들은 어느 엉뚱한 이역에서 비로소 온 것으로 또는 알려져 있지 않은 미지의 먼 땅에서 온 것으로 취급받기도 한다. 말하자면 초참자들은 이객 또는 이방인으로서 마중을 받는 것이다. 이는 그들이 완전히 새로운 사람으로 다시 태어났다는 것을 의미하기도 한다. 신비와 불가사의를 겪을 대로 겪고는 비로소 개선한 용자(勇者)로서 대접받으면서 기성의 어른 사회의 새로운 일원이 될 자격을 인정받는다.

그러나 무조건은 안 된다. 이객으로서 나타난 초참자들은 시련과 난관을 겪는 사이 남다른 자질을 보여야 한다. 용기며 무력, 재주며 재능 등을 과시할 수 있어야 한다. 이에 트릭스터 나름의 재주 부리기가 포함되어도 이상할 것은 없다.

이와 같은 통과의례의 절차를 고려한다면, 탈해와 같은 이객이 비교적 신기한 어떤 우여곡절을 치르고는 왕가의 사위 자격을 얻고 뒤이어서 왕위에 오르는 색다른 과정을 큰 무리 없이 받아들일 수 있을 것이다.

꾀보 신랑

그러니까 이같이 통과의례의 절차에 비추어 보아서 그 숨겨진 진실이 비로소 드러나는 탈해의 이상한 일련의 행위가 보이는 의미는, 통과의례를 전제하지 않을 경우 그 기이함이 한층 더 커질 수밖에 없다.

그는 낯선 땅, 신라에 도착하자마자 여러 가지 묘수 또는 꼼수를 부린다. 영락없는 트릭스터의 본색을 노출한다. 아니 과시한다. 우선 그는 산에 올라가서는 땅속에 무덤 같은 것을 파고는 거기서 이레 동안을 묻혀서 지낸다. 이건 여간 기이한 일이 아니다. 왜 하필 생사람이 죽은 이처럼 무덤 같은 곳에 묻혀야 하는가? 그건 도대체 무엇을 의미하는가?

이처럼 탈해의 행적은 그가 신라에 도착하는 순간부터 의문투성이로 시작된다. 이것은 다른 땅에서 와서 (또는 다른 이역 땅에서 온 것으로 쳐서) 신라 사람으로 새로이 태어나는 절차를 나타낸다. 과거에 그가 누리던 삶을 죽여 없애고 이제 바야흐로 새 삶을 누려서 태어나기 위한 절차가 다름 아닌 굴속 들기나 땅 밑 들기 또는 무덤 들기 등이다. 거의 대부분의 통과의례 절차에는 죽음과 재생의 극적인 표현이 포함되어 있기 마련이다.

가령 제주의 왕자가 신라 땅에 처음 와서 신라 사람의 자격을 얻어낼 때, 신라 왕의 가랑이 사이를 기어서 나갔다고 하는 전설도 이와 관련 지어 해석해도 좋을 것이다.

이렇듯이 일차적으로 신라인으로 재생함에 있어서 기이함을 보인 탈해는 이어 또 다른 두 번째 기이한 행동을 보인다. 다름 아니고 남의 집을 제 집으로 속여서 횡령하다시피 했다. 요즘같이 법치주의(法治主義)가 통한다면 그는 에누리 없이 사기에 의한 남의 재산 횡령죄로 수갑을 찼을지도 모른다. 그만큼 탈해는 특이하고 묘한 인물이다. 상고대의 우리 신화에서 탈해만큼 기이한 인물을 찾기란 쉽지 않다. 겨우 고구려의 영웅인 동명왕이 있을 뿐이다.

그렇다면 그의 횡령은 어떻게 이루어졌을까? 아니 탈해의 사기극의 실상은 어떠했을까? 그 범행의 진상은 무엇일까?

그는 호공(瓠公)이란 벼슬아치 집의 뜰에 남몰래 미리 숯과 숫돌과 쇠붙이 따위를 갖다 묻는다. 그러고는 관가에 소장(訴狀)을 낸다.

> 지금 호공이 살고 있는 저택은 워낙 대대로 저희 가족이 살던 집이었습니다. 거기서 저희는 대를 이어가면서 대장장이 노릇을 해왔었습니다. 한데 어쩌다가 저희 일족이 다들 뿔뿔이 헤어져 떠나가고 저마저 멀리 가 있는 사이에 그만 호공이 남의 빈집을 차지하고는 주인 행세를 해온 것입니다. 이제 제가 돌아왔으니 제가 차지해야 할 것입니다.

소송이 벌어진 자리에서 관가의 담당 관리는 탈해에게 증거를 내놓으라고 했다. 탈해는 옳구나 하고는 마당 어느 곳을 파보라고 했다. 증거물들이 쏟아져나왔다. 숯, 숫돌, 쇠붙이 등등…….

이들은 탈해의 말대로 그의 집안 내력이 야장(冶匠)으로 대장간을 운영해왔음을 증명하는 물건들이었다. 쇠를 녹이거나 달구자니 숯이 필요했을 것이다. 쇠붙이를 담금질하거나 벼르자니 숫돌도 필요했다는 그의 주장이 받아들여졌다.

이에서 탈해는 야장왕(冶匠王, smith king), 이를테면 '대장장이 왕'이었음이 드러나지만 그야 어떻든 간에 탈해는 트릭을 써서 호공의 저택을 약취(略取)한다. 그런데 이것이 바로 그에게 신부가 주어지는 계기가 될 줄이야 본인은 미처 몰랐다.

아무튼 탈해라는 총각은 몇 가지 남다른 기이한 일을 한 끝에 그것도 트릭을 부린 끝에 드디어 신랑 자격을 쟁취했다. 다름 아니고 당시 신라의 제2대 왕이던 남해왕은 탈해의 트릭에 관한 소문을 듣고는 그가 보통 총각이 아니고 재주 있고 재치 있는 젊은이, 곧 지략(智略)이 넘치는 유능한 미래의 인재임을 알아보고는 그의 누이와 혼사를 치르게 한 것이다. 이래서 탈해는 일약 왕가의 사위가 되고 그것이 훗날 왕위에 오를 단서가 된다.

이와 같은 탈해의 전기(傳記)는 단순히 그가 지략에 넘친 인물 그것도 왕재(王材)가 되기 족한 인물임에 대해서만 말하는 데 결코 그치지 않는다. 한 젊은이가 신랑이 되기까지 여러 가지 우여곡절을 무슨 재주와 능력으로 어떻게 넘어서야 했던가에 대해서도 말하기 때문이다. 그는 왕가의 사위가 된 후 비로소 왕의 자리에 오른 인물이다. 따라서 그의 남다른 재주와 능력, 그것도 트릭스터의 경지에 올라선 능력이 사위가 되는 데 일차적으로 활용된 점을 강조해도 좋을 것이다.

트릭스터는 비록 거짓을 꾸미고 사술(詐術)을 부리긴 하지만, 그것은 어디까지나 그가 특출난 인물임을 말해주는 증거를 대는 데서 빛을 발한다. 중세기의 여러 전설에까지 꾀돌이 사위가 등장하는 것은 바로 이 때문이다. 꾀돌이 사위를 다룬 민담은 바보 사위를 주인공으로 삼은 민담만큼이나 수가 많다. 이는 도대체 무엇을 말하고 있는 걸까? 모순되게 보이는데도 바보 사위 이야기와 꾀보 사위 이야기가 그 전해진 수에 있어서 서로 막상막하라는 것은 무엇을 뜻할까?

그것은 우선은 바보로 보인 또는 바보로 취급받은 사위가 어려운 고비를 넘기고 딱한 고비를 거쳐서 마침내는 똑똑한 재주꾼으로 변신하는 그런 절묘한 절차가 실제 혼사(婚事)에서 치러졌음을 의미할 것 같다.

네가 뭔데 남의 집 귀한 따님을 데려가?
너 같은 주제, 너 같은 꼴에 감히 누구네 딸을 얻어가다니?

신랑은 이런 투의 꼴을 당한다. 그것은 애지중지 기른 딸을 놓아보내는 그나마 생면부지, 남의 집에 보내어야 하는 신부 부모의 아픈, 쓰린 마음이 꾸며낸 일종의 연극이다.

신부 집을 향해서 오고 있는 신랑에게서 신부 가족이 부채를 빼앗으려 들 때, 뿐만 아니라 신랑에게 시 한 수 지어보라고 윽박지른 끝에 신랑이 즉흥적으로 시라고 한 수 적어 보이면 그 따위도 시냐고 신부 가족이 윽박지를 때, 신랑은 영락없는 바보 꼴이다. 그것만이 아니다. 장가들기 위해서 오는 길에 또는 신부 집 대문 앞에서 그리고 또 신방을 차리고 난 다음 날의, 이른바 동상례 자리에서 신랑은 모진 대접을 받는다. 이 점은 거듭 강조되어도 좋을 것이다.

그런 험한 꼴을 당한 연후에야 신랑은 비로소 제대로 사위 대접을 받는다. 그는 성공한 젊은이가 되고 자질 있는 신랑 대접을 받으면서 똑똑한 신랑으로 변신한다.

트릭스터 신랑 탈해는 중세기까지 지켜진 혼사에 등장하는 똑똑한 사위의 대선배다.

마장수 총각이 공주에게 장가들다니?

모르긴 해도 이야기가 이 정도로 진전이 되고 보면 누구나 왜 무엇 때문에 바보 온달이 난데없이 뛰어난 기수(騎手)로, 출중한 사냥의 명수로 그리고 드디어는 명장(名將)으로 변모 또는 변신했는가를 이해할 것 같다.

그것은 돌발 드라마 같은 것이다. 미리 꾸민 각본대로 그와 같은 경이로운 돌연변이가 생겨난 것이다. 결혼의 본령을 따지고 캔다는 것이 그만 상당히 멀리 둘러서 여기까지 온 것 같다. 결혼은 그만큼 성가시고 귀찮은 것이다.

아무려나 바보를 신랑으로 맞은 공주, 그나마 멍청이를 스스로 원해서 맞은 고구려 왕가의 공주는, 앞에서 말한 대로, 백방으로 묘수를 쓰기 시작한다. 우선 명마를 골라서 바보 남편을 단련시킨다.

바보가 느닷없이 말은 어떻게 탔을까? 뿐만 아니다. 전설의 앞뒤로 보아서는 말을 타고 달리는 채로 활 쏘는 것까지 단련시킨 것으로 추측된다. 조련시켰다고 하는 것이 보다 더 적절할지도 모른다.

그러던 중, 국가적인 규모로 궁중에서 주관하는 사냥대회가 열렸다. 온달이 여기 끼어들었다. 하긴 이 대목은 상당히 수상쩍다. 시중의 한갓 이름 없는 멍청이가 난데없이 국가적 규모의 그것도 왕궁에서 주관하는 행사에 껴들다니, 이건 예삿일이 아니다. 곡절이 있어도 단단히 있어야 한다. 이것은 신랑으로서 온달이 미리 정해진 혼례 절차상의 어떤 규정 내지 관습에 의해서 바보로 취급되었음을 의미할 것 같다. 명분상 바보일 뿐 그는 처음부터 명문가의 유능한 자제였다고 짐작된다.

그래서 국중 대회에 능히 참여한 온달은 남달리 많은 짐승을 활로 쏘고 창으로 찔러서 잡았다. 대회가 파하고 따져보니, 아니 이게 뭐람! 바보 온달이 최우수 사냥꾼으로 시상을 받게 되었다.

그는 난데없이 용사 중의 용사고 아주 출중한 기수, 곧 말타기의 명수였다. 말을 달린 채 활을 쏘아서 짐승을 맞히는 데도 그를 따를 자가 없었다. 그는 난데없이 출중한 인물, 걸출한 인물로 돌변했다. 그것도 '기마 국가'이던 고구려의 사내답게 일시에 두각을 나타낸 것이다.

그의 신분, 그의 능력은 금세 하늘과 땅 사이만큼 차이가 났다. 이게 도대체 어찌 된 영문일까? 그가 도대체 부산하게 무슨 마술을 부렸단 말인가? 천지개벽 아닌 이와 같은 신분개벽은 왜 일어난 걸까? 괴상한 일이다. 그냥 '옛날 전설이려니!' 하고 덮어두기에는 너무나 문제가 심각하다. 더욱이 전설은 동화나 신화와는 달리 상당한 정도의 역사성과 현실성을 반영하기에 문제는 한층 더 까다로워진다.

이처럼 당돌하고 믿을 수 없이 신랑의 처지가 달라지자, 왕은 바보사위를 거두어서 벼슬을 주고 정식 왕가의 부마, 곧 사위로 받아들였다는 것이 다름 아닌 '온달전'의 큰 줄거리다. 왕이 너무 약았던 걸까? 아니면 현실적 이해타산이 빨랐던 걸까? 벼락출세를 한 온달은 좋았지만, 도무지 왕의 처지나 체면이 말이 아니다.

한데 이와 같은 '사내 신데렐라'가 또 하나 있다. 온달처럼 날벼락 출세를 한 못난 사위가 또 하나 있으니 참 얄궂다. 그가 누굴까? 그는 바로 앞에서 이미 말한 신라의 서동이다.

'서동(薯童)'에서 서(薯)는 산에서 나는 마다. 그걸 캐다가는 시중에 팔고 다닌 게 서동이다. 글쎄 요즘 같으면 영락없이 시중의 행상꾼이다. 가게도 변변하게 없는 거리의 떠돌이 고구마장수였다고 해도 큰 잘못은 없다.

그 주제에 머리는 영특했다. 간교한 데다 야망도 컸다. 아니 황당했다. 신라의 선화공주를 아내로 삼고자 꿈꾼 것이다. 당치도 않는 꿈, 그나마 헛꿈이다. 이건 로맨스니 뭐니 할 여지가 없다. 천지(天地)의 대변(大變)을 바라면 바랐지 이런 꿈을 꿀 수는 없다. 한데도 맛둥이, 곧 서동은 그의 허황된 꿈을 이루고자 들었다.

한국 역사상 가장 황당한 사내는 괴상한 꾀를 부렸다. 제가 직접 산에서 캔 고구마 아닌 마를 팔고 다니면서 아이들을 꼬드겼다.

선화공주님은 남몰래 데이트를 하고는
밤마다 남모르게 맛둥방을 안고 또 안는다.

온 거리를 다니면서 꼬마들에게 이런 노래를 부르게 했다. '맛둥'이란 서동과 같은 뜻이다. 엄밀하게 따지면 이 노래는 일종의 주문(呪文)이고 주가(呪歌)다. 마술 부리는 노래다. 장차 일어나기를 바라는 일을 미리 노래로 부르면 그 노래의 효험을 빌어서 실제로 바라던 결과가 빚어질 거라는 계산으로 부르는 주문의 노래다. 결과를 미리 말로 그려내고 흉내 내는 것과 같으니까 '모방 주술의 노래'라고 부를 수도 있다.

그건 그렇다고 쳐도 이건 너무하다. 공주님이 서나 캐 먹고 사는 똘마니 같은 사내하고 남몰래 밀애(密愛)에 탐닉하다니! 말이 아니다. 그야말로 언어도단이다. 공주로서는 자유(自由) 분망(奔忙)이 아니라 광분(狂奔)하는 광기다.

황금 폐백 가지고 시집간 공주

비록 유언비어(流言蜚語)일망정, 정체불명이고 근거도 증거도 없는 허랑방탕한 노래는 아이들 입을 타고 온 경주 방내에 퍼져갔다. 아이들로서는 마를 공짜로 얻어먹는 데다 노래의 사연이 재미있으니 큰 소리로 외치다시피 하면서 부르고 다녔을 것이다.

이 따위 소문이 나돌자 왕궁은 벌컥 뒤집어졌다. 왕은 일찍이 들어본 적은커녕, 영원히 있을 수 없는 당돌한 기문(奇聞)에 넋을 잃었다. 전후좌우 돌아보고 다시 고쳐 생각해보고 말고가 아니었다.

이 고얀 것!

불문곡직 공주를 궁성에서 내쫓았다. 왕가로서, 공주로서는 있을 수 없는 망측한 소문이었기 때문이다. 하지만 모후(母后)로서는 견딜 수 없는 아픔이었다. 조금은 스스로 마음의 달램이 되자면, 또 난데없이 쫓겨나는 가엾은 딸에게도 적으나마 보탬이 되자면 무엇인가를 해야 했다.

약간의 보석과 금붙이를 딸에게 주었다. 앞으로 시집보내자면 그만한 패물(貝物)은 딸려보내어야 하는 것, 어머니는 오만간장 다 녹는 것을 억지로 식히면서 불쌍한 딸의 손에 귀한 것을, 한 보따리 들려주었다.

죄도 없이 영문도 모르는 채로 선화공주는 내쫓겼다. 그러고는 물어물어서 맞둥방이란 본 적도 들어본 적도 없는 미지의 사내, 무명의 사내를 찾아갔다. 가서는 그날로 신방을 차렸다. 그게 선화공주의 시집가기였다.

시집가기가 곧 친정집 쫓겨나기인 셈이다. 『삼국유사』에 실린 서동에 관한 이야기로는 그것은 어김없는 현실이고 또 사실이다. 아무리 이야기가 허황되어도 전설로서는 진실이다. 이것이 중요하다. 친정집, 거기 태어나서 거기서 자란 친가를 어느 날 홀연히 쫓겨나서는 어느 사내와 어울리는 것, 그게 시집가기란 것을 신라의 전설은 둘러서 은근히 말하고 있다.

거듭 강조하자. 내쫓기듯 친가를 나서는 먼 길, 낯선 길을 가는 걸음, 그 험악한 행보가, 아니 그 행보야말로 다름 아닌 시집가기라는 것을 오늘의 우리는 새삼 마음에 새겨두고 싶다.

중세기 조선조 사회에서는 물론, 그것을 답습한 근세까지도 시집가는 처녀들에게 이 서동 전설은 전설 그 자체로 또는 허구의 이야기로 마무리될 수는 없다. 그 이상의 것이다. 누구나 옛 시절의 신부들은 선화공주와 큰 차이 없이 시집이라고 갔기 때문이다.

추방당한 신부! 그것은 신라 이후 역대의 이 나라 모든 신부들의 원형이고 알레고리일지도 모른다. 은근히 둘러서 말하는 이야기, 간접적으로 빗대놓고 말하는 이야기 등을 이에서는 알레고리라고 부르기로 한다.

그것만이 아니다. 극히 최근까지 아니 오늘에도 보따리 보따리 귀물을 챙겨 싸서는 시집가는 신부는 드물지 않다. 이른바 '폐백(幣帛)'이 선화공주가 가져간 금이고 폐물(幣物)이다. 폐는 화폐의 폐이지만 그것만은 아니다. 워낙은 백(帛)과 마찬가지로 비단을 뜻한다. 폐백의 백은 엷은 비단이고 폐는 좀 두터운 비단이다. 이것들은 원래는 제사지내면서 신에게 바치는 비단 명주 등을 의미했다. 그러던 것이 귀한 선물의 뜻이 되고 더 나아가서는 혼숫감을 의미하게도 된 것이다.

한데 오늘의 폐백은 비단이나 명주이기보다는 뜻밖에도 아파트고 승용차고 현금 통장일 수 있다. 그게 현실이다. 아파트와 승용차와 금고 열쇠까지 해서 모두 세 개의 열쇠를 신랑 후보자에게 바치기로 하고서야 신부 후보자는 비로소 허혼(許婚)을 얻는다는 소문이 온 세상에 자욱하다. 물론 일부의 이야기, 그것도 권세깨나 지니고 장차 돈벌이를 남달리 많이 할 것으로 예정된 신랑에 국한된 이야기이긴 하지만, 영 헛소문은 아닌 모양이다. 하니까 선화공주와 오늘날의 신부 사이에서 무엇이 얼마나 차이가 날 것인지, 잘라 말하기가 힘들어진다. 이런 것을 전통이라고 한다면 별로 달가운 것이 못 될 것은 뻔할 뻔자다.

한데 느닷없이 찾아든 공주를 맞은 서동은 어떤 기분이었을까?

공주 신분의 신부는 아닌 밤중의 홍두깨였을까? 아닌 대낮 나무에서 절로 떨어져서 입 안에 들어온 잘 익은 열매 같은 것이었을까? 아니면 절로 굴러든 호박덩이에 견주어질 성질의 것이었을까? 모를 일이다.

알거지의 굴에 홀연히 귀물을 싸들고는 제 발로 찾아든 공주님!

그 엄청난 요행을 서동이 꼬마들 시켜서 부른 노래의 힘에만 돌려도 좋을 것인가? 기적과도 같은 일, 하늘에서 벼락처럼 굴러떨어진 행운을 노래의 힘만으로 치부해도 괜찮을까? 알지 못할 일이다. 그렇다면 하늘과 호박넝쿨은 다를 수가 없다.

달리 좀 생각을 하면 이 점 역시 별로 새로울 것, 놀라울 것이 없을 성싶기도 하다.

당신은 내가 까무러칠 만한 천사요! 천사!
사랑하는 그대는 나의 영원한 공주님이시오! 오, 나의 공주시여!

어디서 많이 듣던 말이다. 아니 누구든 사내라면 한 번은 입에 담았거나 아니면 담고 싶었던 말이 아니고 뭘까?

홀연히 하늘에서 내려온 천사 아니면 선녀로 보일, 그런 젊은 여성이야말로 신붓감이 되기 족한 처녀. 저, 누구나 알고 있는 환상적인 아름다움이 넘친 동화 중의 동화, '선녀와 나무꾼'은 그래서 생긴 이야기다. 나무꾼만 한 신분의 사나이일수록, 그렇게 미천한 사내일수록 신부는 어느 날 문득 천사처럼 나타날 것이다.

산속에서 사슴이나 쫓아다니던 나무꾼 아니면 초동(樵童)이 드디어 선녀를 신부로 맞이하게 되었을 때 그와 맞둥이 서동, 바보 온달과 무엇이 다를 것인가?

서동, 온달, 탈해, 나무꾼이나 모두 그렇고 그런 신랑

맛둥이 서동 : 선화 공주
바보 온달 : 공주
나무꾼 : 천상의 선녀

이들 세 쌍의 신랑 신부는 하등 다를 것이 없다. 신랑 후보자는 모두 하나같이 초라하다. 신분이니 신원이니 하고 말할 게 못 될 처지다. 뿐만 아니다. 여기다 탈해를 껴들게 해도 이야기는 별로 달라지질 않는다. 왜냐하면 탈해는 적어도 호공의 집을 계략을 써서 약취하기 전까지는 그렇고 그런 이방인이고 떠돌이 나그네에 불과했기 때문이다. 그런 주제꼴에 그도 공주에게 장가들었다. 그러니까,

맛둥이 서동 = 바보 온달 = 나무꾼 = 탈해

이들 네 총각은 한 줄에 꿰어지게 되어 있다.

이들에게 장가가기는 벼락감투 쓰기와 같다. 장가들고 보니 신분이 비약하고 만 것이다. 한데 이미 앞에서 누누이 강조한 것처럼, 이 못난 이들은 뒤에 가서 다들 하나같이 잘난 사위, 위대한 신랑으로 돌변한다. 그러니 그사이에 무엇인가 상당한 곡절이며 말미암음이 있어야 할 것은 자명하다. 그들의 돌연한 변신에는 무엇이 작용했을까? 이제 그것을 살필 차례다. 이를 위해서는 서동 이야기에 매우 그럴듯한 줄거리가 표현되어 있다.

친정집인 왕궁에서 쫓겨나서 사내 집으로 가는 공주는 얼마나 무참

했을까? 이게 사실이라면 공주는 살고 싶지 않았을 것이다. 그러니 시집가고 싶었을 턱이 없다.

신랑이 될 상대는 미지의 총각이다. 본 적이 없다. 신원도 정확히 모른다. 다만 아이들 노래가 말하고 있듯이 맛둥방이란 묘한 이름을 가진 사내라는 것, 그 한 가지, 다만 그 한 가지 빼고는 미지의 사나이고 불가지(不可知)의 사나이다. 그전까지는 단 한 번도 들어본 적도 만나본 적도 없는 수수께끼의 사내다.

거기다가 노래 내용으로 보아서 가난뱅이에 천민일 게 뻔한 총각에게로 추방당한 공주라니! 이 지경으로 시집가는 것은 유형(流刑)과 같고 귀양살이와 추호도 다를 게 없다.

하나는 바보고 다른 하나는 마장수라지만 천민이라는 것 그리고 조금도 취할 데가 없는 형편없는 사내라는 점으로는 온달이나 서동이나 다를 것 없다. 하지만 고구려의 공주는 스스로 원해서 그런 신랑 후보자를 골라서 갔지만 신라의 공주는 사정이 다르다. 순전히 사기치는 노래, 야릇한 꼼수를 부린 노래에 말려서 죄도 없이 당치도 않는 누명까지 쓰고는 추방당한 끝에 듣도 보도 못한 사내를 신랑 후보자로 삼게 된 것이다. 선화공주는 정말이지 억장이 무너지는 기분으로 서동을 찾아갔을 것이다.

하니까 이 유형가기나 귀양가기나 다를 게 없는 시집가기는 우선은 그냥 터무니없는 이야기로 칠 수밖에 없다. '그러니 이야기지 뭐!' 그러고 마는 게 좋을지도 모른다.

한데 『삼국유사』에 실린 〈서동요〉에 관한 기록은 신랑이 나중에 백제의 무왕(武王)이 되었다고 밝히고 있다. 이것 때문에 〈서동요〉를 둘러싼 이야기를 한층 더 터무니없는 이야기로 돌려버릴 수도 있다. 하지만 무왕은 역사적 인물이다. 허구의 인물이 아니다. 실존한 인물이다. 전설이 거의 반드시 그 이야기의 끝에 가서 역사적 증거나 유적을 대면서 마무리되고 있음을 생각한다면, 우리는 〈서동요〉에 관한 전설이 실존 인물을 언급하면서 끝맺는다는 것을 전적으로 무시할 수 없게 된다. 앞에서 말한 바와 같이 전설은 동화나 신화와 달리 현실적 또는 역사적 증거를 들이대면서 마무리된다는 사실을 무시할 수 없기 때문이다.

그래서라도 우리는 맛둥방과 선화공주 사이의 혼사 이야기에도 무엇인가 현실적 요소가 있을 것이란 생각을 일단 가져볼 수가 있다. 실제나 현실에서 비롯한 또는 거기에 근거를 둔 이야기가, 어디까지나 이야기로서 흥미를 살리면서 과장되거나 변형되어서 그럴싸하게 극화(劇化)된 결과로 선화공주 전설이 생겨난 것이 아닌가 하고 추리하게 된다. 물론 이 같은 추리는 온달 전설에도 적용될 성질의 것이다.

결국 우리는, 그같이 추리되는 현실 또는 실제가 무엇인가를 캘 것이지만, 우선은 『삼국유사』에 실린 줄거리를 거듭 따라가기로 한다.

맛둥방에게로 간 공주는 그에게 귀물을 내보였다. 폐백을 드린 셈이다. 아니, 이 대목은 진짜로 폐백드리기의 절차에 대응하고 있다.

공주가 내놓은 폐백, 곧 금붙이를 보고는 맛둥이 말하기를 "이런 게 귀물이라니? 내가 산에서 언제나 마를 캘 적마다 흔하게 본 건데?"라고 신기하게 여겼다.

그 길로 맛둥은 대량의 금을 캐서는 부처의 힘을 빌려 궁중으로 운반했다. 날벼락처럼 날아든 황금에 눈이 휘둥그레진 왕은 사연을 알고는 맛둥을 불러 정식으로 사위 삼았다. 이 맛둥은 후에 백제의 무왕이 되었다.

도무지 믿을 수 없는 이야기다. 전설이라면 어느 정도는 역사적 사실을 반영한다. 그래서 전설은 신화나 동화와는 달라진다. 한데 서동과 온달, 이 두 편의 전설을 역사적 현실이라고 말하기는 참 난감해진다. 전설보다는 신화 아니면 동화에 가까워지고 있다.

이들의 결말은 아무래도 환상적이고 동화적이다. 세계의 거의 모든 동화는 결국에 가서는 '잘 먹고 잘 살았더란다' 라는 식의 소위 해피엔딩으로 마무리되곤 하는데, 이 두 편의 전설에서 주인공들, 그것도 못난 주인공들은 난데없는 큰 복을 누리고는 벼락출세를 한다.

이것이 영 심상치 않다. 고구려나 신라나 다같이 하층 계급의 사람 또는 못난 바보가 돌연 신분 상승을 그것도 엄청난 신분 상승을 하여서 왕족이 되고 장군이 될 수 있는 사회였다고 믿기는 어렵다. 두 나라 모두 '동화 속 나라' 는 아니다.

'전설인데 뭐!' 하고 넘어가기에는 지나친 대목이 많다. 온달과 무왕, 둘 다 실존인물이니 그렇게 허구의 이야기의 주인공으로 돌려버리고 말 수는 없다.

그래서 이들 두 편의 이야기를 좀 더 찬찬히 들여다보기로 하자. 당돌함 속에 숨은 마땅한 진실 또는 그럴듯한 사실을 캐보자.

3 황당하고도 간절한 것

허구에 진실이 담긴 짝짓기

그 사촌격인 동화나 신화와 다를 바 없이, 전설에서도 환상적인 요소, 허구(虛構), 곧 꾸며낸 이야기가 없을 수 없다. 그러나 그 허구는 전적으로 어떤 사실 또는 진실을 모른 척하지는 않는다. 그것에는 그럴 만한 현실적인 어떤 주춧돌이 괴어져 있기 마련이다. 이제부터 그것을 찾아보자는 것이다.

그러자니 우선 이들 두 이야기에 깃든 공통점이 몇 가지 눈에 든다. 물론 황당하고 당돌한 것 말고…….

첫째, 신랑 또는 신랑 후보자는 둘 다 미천한 신분의 총각이다.

둘째, 신부는 각기 공주로서 신랑과는 어마어마한 신분의 차이를 보이고 있다.

셋째, 신부 측에서는 그 아버지가 그렇듯이 신랑 후보자를 사위로 받아들일 생각이 아예 없다. 말하자면 혼사에 반대다.

넷째, 그 결과로 친정에서 쫓겨난 신부 또는 신부 후보자는 신랑과 실질적으로 짝을 짓는다. 그래서 사실상 부부가 된다.

다섯째, 그러나 신부 측에 의해서 혼사 또는 두 사람의 결합은 인정되지 않는다.

여섯째, 신랑이 의외의 공을 세우거나 남다른 큰 능력을 보인다.

일곱째, 이 때문에 비로소 신부 측에서는 신랑을 받아들이고 따라서 두 사람의 혼인도 합법적인 것으로 용인한다.

등등, 무려 일곱 가지에 걸친 공통성을 두 이야기는 나누어 갖고 있다.

전체 줄거리를 추려서 이만한 일곱 항목을 이끌어낼 수 있지만, 이들 일곱 가지 조건을 다시 한 번 더 줄이되 신랑에게 초점을 맞추어보면,

미천한 신랑은 신부 측의 인정을 못 받고는 신부와 사실상 맺어졌다가, 그의 남다른 자질을 보인 끝에야 간신히 신랑으로 받아들임을 받는다.

이와 같이 될 것이다. 이 하나의 단문(短文)이 요컨대, 온달과 맛둥의 혼사 이야기의 기본 줄거리가 된다. '메타 구조'가 된다.

한데 이것이야말로 온달과 맛둥 이후, 무려 천 년을 더 넘게 이 땅의 신랑들이 치른 혼사의 절차 또는 줄거리를 요약한 것이 된다. 온달과 맛둥의 황당해 보이는 혼사 이야기의 줄거리를 바로 혼례의 규정된 절차 삼아서, 고구려 신라 이래로 거의 근세까지, 이 땅의 신랑들은 장가

를 갔거나 장가를 든 것이다. 말하자면 이 땅의 신랑들은 까마득한 세월에 걸쳐서 온달로서 또는 맛둥으로서 장가간 것이다. 이런 것을 두고 민족문화의 전통이라고 하는 것일까?

이미 여러분도 짐작하겠지만, 이 혼사 이야기에서 신랑으로서는 혼사가 만만치 않다. 신부는 한결 편하게 쉽게 시집을 가는 셈이다. 혼사의 부담은 거의 전적으로 신랑이 감당하다시피 하고 있다. 신랑은 하천(下賤)한 데다 무슨 자질 증명 같은 것을 해내어야 하는 부담을 지고 있다.

혼사가 처러지는 사이 그는 신랑이기보다 남의 집 처녀를 얻으려고 온 구걸꾼 비슷한 처지에 놓여 있다. 그는 그것을 이기고 넘어서야 한다. 반대당하는 자의 처지, 배척받고 있는 자의 처지를 극복하고는 뭣인가 큰일, 만만찮은 일을 감당해내어야 한다.

그래서 신부 측의 반대 또는 불인정을 무릅쓰고는 그들 앞에 당당히 거듭난 사내로서 나타나야 한다. 그것은 환골탈태(換骨奪胎)고 뒤집어 씌워진 허물벗기 같은 것이다.

요컨대 장가가기는 시련이고 고난인 셈이다. 이 점을 조금 더 강조하거나 과장한다면 신랑에게 장가가기는 모험 치르기와 크게 다를 바 없다고 해도 무방할 것이다.

이 점을 구체화하기 위해서 앞에서 보인 일곱 조건을 한 번 더 들여다보기로 하자.

넷째까지에서 신부 측의 배척에도 불구하고 실질적으로 신랑은 신부와 맺어진다. 이것은 두 남녀 사이의 '사실혼(事實婚)'이다. 신부 측에서 반대야 하건 말건 실질적으로 두 남녀는 맺어진다. 그러나 신부 측의 반대가 남아 있다. 그래서 신부 측에 의해서 인정받지 못하는 사실혼이 이미 치러진 것이다. 이를테면 '비합법적 사실혼'을 두 남녀는 한 셈이다.

그러나 그 난관 또는 장애가 신랑의 탁월한 자질 증명, 공적 세우기 등으로 극복되고 드디어 신부 측에 의해서 합법적으로 시인받은 혼사, 곧 '합법혼'이 이루어지는 것이 바로 마지막 여섯째와 일곱째다. 이로써 비합법적 사실혼이 합법혼으로 올라서게 된다.

이제 그대는 우리 집 사위로다

이런 영접을 신랑은 받게 된다.

사실혼과 합법혼

사실혼은 남녀가 둘만으로 실질적인 부부가 되는 절차요 의식이다. 이에 비해서 사실혼이 사회적으로나 가문으로서나 그럴듯한 것이라고 받아들여지는 절차 또는 의식이 다름 아닌 '합법혼'이다. 이 둘이 앞뒤로 치러지는 혼사를 '중혼제(重婚制)'라고 한다. 겹혼사라는 뜻이다. 앞의 것은 예비이고 뒤의 것은 본격적인 것이다.

한데 나서서 신랑을 적극적으로 구한 것은 신부다. 적어도 두 전설의 문면으로는 신랑은 앉아서 뽑힘을 받고 또 앉은 채로 신부를 맞고 있다. 고르고 뽑고 맺어주고 하는 것은 절대로 신부지 신랑이 아니다. 신랑은 소극적이고 피동적이다. 혼사의 주역은 오로지 신부의 몫이다. 그 능동적 주인공은 신부다. 신랑은 피동적 조역(助役)이다. 그야말로 호박이 굴러들거나 아니면 익은 감이 절로 입에 떨어진 것이나 진배없이 신랑은 아내를 맞는다. 그러나 그것은 어디까지나 예비 혼사, 곧 사실혼의 단계일 뿐이다.

사실혼에서 신부가 누리는 이 절대적 우선권 또는 우월권은 합법혼에서 신부 측 또는 신부 가족이 이어받는다. 혼례의 전체 절차에서 신랑은 꾸어다놓은 보릿자루 꼴이다.

신부 측, 그것도 장인 될 사람은 처음부터 혼사에 대해서 부정적이다. 이 점은 '온달전'과 '맛둥 이야기'에서 추호도 달라지지 않고 있다. 그 반사작용이기나 하듯이 신부 측에서는 혼사를 인정하고 받아들여 주는 데 있어서도 주도권을 관장하고 또 행사한다.

앞에서도 지적된 듯이 맛둥은 남모르는 금광(金鑛)의 소재를 알고 있었다. 쉽게 캐내어서는 처가로 운송했다. 이것이 신랑이 세운 공이다. 이것을 납채(納采)니, 지참금이니 하고 보아서는 안 된다. 신부 값도 물론 아니다. 부분적으로는 그렇게 볼 수도 있을 테지만, 그 정말 구실은 그 이상의 것이다. 그것을 온달의 사냥과 비교해보면 알게 된다. 온달이 잡은 사냥감을 신부 값이니 지참금이라고 보기는 어렵다.

금속 캐기는 신라의 탈해가 그 조상이 야장(冶匠)이었음을 말하는 대목과 더불어서 받아들여야 할 것이다. 이로써 상고대 신라에서는 사회적으로 금속의 채광 기술과 야금 기술에 종사하는 사람이 장인(匠人)으로서 최상층의 계급에 속했다는 추정을 할 수 있다.

탈해는 일단 '이방인', 곧 바다 바깥 머나먼 피안에서 신라에 상륙한 인물이다. 그렇게 그는 낯선 사람으로서 신라 사회에 등장한다. 그러나 당대에 왕의 사위가 되고 이어서 스스로도 왕위에 오른다. 벼락출세한 인물이다. 이것도 역시 황당하다.

하지만 신라라는 나라에서, 그것도 그 신화에서 신들의 영역인 피안이 두 가지였다는 것을 말하게 되면 황당함은 풀린다. 하늘만이 피안은 아니었다. 바다 저 멀리도 피안이기는 마찬가지였다. 하늘이 수직으로 높은 피안이라면, 바다 너머는 수평으로 멀고 먼 피안이었다.

그러니까 왕위에 오른 천신 또는 천신의 자손은 고조선에서는 단군이 그렇고 신라에서는 혁거세가 그렇고 또 고구려에서는 동명왕이 그렇듯이 하나같이 하늘이란 수직의 피안에서 내려온 인물들이다.

그렇듯이 수평의 피안에서 온 탈해는 왕이 되고 금관가야에서는 바다를 건너온 것으로 전해진, 한 여인은 왕후가 되었다. 어느 인물을 신격화하기로는 하늘과 바다 너머는 다르지 않았던 셈이다.

한데 바다 너머에서 온 것으로 이미 신격화하기에 족한 탈해는 그의 집안 내력이 야장임도 밝히고 있다. 상고대 신라 사회에서 금속을 전문적으로 캐고 다루는 기술인이 사회의 최상층에 올라서 있었음을 이로써 헤아리게 된다.

탈해가 그렇듯이 맛둥 역시 그가 지닌 채광(採鑛) 기술자라는 그 탁월한 능력이며 자질이 밝혀지고서야, 비로소 맛둥의 신세, 곧 서동의 처지를 벗어던지고는 '금둥', 곧 '금동(金童)'이 된다. 그래서 왕가의 사위로서 인정받는다. 그로써 왕가가 합당하다고 믿고 인정하는 합법혼이 치러진 것이다.

한데 기마족으로서 탁월한 사냥술과 기마 전법(戰法)을 구사한 고구려에서는 사정이 달라진다. 동명왕은 부여 왕자들의 박해를 받으면서 자란다. 사태가 위급해지자, 그 어머니 유화부인은 비상한 수단을 부린다. 앞에서 부분적으로 지적해 보인 것처럼, 부여 궁중의 목장에서 가장 우수한 말을 골라서는 그 혀에 남몰래 바늘을 꽂아둔다. 말은 먹지를 못해서 날로 수척해간다. 궁중에서 버리다시피 하자 유화부인은 그 말을 거두어들인다. 입에서 바늘을 빼고는 잘 먹여서 준마가 되게 한다. 그러고는 아들 동명왕에게 부여 여섯 왕자의 핍박을 피해 남으로 피해 가기를 권한다. 이것이 고주몽이 동명왕으로서 고구려를 창건한 동기가 되었다.

고구려 여인들은 이미 지적한 바와 같이 말을 가꾸고 기르는 재주를 갈고 닦았던 모양이다. 거듭 말하지만 기마족 국가의 여성다운 중요한 사회-국가적 소임을 맡고 있었다고 보인다.

온달의 아내인 공주도 예외는 아니었던 것 같다. 바보 남편을 맞이해서는 명마를 고르고 또 길러서 남편에게 바쳤다. 온달은 그 말을 타고는 국가대회, 이를테면 '고구려 국중 사냥대회'에서 출중한 사냥 솜씨를 발휘했다.

신라의 신랑 후보자 맛둥에게 '금광 캐기'가 큰 재주고 직능이었듯이, 고구려의 신랑 후보자 온달에게는 말을 타고 사냥하기가 사회적으로 인정받는 당당한 재주고 직능이었다고 짐작된다. 두 사람에게는 그만한 신분증명이 가능했던 셈이다.

한데 여기서 문제에 부딪힌다. 금광 캐기나 기마 사냥이나 문득 갑자기 일시에 터득할 것도 아니고 익혀질 것도 아니라는 점이다. 주어진 신분에 따라서 평소부터 수련하고 단련해서 비로소 몸에 붙일 일이다. 거기 사회와 가문을 위한 어떤 사명감과 책임감 그리고 그 소임에 대한 긍지도 작용하고 있었을 것으로 짐작된다. 그것은 대대로 물려받은 특전이고 특권이라고 생각해야 할 대목도 있을 것 같다.

그럼에도 불구하고 온달은 바보였고 서동은 하찮은 거리의 마장수에 지나지 않았던 것으로 되어 있다. 어차피 둘 다 별것 아닌 그저 그렇고 그런 놈이기는 다를 게 없었다. 그렇기에 당연히 신부 측에서, 곧 신라의 왕궁에서는 그 마장수 사나이와 공주 사이의 연문(戀聞), 이를테면 사랑의 스캔들에 대해서 펄펄 뛰었다. 결국 내쫓기는 불행한 결과로 공주는 내몰린다.

거기까지 이르는 동기나 과정은 서로 차이가 난다. '서동전'의 경우는 미천한 어느 사내와의 부당한 결합(또는 그 소문) 때문에 공주가 왕궁에서 내몰리고, '온달전'의 경우는 하천한 사내와의 부당한 결합을 전제하고서 공주가 스스로 출타한다. 서로 그만한 차이가 있지만, 친정에서 인정받지 못하는 남성과의 결합 때문에 공주가 출가하기는 마찬가지다.

앞에서 이미 소개한 노래, 곧 서동과 공주가 밤마다 사랑을 나눈다는 내용을 담은 〈서동요〉라는 노래를 거리의 아이들이 불러대고 그 추문이 궁중까지 알려지자 공주는 더는 궁중에 머무르지 못한다. 그러고는 노래대로 서동에게로 가서 안긴다. 친정에서 인정받지 못한 사실혼은 이렇게 해서 현실화된다.

그러나 이 불행한 결합은 드디어 행복의 대단원을 맞는다. 궁성을 쫓겨난 공주는 이미 말한 바와 같이 그 모후가 준 약간의 금붙이를 가지고 있었다. 그것이 귀한 것임을 알게 된 박행(薄倖)의 신랑은 평소 마를 캐던 구덩이에서 금을 파낸다. 그리고 그것을 부처의 힘을 빌어서 하룻밤 새에 궁중으로 운송했던 것도 우리는 이미 안다. 이로써 박대받고 천대받던 사위는 당당히 자격을 갖춘 사위로 받아들여진다. 불법의 또는 인정받지 못하던 혼사가 처가에 의해서 인정받고 그래서 합법화되는 것이다.

두 번 장가가는 신랑

한데 이 온달과 서동 이야기를 접하면서 세상 남성들은 거의 다 그 두 사람처럼 장가들고 싶을 것이다. 하지만 그 내용을 사실이라고 믿을 사람은 흔치 않을 것 같다. 전설다운 허구와 과장이 한몫하고 있으려니 짐작들 할 것이다.

물론 문면 그대로는 믿기 어려운 이야기다. 그러나 숨겨진 내용을 파고들면 그런 대로 거기에 상당한 그럴듯한 사연이 있다는 것을 알아내게 된다. 이를테면 '허구화된 진실'을 인정하게 될 것이다.

바보가 하루아침에 왕가의 사위가 된다든가 마장수 총각이 갑자기 왕의 사위가 된다든가 하는 것은 황당하다. 바보가 사실이고 마장수가 실제라면 여간 황당한 게 아니다. 하지만 실제로는 그렇지가 않다. 형식상, 우선 바보 정도로 그리고 또 마장수 정도로 취급받는 신랑 후보자가 무엇인가의 동기로 또 어느 계기로 그 고약한 허울을 벗고서, 본 시대로 당당한 사윗감으로 변신하는 절차가 혼사를 치르는 과정에서 필수적으로 또 극적으로 있었다고 하면 어떨까?

그렇다면 이 온달과 서동의 장가가는 이야기는 어떤 리얼리티를 반영하는 허구로 규정될 수도 있을 것이다. 이를테면 사실 반, 허구 반의 쌍둥이 이야기로 대접받아도 좋을 것이다. 한데 이와 같은 우리의 추리를 뒷받침해줄 신화 한 편이 의젓하게 전해져 내려온다.

그것은 다름 아니고 놀랍게도 고구려 왕국을 일으킨 고주몽, 곧 동명왕(갓밝이 왕, 예명의 왕)의 아버지인 해모수가 장가드는 희한하고도 그럴싸한 이야기가 바로 그것이다.

하늘의 신 해모수와 물의 신의 딸 유화가 장가들고 시집가는 이야기만큼 장려하고 놀라운 그리고 전략이 넘치는 혼사담 곧 혼인하는 이야기는 비슷한 보기를 찾을 수 없다. 신들의 혼례담고도 능히 남음이 있다. 혼사 치르기도 고구려는 동아시아의 대제국답게 웅장하고 웅혼하다.

한국 신화에도 물론 에로스의 주제가 많다. 그러나 '남신 아무개가 여신 아무개와 부부가 되었다' 하는 그저 그런 정도로 이야기가 마무리되고 마는 조촐한 이야기가 꺼 있다. 이같이 머리 자르고 꼬리 잘린 이야기를 '에로스의 이야기'라고 하기에는 뭔가 좀 미적지근하다. 남녀의 사랑 이야기 치고는 좀 허우룩하다. 너스래미나 가재기 꼴이다. 혁거세와 알영 이야기는 그런 보기의 하나다.

하지만 장쾌하고 화사한 에로스의 이야기도 버젓하게 남아 있다. 금관가야의 수로왕과 그의 비인 허 황후와의 만남은 매우 동적이고 극적이다. 혼례 절차의 규모는 자그마치 온 김해의 들과 강 그리고 바다를 통틀어 무대로 삼는다. 거기에 더해서 수많은 군중이 동원된 만큼 장려하다고 해도 좋을 것이다. 이 땅에서도 남녀의 에로스는 그리스나 로마 신화의 그것 못지않게 우주적이고 역동적이었다는 것을 가락 신화는 웅변한다.

그런가 하면 고려왕조의 전설에서 보게 되는 왕조의 시조부와 시조모 사이의 혼사 역시 그것이 이루어지기까지 위기와 간난과 모험이 신랑에게 짐 지어져 있다. 혼사담은 상당한 모험담이고 '찾음의 이야기', 곧 'Quest Story'를 겸한다. 이 점은 무속 신화인 '바리데기'에서도 인정될 수 있다. 이들 상고대 신화와 중세기 전설 그리고 무속 신화에서 남녀 간의 에로스는 파란만장이라고 해도 크게 과장될 것은 없다. 한국인도 남녀의 에로스에 그만한 동력과 탄력을 붙여서 생각했던 것이다.

사랑은 쟁취하는 것이지 그냥 줍는 게 아님을 이들 신화에서 확인해도 좋다. 사랑 이야기는 반쯤 모험 이야기고 반쯤은 또 탐험 이야기다. 고구려나 신라에서는 남녀의 혼사 역시 그러기를 바라던 것 같아 보인다. 이 점은 매우 강조되어야 할 것이다.

그런 중에도 뭐니 뭐니 해도 앞서 얘기했던 해모수와 유화부인 사이의 혼사만큼 극적이고 곡절이 많고 기복이 잦은 에로스의 이야기도 드물 것이다. 아무강 유역과 만주 땅의 동북부 거의 전역 그리고 드디어는 한반도 북부까지 그 영토가 걸쳐 있던, 한국 역사상 최대의 대왕국다운 혼사담이 시퍼렇게 전해진다. 다음에서 줄거리를 거듭 확인하고 싶다.

천신 해모수는 먼저 신붓감에게 계략을 써서 약취하다시피 한다. 강물 신의 딸들이 매양 '웅심 못' 가에서 멱 감고 노는 것을 엿보던 해모수는 그들에게 혹한다. 그중에서도 가장 큰언니에게 마음을 빼앗긴다. 사랑에 눈이 먼 천신은 여인들이 물놀이하다 가는 쉬는 자리에 미리 술통을 갖다놓는다.

멱을 감고 난 처녀들은 그런 줄도 모르고 그만 목마른 김에 술을 마시게 된다. 그러고는 취해서 곤드레가 된 틈을 타서 해모수가 큰언니, 곧 유화를 납치한다. 그러고는 불문곡직하고는 아내로 삼아버린다. 그 사정이야 어찌 되었건, 남녀는 실질적으로 부부가 된다. 사실혼은 이미 성립된 것이다.

그러나 이것으로 고구려에 약취혼 또는 약탈혼이 있었노라고 섣불리 결론을 내어서는 안 된다. 인류 어느 사회, 어느 공동체에서나 주어진 합법적인 혼례 절차에 실질적으로 신부 약취는 없었다. 신부 약탈 또는 약취는 다만 겉보기에 불과했다. 말하자면 약취처럼 보이고 약탈해가는 듯이 보이거나 해석된 '가장된 절차'만 있었을 뿐이다. 그렇게 보이는 상징성 높은 극적 절차가 있었을 뿐이다. 일종의 연극이었던 셈이다. 놀이라고 해도 크게 잘못될 것은 없다.

혼례는 물론 대례(大禮)다. 장중하고 엄격한 의식이었다. 종교성마저 띨 정도다. 한데도 혼례는 다른 한편으로 놀이고 연극이었다. 재미있고 신나는 놀이라는 또 다른 속성을 혼례는 갖추고 있었다. 잔치 중에서 제일 큰 잔치가 다름 아닌 혼례였음을 이로써 말하게 되거니와, 혼사 잔치야말로 큰 놀이고 연극이었음을 아무리 되풀이해 강조해도 지나침이 없다. 약취로 보이고 약탈로 보이거나 아니면 그렇게 오인된 극적인 절차는 그래서 요구된 것이다. 물론 이것은 작게는 혼례의 성격, 크게는 남녀 사랑의 성격으로 보아서 그 나름의 타당성을 갖추고 있었던 것이다.

이러한 사연을 배경으로 삼아서 간계(奸計)로 뜻을 이룬 신랑 해모수는 아내 유화를 데리고 처가를 찾아간다. 말하자면 신부를 빼앗아간 처지의 사나이로서 처가를 찾아간다. 진정한 약탈을 저지른 자가 감히 취할 절차가 아니다.

그래서는 하백(河伯), 곧 강물의 신은 쉽사리 사위를 받아들이려 하지 않는다. 딸을 납치한 자의 무례를 꾸짖고 신분을 밝히기를 해모수에게 요구한다. 사윗감이 천신이라고 하자 어찌 뭣으로 믿느냐고 대든다. 이에 응해서 해모수는 둔갑내기를 청한다. 그것으로 남다른 재능과 신원을 밝히겠다는 뜻이다.

인마(麟馬), 곧 기린(麒麟) 말을 타고는 우주 여행을 자유자재로 하는 초인적 능력을 해모수는 갖추고 있었다. 그는 무당에게 요구되는 자질을 갖추고 있었던 것이다. 영혼의 우주 여행 그리고 타계 여행은 오직 무당 또는 샤먼만이 특권으로 유지하던 권능이다. 그것에 더해서 그는 또 다른 샤먼의 권능을 견지했으니 그게 바로 변신술, 곧 둔갑술이다.

그러니까 해모수는 스스로 천신이면서도 샤먼이 갖출 자질도 향유하던 셈이지만 하백은 그런 줄도 모르고 자기 딸을 잡아간 사내의 제의를 받아들인다.

먼저 하백이 물고기로 변해서 헤엄을 치자 해모수는 수달이 되어서 뒤쫓는다. 잡힐 뻔한 물고기는 사슴이 되어서 뭍으로 달아난다. 추적자는 즉각 이리가 되어서 덤빈다. 못 견딘 사슴이 꿩이 되어 하늘로 날아오르는 것을 본 이리는 수리가 되어서 덮친다. 이로써 승부는 판가름이 나고 드디어 장인 될 사람은 해모수를 정식 사위로 받아들이기를 약조한다. 혼례가 치러지고 해모수와 유화는 합법혼을 거친 부부가 된다.

이미 앞서 그 줄거리를 언급했지만, 정리와 강조의 차원에서 좀 더 세세히 다시 이야기한 이 신화에서도, 우리는 쉽게 '온달전'이나 '서동전'에서와 다를 바 없이, 신부 집안에서 인정하지 않는 사실혼이 뒤늦게 신부 집안에 의해서 합법화되는 과정을 볼 수 있다. 뿐만 아니다. 합법화되기까지 신랑은 신부 측에 의해서 정체불명의 사나이, 별것도 아닌 외간 사나이로 취급된다는 점도 보아내면서 그것이 '온달전'에서나 '서동전'에서 보던 것과 별로 다르지 않다는 것도 알아차리게 된다.

더 나아가서는 그렇게 볼품없는 인간 대접을 받던 사위 후보자가 남다른 능력을 과시함으로써 비로소 자격을 갖춘 자로 받아들여진다는 점도 세 가지 이야기에서 꼭 같이 확인하게 된다.

혼례라는 연극에서

모질고 사나운 조건 속에서 억지 장가를 들다시피 했다가 뒤늦게 제대로 대접받아서 사위로 받아들여지기로는 온달도 서동도 해모수도 크게 다를 바 없다. 사실혼과 합법혼을 치러가는 과정에서 셋 다 거의 동일 인물이다시피 하다. 이것이 적어도 상고대 신라와 고구려 사회에서 비슷한 혼속(婚俗) 또는 혼례제도가 지켜지고 있었음에 대해 말하고 있음을 헤아리기는 그다지 어렵지 않다.

	사실혼	합법혼
온달	바보	사냥술에 능한 무장(武將)
서동	마장수	금 캐기의 명수 또는 장인
해모수	정체불명	천신

이와 같은 일람표는 세 신랑들이 사실혼을 치르는 과정과 합법혼을 치르는 과정 사이에서 그야말로 하늘과 땅만큼의 신원 또는 신분의 차이를 보이고 있음에 대해 또렷이 서로 대비해 보여준다. 사실혼에 대해서 합법혼은 일종의 역전극이란 게 드러나 있다.

이것은 세 사람의 사위가 다같이 진짜 바보도 아니고 마장수도 아니고 정체불명도 아니었을 가능성에 대해 충분히 말하고 있다. 다만 신부 가족에 의해서 그것도 혼례식 절차가 진행되는 과정에서 그런 인간, 그 따위 하찮은 사내로 대접받았다는 것을 의미할 수 있다. 그것은 일종의 혼례라는 휴먼 드라마에서 그 연출자인 신부 측에 의해 신랑에게 배정된 극적 구실, 곧 배역(配役)이었다는 것을 시사하고도 남는다.

이와 같은 일련의 추리는 중국 측의 한 사서가 기록해 남긴 실제 고구려 혼속에서도 드러난다.

신랑은 약정된 날, 그러니까 혼사가 있기 하루 전에 미리 신부 댁을 찾아온다. 신부 측에서는 그를 곧바로 손님으로서 받아들여주지 않는다. 처가 바깥의 어느 딴채의 방에서 신랑으로 하여금 일시 묵게 한다. 이것은 처가에서 신랑을 쉽사리 받아들이지 않으려는 의도를 갖는다는 것을 말한다.

과객처럼 하룻밤을 따로 보낸 사위 후보자는 다음 날 아침부터 처가 문 앞에서 한바탕 특별난 광경을 벌인다. 그는 문 앞에 꿇어앉아서는 처가에서 받아들여주기를 간청한다.

"내가 누구네 집안의 누구이오니 원컨대 너그러이 이 몸을 받아주시오."

이 꼴로 거듭거듭 애걸하고 복걸하고서야 가엾은 신랑은 겨우 처가 문턱을 넘어들 수가 있었다. 이들 고구려 신랑들이 신원을 밝히면서 처가에 의해서 가납(加納)되기를 바라는 꼴은 온달이나 서동이나 해모수와 거의 같다. 혼약을 미리 정하고 혼사 날짜도 미리 잡아둔 상황 아래서 치러지는 혼사다. 신랑이 새삼스럽게 신원이며 신분을 밝히고 말고 할 처지가 아니다. 미리 정한 혼인 예식의 절차에 그렇게 하도록 규정되어 있었다고 보인다. 이들 고구려 신랑들은 제2, 제3, 제4의 온달이고 서동이고 또 해모수다.

이 혼속이 고려며 조선조를 지나 근세까지 지켜졌음을 거듭 확인하게 된다. 한국의 문화 전통, 생활 습속 가운데서 이토록 장구하고 유구하게 지속된 보기는 정말 따로 찾아내기 어려울 것이다. 지금 현재로 오륙십 대 이상 성인들의 아버지와 할아버지들은 바로 그들이 장가들고 장가갈 때, 모두 온달이고 서동이고 해모수였다고 해도 결코 지나친 말이 아니다.

신랑 자격 얻기

이 상고대의 신랑들은 모두 지체 높은 곳으로 '윗장가'를 들고 신부들은 하나같이 아래로 '내리시집'을 갔다. 실제로 그들 신랑 신부의 신분이며 지체가 그랬다는 것은 아니다. 앞에서 말한 바와 같이 윗장가를 들 구실과 신분이 신부 측에 의해서 신랑에게 매겨지고 또 주어졌을 뿐이다. 그런 별난 혼인제도가 고구려와 신라에 있었던 것이라고 추정한다.

고구려는 엄연한 가부장제 사회였다. 한데도 혼사가 치러지는 동안만은 신랑의 처지가 신부보다 아래로 내리쳐져 있었던 것으로 보인다. 신부를 마중하러 온 사람이기보다는 신부를 모셔가기 위해서 온 사람의 구실을 해야 했다. 적어도 신부 측에서 주관하는 합법혼의 과정을 밟는 동안은 그래야 했다.

이같이 신부 측에서 주도권을 잡고 진행되는 합법혼의 과정을 그 자체로 따로 보면 고구려가 마치 가모장(家母長) 사회, 곧 한 집안의 주부 또는 어머니가 으뜸 자리를 누리는 사회처럼 비칠 가능성이 열린다. 하기야 고구려는 그 왕조에서 모계 조상 특히 시조모를 따로 우상(偶像)으로 빚어 신격화한 자취를 기록에 남기고 있다. 고구려는 시베리아 원주민의 신격화된 우상인 '옹곤'에 견주어도 좋을 '모성 옹곤'을 갖고 있었는데 그게 다름 아닌, 고주몽의 어머니인 유화의 조형물이었다. 유화는 '그레이트 마더'에 준할 만큼 왕조의 대모(大母)로서 숭앙

받았다. 하지만 이것이 곧 고구려를 모계 사회 또는 가모장제 사회라고 단정 지을 근거가 될 수는 없다.

그럼에도 불구하고 혼례에서 신부가 드높은 처지에 좌정하고 신랑이 역으로 드낮은 처지에 처한 것은 이른바, 사회 세력 또는 사회 권력의 균형 잡기 원칙으로 설명될 성질의 것이다. 혼례를 마치면서 이내 남존여비가 실행될 상황에서 혼례 동안만이라도 미리 여성에게 보상 또는 대상(代償)을 주자는 것이다. 장차 입게 될 상처에 대한 예비 치료라고 해도 지나침이 없을 것이다.

미리 이만큼 알아서 길 테니 그래서 그대를 깍듯이 받드는 것이니 나중 일은 그대가 알아서 하소서.

이만한 간청이 또는 유화정책이 신랑 측에서 신부를 향해서 혼례가 진행되는 동안 말없이 또 은근하게 건네진 것이다. 이는 오늘날의 페미니스트들에게는 보람찬 것으로 비칠 가능성이 아주 없지는 않겠지만, 역으로 떨떠름하고 치욕스러운 것으로 받아들여질 가능성도 배제할 수 없다. 눈 가리고 아옹이거나 어린 아기 달래기처럼 비칠 가능성이 짙기 때문이다.

지금까지 되풀이해서 펼쳐보인 논지는 요컨대, 상고대 한국의 신랑들에게 장가가기는 고난과 시련을 이기고 그 자신의 인간적 능력을 증명해보이고 나아가서는 그 가문상의 또는 신분상의 정체성을 과시하는 절차였다는 것을 보여준다. 특히 중혼제의 후반부인 합법혼에서 그 점이 두드러진다.

그 시련에 대한 보상이기나 하듯이 신랑에게 마침내 신부가 주어진 것이다. 그러니까 신부는 얻는 게 아니다. 오늘날 장가드는 신랑들이 으레 "아무개 집 어느 딸을 신부로 얻는다"고들 하지만 그것은 온달에게, 서동에게 그리고 해모수와 고구려의 일반 신랑들에게는 해당될 수 없다. 얻었다 쳐도 그냥 얻어온 게 아니다. 애쓰고 싸워서 쟁취한 것이다. 좀 표현이 지나칠지도 모르나 신랑은 신부를 획득하는 셈이다.

사실혼 단계에서는 신랑에게 신부가 우연히 또 그냥 주어지는 것처럼 보인다. 그러나 그 뒤가 문제고 어렵다. 합법혼에서는 사실혼에서 신부가 쉽게 주어진 것, 공짜로 주어진 것임을 호되게 보상하고 톡톡히 값을 물도록 강요당하거나 스스로 알아서 그 관문을 넘어야 한다.

수모와 봉욕이 따르고 시련과 고통이 수반된 끝에 그것들을 극복하고 나서면서 자신의 인간적 처지와 사회적 처우를 입증하고 그로써 비로소 신랑 되는 자격을 인정받고 또 얻어내는 것이다. 그렇게 통과의례의 진면목이 그들을 기다린 후에 드러난다. 그것은 신랑으로서는 역전의 드라마다. 그는 주인공이다. 신부 측은 연출자다. 모든 신랑은 결국 앞에서 누차 강조한 대로 사내 신데렐라였다. 천신인 해모수가 처가에서 당한 것을 생각한다면 다른 신랑들이야 차라리 당해서 싸다는 생각을 해볼 수도 있다.

그러자니 근세의 또는 근대의 신랑들은 오죽했겠느냐고 헤아리게 된다. 하지만 그것은 지레 헤아리는 정도로 끝나는 게 아니다. 헤아림이나 짐작을 넘어서서 엄청난 수난과 고난을 겪고서야 비로소 이 땅의 총각들은 신랑이 될 수 있었다.

이야기가 피치 못하게 길어질 것이지만 그렇다고 해서 피해갈 수는 없다. 말 못할 고난과 수모의 궤적이 신랑을 따라붙었음을 이제 소상히 추적할 것이다.

다음에서 논란이 될 혼사의 절차, 그것도 신랑을 주인공으로 삼은 절차는 조금 도식적이고 또 추상적이라는 흠이 있다는 것을 미리 밝혀두고자 한다. 혼사는 지역에 따라서 또 가문에 따라서 개별적인 차이가 난다. 그 세부를 일일이 다 반영하자고 들면 아무래도 지면이 당할 수가 없다. 또 자질구레한 세부의 차이에 알기살기 얽매이고 알락달락 달라붙다 보면 전체의 상(像)을 놓칠 위험성이 커진다. 해서 도리 없이 여러 지역의 보기 중에서 가장 전형적이라고 여겨지는 것을 골라서 혼사 절차를 문제 삼는 것을 미리 밝혀두고자 한다.

예식이자 축제인 혼례

극히 일반적으로 말해서 혼례는 남녀 합일의 의례다. 그것은 엄격하고 까다로운 의식이면서도 커다란 잔치판이다. 예(禮)이자 축제다. 놀이를 겸한다. 이 점을 강하게 의식하고는 사람들은 혼사를 그냥 단순히 잔치라고도 한다. 잔치는 물론 혼사만은 아니다. 보통 생일도 회갑도 잔치이기는 마찬가지다. 하지만 잔치 중의 잔치는 아무래도 혼사 잔치다. 잔치는 당연히 경사(慶事)고 길사(吉事)라는 것을 함축한다. 장례(葬禮)를 궂은일이라고 하는데 그와 대비해서 혼례는 길한 일이라고 부를 수 있다.

혼사는 예와 잔치를 겸하기 때문에 한편으로는 까다롭기 마련인 절차에 걸쳐서 엄숙과 경건이 현장을 지배하지만, 다른 한편 흥청거림과 신바람에 겨운 놀이와 장난의 분위기가 판을 친다. 이것은 마을 큰굿이 경건과 경외(敬畏)감에 넘쳐 있으면서도 난장놀이로 흥청대는 것과 비교될 수 있다. 이처럼 혼사는 서로 다른 두 얼굴을 가지고 있다. 그 모순되는 두 표정의 공존과 조화야말로 혼사가 감당해내어야 하는 중대사다. 이는 되풀이 강조되어도 좋을 것이다.

이 점은 함진아비 하나만 보아도 여실히 드러난다. 함진아비는 신랑측의 대표자 중 하나다. 대례를 올리기 위해서 초행길에 나선 신랑을 수반하는 사람들 중의 하나다. 그는 신원이 상객, 후행만 하지는 않지만 그래도 예물을 운송하고 또 전달하는 구실을 도맡는 중요 인물이다. 신원은 그렇다 쳐도 그의 극적인 구실만은 가히 주연급에 견줄 만하다. 결코 단역은 아니다.

신랑 집에서 정성껏 마련한 신물(信物)을 겸한 예물들, 예컨대 혼서(婚書) 또는 예장(禮狀)이라는 이름의 일종의 '혼사 의정서(議定書)'를 비롯해서 신부를 위한 옷감을 넣은 것이 곧 함이다. 더러는 이 밖에 장차 남녀의 행복을 비는 갖가지 상징물을 동봉하기도 한다. 심지어 가령 파란 치맛감은 붉은 종이에 그리고 붉은 저고릿감은 파란 종이에 싸는 정도로 격식과 정성을 갖추어서 함은 꾸며진다. 내용물만이 아니다. 함은 겉치장을 붉은 보로 싸고는 백지에 근봉(謹封)이라고 써서 붙일 정도다. 홍보(紅褓)는 경사와 풍요 그리고 엄숙을 기약하는 주술적인 빛깔이다.

이 귀한 것을 짐 지고 가는 사람이 곧 함진아비다. 신랑 일가 중에서 가장 복 많이 누리는 사람이 선택되었다. 신랑의 삼촌이나 형이 이 구실을 맡았는데, 그는 복을 누리고 거룩하고 맑은 사람이라야 했다. 한데 초행길 끝에서 그는 순간으로 어릿광대로 비견될 만큼 변한다. 적어도 그런 극적인 역할을 맡는다. 귀한 함을 진 자가 사당패나 짠지패로 돌변하는 것이다. 그는 분명히 '일인이역'을 해낸다. 그나마 엎치락뒤치락 서로 모순되는 역할을 하는 이중인격자다. 그에게서 예식이자 놀이인 혼사의 진면목이 유감없이 드러난다.

> 먼저 함진아비가 함을 신부 집에 전해주러 가는데 이것을 '함 판다'고 한다. 함진아비가 함을 무명끈으로 묶어 메고 들어가서 팔짱을 끼고 서 있으면 신부 집 하인이 팔짱을 끌러서 함을 빼내려 하고, 함진아비는 풀어주지 않으려고 실랑이를 벌인다. 이때 신부 측에서 빨리 팔짱을 풀고 함을 쉽게 내려놓으라고 함진아비 얼굴에 숯검정 칠을 하면 함진아비가 이를 피하려고 할 때, 팔짱을 풀고 함을 빼앗아버린다. (박혜인, 『한국의 전통 혼례 연구』, 고려대학교 민족문화연구소, 1988)

함은 엄연한 신물이고 예물이다. 한데도 그것을 전해주는 것을 아예 '함 판다'고 한다. 운반할 때는 모셔 받들어야 하고 막상 상대를 만나면 봉헌하다시피 해야 하는 것이 함인데도 굳이 '판다'고 했다. 이 어마어마한 아이러니에 유념하면 혼례 전체가 지닌 이중성격, 곧 예식과 놀이가 겹친 이중성격의 전모를 유추할 수 있다.

예물은 정중하게 전달해야 옳다. 한데도 알력이 껴들어 있다. 혼례식 전체에 걸친 상당한 정도의 역학 관계, 그나마 긴장과 갈등이 넘치는 역학 관계가 함 팔기 하나에도 곧잘 드러난다. 주거니 받거니 하고 밀고 당기고 끌고 밀치고 하면서 혼례는 시종 엎치락뒤치락한다. 절대로 외가닥 줄로 직선으로 전개되는 게 아니다. 외곬은 혼례가 꺼려 한다.

갈지자걸음을 걷고 비틀대고 오락가락하고 나가거니 뒤로 물러서거니 하면서 옥신각신하고 시비를 벌이고 심지어 맞부딪치기도 한다. 줄다리기 같은 것이지만 그 줄은 외줄이 아니다. 여러 가닥의 줄을 두고는 당기고 밀고 끌고 하는, 복잡한 줄다리기 꼴이다. 신랑 신부라는 남녀 당사자만이 아니라 나아가서는 남녀가 속한 가문과 가족들의 참여까지도 겨냥하는 의례이고 축제다.

넷째 대목

사랑,
그 만다라의 얼굴

1 사랑은 강물 같은 것, 흘러서 가는 것

오락가락하던 다리, 바로 그 다리에서

미라보 다리 아래 센강은 흐르고
우리들 사랑은 왜 되새겨지는가
기쁨은 언제나 고통 다음에 온다

밤이여 오라 시간이여 울려라
나날은 가고 나는 남는다

마주보고 손이랑 맞잡고 있자구나
그런 짬에도 우리들 맞잡은 두 손의 다리 아래

영원한 눈길에 지친 물결이 지나간다

밤이여 오라 시간이여 울려라
나날은 지나가고 나는 남는다

사랑은 지나가나니 여기 물결이 흘러가듯이
사랑은 지나가는 것
마치 삶이 느리듯이
희망이 사납듯이

밤이여 오라 시간이여 울려라
나날은 가고 나는 남는다

매일이 스쳐가고 매 주일도 스쳐가고
가버린 시간도 돌아오지 않고 사랑도 돌아오지 않는
미라보 다리 아래 센강은 흐른다

밤이여 오라 시간이여 울려라
나날은 지나가고 나는 남는다

― 〈미라보 다리〉, 기욤 아폴리네르

그게 언제던가? 이젠 까마득하게 느껴지는 저 세월 너머, 그게 어느 때던가? 20년, 아니 30년은 훌쩍 지나가버린 그때, 그러니까 파리에 처음 갔을 그때, 오고가던 그 다리, 건너서 가고 돌아서 오곤 하던 그

다리, 미라보 다리 위에서 나는 읊조리고 있었다. 외우고 되뇌고, 되뇌고 외웠다.

> 미라보 다리 아래 센강은 흐르고
> 우리들 사랑은 왜 되새겨지는가
> 기쁨은 언제나 고통 다음에 온다

그런 나의 암송을 따라서 센강이 흐르던 그 기억, 새삼 바로 어제 같다. 벼르고 벼른 끝에 드디어 현장에 와 있다는 그 환희, 그리고 그 현장에서 그 현장 아니면 없었을 시를 줄줄이 외우는 감동, 내 가슴은 그리고 발길도 센강의 물결만큼 출렁였다.

흘러가기에 비로소 돌아오는 것

젊은 한때, 시가 인생의 전부였던 그 황홀한 시절! 마음에 아로새긴 시 구절을, 마치 내 심장의 박동이듯이, 내 숨결이듯이 암송해대던 그 찬연한 시절!

거기 바로 인생과 세계의 모든 것이, 삼라만상이 깃들어 있었다. 슬픔이며 아픔이, 기쁨이며 즐거움이 가늠할 수 없게 어울려 있었다. 그건 시큼한 맛과 단맛이 한데 어울려서는, 차원이 높은 맛을 누리게 만들어주는 가을날의 사과 같은 것이었다.

시를 노래하는 동안 삶의 괴로움을 마다할 수 없었던 그 한철! 시를 읊는 동안 서러움도 한도 껴안아야 했던 그 한철! 나로서는 바로 거기에 하고많은 프랑스의 시인들이 자리 잡고 있었다. 발레리, 말라르메, 랭보, 베를렌, 클로델, 보들레르 등등……. 나에게 이들은 거성(巨星)이고 큰 별자리였다. 공교롭게도 단적으로 '세기말'이라 일컬어지던 바로 그 19세기를 살다간 이들은 젊은 내게 시와 문학과 예술 그리고 인생의 전부였다. 그래서 나의 젊은 한때도 나로서는 '나의 세기말'이었다.

아폴리네르의 생애는 20세기 초엽에도 걸쳐 있지만, 그를 세기말의 시인 무리에서 뺄 수는 없다. 그러면서 그는 재빨리 초현실주의를 내세우고 상징주의에도 큰 빛을 던졌다. 피카소와도 친했던 그는 20세기 문학과 예술의 새로운 지평을 열어놓기도 했다.

세기말, 초현실주의, 상징주의……, 그 어느 말을 빼고도 20세기 중엽까지의 예술이며 문학을 말하기가 불가능하다는 사실과 더불어 우리는 〈미라보 다리〉의 시인을 생각해야 한다. 이 시에서 그 제목의 상징성은 매우 크다. 그러기에 제목과 맞물린 주제 역시 함축성이 매우 크다. 문법이나 형식에도 살펴볼 요소가 많다.

가령 희망(l'esperance)이라는 일반명사에서, 그게 독일어도 아닌데 공연히 곡절도 없이, 소문자 e를 대문자 E로 고쳐 l'Esperance라고 적었듯이, 이 시에서는 관습적인 문법이 무시되고 있다. 뿐만 아니라 종지부가 없다. 우선 구두법(句讀法)도 지키지 않는 이 작품의 형식으로 볼 때, 전통도 관례도 규범도 맥을 못 춘다. 통념을 파괴한 '무법자'가 바로 이 시다. 그러기에 번역하는 데도 호되게 애를 먹을 수밖에 없다. 그건 이 시인이 시며 예술이란 언제나 새로움이고 혁명이고 반역이란 것을 절실하게 통찰하고 있었기 때문이다.

그러기에 이 시는 지나간 두 사람의 사랑을 아쉬워하고만 있다고 보기가 어렵다. 가버린 사랑을 아쉬워하고 있는 건 부인할 수 없다. 하지만 그것만은 아니다. 사랑이 센강을 따라서 흘러가버린 것만 노래하고 있지는 않다.

사랑은 흐르는 센강의 물살처럼 여전히 싱그러운 것이기도 하다. 어쩌면 사랑은 강물처럼 흘러가기에 비로소 제대로 제 보람과 제빛을 누리는지도 모른다. 그래서 되살아난 추억을 노래한 바로 뒤를 이어서는 "기쁨은 언제나 고통 다음에 온다"고 노래한 것이다. 거듭 이 대목을 확인하자. 사랑의 추억이 다시금 떠오른 바로 그 순간, "기쁨은 언제나 고통 다음에 온다"고 단언하는 것에 거듭 유념하자. 그것은 헤어지고 사라져가는 것 없이는, 돌아오는 일 역시 가망이 없다고 말하는지도 모른다.

밤이여 오라 시간이여 울려라
나날은 가고 나는 남는다

이 대목 역시 통곡이나 비탄으로만 읽히지는 않는다. 하루하루가 지나가고 세월은 사라져가기에 '나'로 일컬어진 시적 자아는 비로소 그 존재를 확보한다. 지나가는 시간에 의해서 내버려진 게 '나'는 아니다. 그러면 고통 다음에 비로소 찾아드는 기쁨처럼, 추억으로 재생하고 부활해서 되돌아오는 사랑을 마중하기가 불가능해진다. 밤도 가고 시간도 간다. 하지만 '나'는 엄연히 남아 있다. 그리고 추억으로 재생하는 사랑을 맞을 것이다. 그래서도,

사랑은 지나가는 것

마치 삶이 느리듯이
　　희망이 사납듯이

　라는 역설이 읽는 사람의 눈길을 사로잡는다. 물론 이 시구절이 갖는 의미의 관계를 짚어내기란 쉽지 않다. 사나운 건 희망만이 아니다. 시의 표현 또한 사납다.
　스쳐가버리는 사랑을 느린 걸음의 삶이 따라잡지 못할 것이다. 사나운 희망은 폭력을 부리면서 놓쳐버린 사랑을 휘저어놓을 것이다. 그러나 이렇게만 읽지는 말자. 삶은 느리니까, 되돌아올 사랑의 추억을 맞이할 여유가 생기는 것이다. 아무리 사나워도 희망은 역시 희망이다. 폭풍처럼 희망이 몰려들지도 모르지 않는가!
　겉핥기로 읽는 것만으로는 이 시에서 까다로움을 찾아내지는 못할 것이다. 숨은 속내를 뒤져 읽음으로써 사랑의 변증법, 잃고서야 비로소 진실을 깨달을 사랑의 변증법이 눈에 들어올 것이다. 그래서도 '기쁨은 고통 다음에 오는 것'이다.
　하지만 이 시의 까다로운 우여곡절은 시가 지닌 음악성으로 달갑게 포장된다. 그 음악성의 보기를 들자면 하고많지만,

　　밤이여 오라 시간이여 울려라
　　나날은 가고 나는 남는다

　라는 후렴으로도 읽기의 음악성은 싱그럽게 맥박 친다. 가버린 사랑의 고통을 좇아서 사랑의 기쁨이 찾아들 듯이…….

2 혼례 현장에서

난데없는 이 아우성은?

*차마 겉으로는 그렇진 않았다
하지만 속으로 웅얼댄 함성,
아우성이 혼례에서 메아리쳤으니*

혼례라면 모든 의식이나 의례가 그렇듯이 누구나 엄숙함을 연상할 것이다. 아울러서 조용한 그 분위기를 떠올릴 것이다. 하지만 다른 한편으로는 눈부신 화사함을 절로 생각할 것이다.

그렇다면 화사한 것에 어울리는 다른 어떤 정경도 거기에 있어야 한다. 거기에는 요란과 소란도 따를 수 있다.

버틸 대로 버텨라!
맞겨룰 대로 겨뤄라!
아옹다옹할 만큼은 하라, 기를 쓰고!
싸움은 피하지 마라!
내기라면 더 좋다. 걸어라!
덤비고 덤비고 또 덤벼라!
서로 다부지게 한판 붙어라!

이 야단과 아우성은 뭘까? 이 요란과 소란은 무슨 영문일까? 싸움 붙이는 소리, 결전을 부추기는 군호(軍號) 같은 것일까? 아니면 무슨 운동시합이 벌어진 걸까? 또는 장사 씨름판이 벌어진 걸까? 아니라면 황소 싸움판?

그럴 것 같지만 사실은 그게 아니다. 번지수가 틀려도 한참 틀렸다.

자! 이제 그만하고 실토하자.

이들 절규가 하나같이 당치도 않게, 대례(大禮) 곧 큰 예식이라고 일컫기도 한, 혼례가 행해지는 현장에서 부르짖어진 것이라면 누가 믿을까? 물론 겉으로 드러내놓고 이런 아우성이 설쳐대지는 않았을 것이다. 그건 인정한다. 하지만 마음속으로, 가슴 깊은 곳에서 그렇게 야단법석을 떨었다. 그나마 신부 측에서 선수를 잡고 그랬다. 아주 심하게, 벼락 치듯, 폭포수 내리쏟듯, 아우성이 일었다.

아직도 긴가민가해서 "말도 안 돼!"라고 할 분이 계실 것 같다. 하지만 얼핏 못 미더울 만큼 짙은 진실이 숨어 있다. 새삼 현장으로 돌아가 보기로 하자. 거기서 그럴 만한 근거를 찾아보자.

혼례 현장에는 웃음이 환하게 피고 익살이 요란스레 오가고 축복이 소복소복 넘칠 것이다. 그야말로 '잔치판'일 것이다. 한데도 뜻밖의 정경을 발견하게 된다. 마치 그 모든 '잔치판'의 흥청댐에 등을 돌리듯 신부의 눈에 어리던 이슬 자국!

뿐이던가. 장모 될 안방마님이 행여 남이 볼까, 얼핏 저고리 고름 끝으로 닦아내던 눈물!

이 두 가지만으로도 왜 저들 몰골사나운 아우성이 속마음 깊은 곳에서 소리치던가? 이제 조금은 눈치챌 법하다. 이래저래 대례가 치러지던 신부 집의 뜰은 겉 다르고 속 달랐다. 아니 겉이라고 일방적으로 웃음꽃만 피던 것은 아니다. 찬 서리가 군데군데 얼핏얼핏 묻어 있기도 했다. 다만 그 현장에 몰려든 사람들 눈에 잘 띄지 않았을 뿐이다.

겉 분위기야 만화방창(萬化方暢), 이를테면 온 세상 모든 기쁨과 생기가 넘치기 마련이었다. 눈으로 보기로야 화기애애하고 희희낙락이었다. 그러나 안으로는 꼭 그렇지만은 않았다. 슬픔이, 애달픔이, 불안이, 심지어 노여움과 한스러움이 진득진득 달라붙어 있었다. 그런 감정이 신부 집 가족들의 마음이라는 장독 속에서 괴고 수런대다가 마침내는 부글대기도 했다.

요즘의 우리로서는 이해는커녕 짐작하기도 어렵다. 그러나 이 속내의 갈등, 심리의 분규는 사실이다.

앞에서 내질러진 그 앙칼진 소리들이 그대로 혼례식 현장에서 노골적으로 메아리친 것은 아니다. 그러나 그 비슷한 말을 토해낼 예식장의 분위기, 혼례의 절차는 실제로 있었다.

말이야 조금쯤 다를 테지만 혼례에 임한 사람들, 그것도 신부 가족들의 마음가짐, 그 기분, 그 감정은 이들 소리 없는 절규를 소리치고도 남는다.

이는 두 번 세 번 거듭거듭 강조해두는 것이 좋겠다. 왜냐하면 요즘 사람들, 특히 젊은이들이 어떤 저항감을 가지고 이를 대할지도 모르기 때문이다.

말도 안 돼!

그렇게 투덜댈지도 모르기 때문이다. 요즘의 상업예식장에서 올려지는, 이른바 '결혼식'에 익숙한 사람들에게 저들 아우성은 어디까지나 헛소리, 공연한 소리로만 들릴 가능성이 짙기 때문이다.

하지만 상업예식장의 결혼식에 참여한 하객들은 몰라도 신랑 신부 양쪽의 혼주들로서는 꼭 그렇지만은 않을 것 같다. 그것은 다음과 같은 한 토막의 정경으로도 능히 헤아릴 수 있다.

화촉에 불 밝히지 못한 채, 손끝 떨리던 어느 신부 어머니

후들후들 떨리던 그 손,
화촉에 불 댕겨야 하는
신부 어머니의 손은 떨고만 있었으니.

그들은 못 보았을까? 결혼식장의 하객들은 신부 어머니의 사시나무 떨리듯 하던 손길을 보지 못했을까? 그건 물론 자주 일어나는 일이 아닐 것이다. 하지만 영 없는 일이라고는 하지 못한다.

필자는 직접 주례를 맡은 어느 결혼식에서 그 모습을 보았다. 그 한

순간의 정경은 십 년이 더 지난 지금에도 여전히 아리고 쓰리다.

신랑 신부의 어머니가, 바야흐로 사돈이 될 두 부인이 식의 절차가 정해놓은 대로 화촉을 밝힐 차례가 왔다. 마주보고 앉았던 두 사람이 자리에서 동시에 일어섰다. 한데 신부 어머니는 주춤댔다. 조금 어지러운 듯한 손으로 이마를 짚었다. 그리고 조금 비실대는 것 같아 보였다.

신랑 어머니는 그러지 않았다. 당당했다.

예식장 여직원이 신부 어머니를 부축했다. 그리고 사돈마님이 이미 올라서 있는 단상으로 밀어 올려드렸다.

여직원이 커다란 라이터 같은 것에 불을 붙이고는 두 부인의 손에 쥐어주었다. 사돈이 그걸로 곧장 화촉에 불을 붙이는 것과는 대조적으로 신부 어머니 몫의 화촉에는 불이 붙질 않았다.

아니! 손끝이 떨리고 있었다. 하늘하늘 떨리는 손길에 이끌리듯이 눈가에 눈물이 고였다.

주례가 밑에 대기하고 있던 여직원에게 눈짓을 했다. 서둘러 올라온 여직원이 바들대고 있는 손길을 움켜잡았다.

불꽃이 일고 있는 길쭉한 라이터를 두 사람이 맞잡다시피 했다. 그러고는 겨우겨우 심지에 불을 붙였다. 신부 어머니가 켰다기보다는 도우미가 켠 것이라고 하는 게 옳을 지경이었다. 촛불도 하늘대는 게 아니었다. 후들대고 있었다.

신부 어머니는 자리로 돌아가 앉아서는 다시 또 눈시울을 닦았다.

주례는 미리 준비한 주례사는 입에 올리지 않았다. 신랑에게 잘 들어라 하고는 그 앞뒤 사연을 자세히 말한 것이 주례사의 전부였다.

"신랑은 장모님의 화촉 아닌 '손 떨림 초'를 잊지 말기 바랍니다. 신부는 어머니의 '눈물 초'를 마음에 새겨두기 바랍니다."

홀몸의 어머니가 외동딸을 시집보내던 그 혼례는 그렇게 끝이 났다.

바로 이 때문이다. 딸 시집보내면서, 딸 여의면서 어머니가 흘리는 눈물, 어머니의 손 떨림 때문이다. 앞에서 나열한 아우성은 그 눈물, 그 손 떨림의 극적인 연출이다. 소리 없는 연출, 눈앞에는 안 보이는 연출이다.

오죽하면 '딸을 여의다'라고 일러왔겠는가!

여읨은 이별이다. 사별도 죽음의 이별도 여읜다고 한다. 이별의 아픔, 별리의 서러움이 저들 아우성의 바닥에 응어리져 있다.

손 떨림의 사뭇 오래된 사연

사연은 사뭇 오래되었다.
조선조 거쳐서 고려 거쳐서 삼국시대
그 이전까지 거슬러 올라가니.

하지만 거듭 묻자! 워낙 심각하니까 한두 번 묻는 것으로 그칠 수는 없다.

혼례식에서 오히려 혼주만이 아니라 그 일가들에게도 뜻밖의 깊은 상처, 남의 눈에도 쉽게 띌 마음의 상처가 새겨진다는 것을 생각하면서 다시 또 물어보기로 하자.

앞의 '난데없는 이 아우성은?'에서 울려 퍼진 그 소란을 두고 제기된 물음을 고쳐 생각해보자.

뭘까? 뭔데 엉뚱한 소리가 내뱉어지고 당돌한 짓거리가 혼례식에 임해서 펼쳐진 것일까?

이미 답이 웬만큼은 나와 있지만 그 의문, 그 물음은 계속되어야 한다. 혼례이면 짝짓기 아닌가 말이다. 사랑, 결합, 일심동체 등등!

합일을 기원하는 소리가 울려 퍼지고 또 그런 행위가 실천되어야 마땅하다. 그래야 한다. 한데도 비록 직접 입으로 토한 소리도 아니고 따라서 사람들이 귀로 들을 소리도 아닌 것이 울려 퍼졌을까? 그래서 필경은 '침묵의 절규'를 부르짖고 '침묵의 아우성'을 쳐댄 것일까?

오늘날 상업예식장에서 혼례를 맡아서 진행시키는 주례들, 다는 아니지만, 그들 중 적잖은 수가 정해놓고 입에 올리는 말, 그 빤한 말들에 익은 사람들은 앞에 열거된 아우성이 식장 안에서 또는 주변에서 소리 없이 설쳐댄 것이라고는 차마 믿을 수 없을 것이다.

모르긴 해도 어쩌다가 신부 어머니의 눈물, 그 손 떨림을 보았다 해도 쉽사리 믿어지지는 않을 것이다. 하지만 지난 시절, 그러니까 조선시대와 비교적 근세의 혼례에는 앞에 나열된 아우성이 얼마큼은 울려 퍼질 분위기가 겉으로 더러더러 노출되고 있었다. 그것은 이 책의 다른 대목에서 귀에 못이 박히도록, 아니 눈에 왕못이 박히도록 언급되어 있다.

한데 그 기원은 조선시대를 지나서 사뭇 더 멀고 먼 과거로 거슬러 올라간다. 자그마치 가야왕국의 초엽까지 소급한다. 『삼국유사』에 실린 〈가락국기〉에 그런 아우성의 여운이 은근히 메아리치고 있다. 하지만 이 대목도 겉으로 크게 떠올라 보이는 것은 아니다. 제법 소상하게 책갈피 사이와 활자 뒤편을 살피고 뒤져야, 그래서 뒤장질을 해야 가까스로 눈치챌 수 있다.

3 한국인의 연정 : 타오르는 불길

불타는 정염

얼음 위에 댓닢 자리 보아
님과 나와 얼어 죽을망정
정 둔 오늘밤 더디 새오시라

익히 알려진 고려가요 〈만전춘별사〉의 한 대목이다. 사랑의 열정이, 에로스의 불길이 이보다 더할 수는 없을 것 같다. 이 정열이면 얼어 죽기는커녕 아무리 두꺼운 얼음판이라도 모조리 녹여버리고야 말 것 같다. 유교를 떠받들던 나머지 고려가요를 아예 음사(淫辭), 곧 음란(淫亂)한 말이라고 흉본 조선조의 선비들이면 몰라도 〈만전춘〉을 노래한 시적 자아는 얼음판 위에서 맨몸으로도 결코 동사하지 않을 것이다.

그는 통째로 '정화(情火)', 이를테면 연정의 불꽃일지도 모른다. 이런 사람 옆에 자다가는 화상을 입기 십상일 것 같다. 〈만전춘〉은 문자 그대로는 온 전각(殿閣)이 봄으로 넘쳐난다는 뜻이다. 춘정(春情)이면 곧 연정(戀情)이니 봄은 사랑의 대유(代喩)다. 온통 사랑으로 이글대는 커다란 집 안에서 시적 자아는 노래하고 있다.

한데 고려가요 전체가 거의 〈만전춘〉이다. 사랑은 고려가요의 으뜸가는 소재고 또 주제다. 그런 중에도 〈동동〉은 유별나게 뛰어나 보인다. 누구나 알다시피 〈동동〉은 월령체 노래다. 정월부터 섣달까지 달의 변이를 따라서 노래를 읊었기 때문이다. 〈동동〉의 사랑을 말할 때, 바로 이 점이 가장 크게 내세워져야 한다.

크게는 계절 따라, 작게는 달 따라서, 계절의 징표와 달의 개성에 어울릴 사랑이 깃들기를 축원하는 노래가 다름 아닌 〈동동〉이다. 대자연의 로고스며 이법(理法)이, 곧장 사랑의 몫이 되기를 바라고 빌고 있다. 그런 뜻으로 〈동동〉은 우주적 질서를 시의 원리로 삼았다고 해도 좋을 것이다. 대단한 노래다.

정월에는 정월다운 사랑이 이룩되기를 빌다가도 이월이 되면 이월다운 사랑이 찾아들기를 축수하고 있다. 욕심이 지나친 걸까?

정월 나릿 믈은 아으 어져 녹져 하는데
누릿 가운데 나곤 몸하 하올로 녈셔

이걸 굳이 요즘말로 옮기자면 다음과 비슷해질 것이다.

정월 강물은 아아, 얼었다 녹았다 하는데
세상 가운데 태어나서는 홀로 살아가는구나

    정월이면 아침 밤으로는 아직도 겨울이 미적대지만, 한낮쯤엔 봄의 입김이 웬만큼 어릿대기도 할 것이다. 그래서 얼어 있던 강물이 얼마쯤 얇게 녹기도 할 것이다. 그것은 영락없는 봄의 낌새다. 그것은 변화하는 계절의 순리요 징표다. 때가 온 것이다. 한데도 사랑에는 아직 그때의 소식이 감감하다. 꽁꽁 얼어붙었던 사랑이 녹을 만한데도 감감무소식이다. 그래서 여전히 홀로 외로이 살아가고 있다는 탄성이 절로 우러나오는 것이다. 계절에서의 소외가 사랑의 소외와 겹쳐 있다.
    그 소외, 그 고독으로 '세상 가운데 살아가고 있다'고 웅얼대고 있다. '광장의 고독'이란 말이 있는데, 이 시적 자아는 스스로를 텅텅 비고 빈, 세상 한가운데 내던져진 것으로 인식한다. 뼈저린 느낌이다. 임이 곁에 없으면, 온 세상이 그저 빈껍데기의 허망한 공간에 지나지 않다는 것이다. 처절한 고독감이 거기 있다.

절기와 사랑

그래서 정월 노래는 계절의 징표를 등지고 돌아앉은, 어둔 사랑을 탄식한다. 계절의 표정에서 동떨어짐이, 감감무소식인 임에게서의 동떨어짐과 겹쳐 있다. 한데 다음 노래는 어떨까?

    이월 보름에 아으 높이 현 등불 다호라

만인 비취실 즈이샷다

(이월 보름에 아아 높이 켠 등불 같구나

만 사람 비춰줄 모습이로다)

    이 노래는 단순히 연등(燃燈)에만 바쳐진 것은 아니다. 오늘날은 대규모 불교 기념행사인 연등이 사월 초파일에 치러지나 고려 때만 해도 이월에 치러진 것을 배경 삼아서 이월 노래가 읊어진 것인데, 그 '만 사람 비춰줄 연등'과 임은 동화되어 있다. 연등에 바치는 찬양이 그냥 그대로 고스란히 임에게 바쳐져 있다. 노래하는 사람은 부처 우러르듯이 임을 우러러보고 있다. 임과 좋은 절기(節氣), 이를테면 계절의 바람직한, 경사스런 징표 사이에는 한 치의 빈틈도 없다. 임의 사랑이 곧 계절의 이치와 어울리고 있다. 절기와 '애기(愛氣)'는 하나다.
    이것이 바로 〈동동〉의 시법이고 문법이다. 구성 원리다. 절기와 합일한 사랑을 찬미하고 드높이는 한편으로 절기와 배치된 사랑을 애달파하고 있다. 그래서 〈동동〉은 사랑의 송가(頌歌)인 한편으로는 사랑의 비가(悲歌)다. 그게 〈동동〉의 서로 대조적인 두 얼굴이다. 비가와 송가가 번갈아가면서 〈동동〉을 엮어나가고 있다. 한데 비가 가운데는 절기에서 어긋났다고 해서만 서러움에 겨워하지는 않는다. 절기를 대표하거나 아니면 절기와 관련 있는 그 무엇인가가 애초부터 상처고 아픔인 나머지 노래하는 사람이 자신의 처지를 그것에 견주어서 비가를 읊기도 한 것이다.
    한데 공교롭게도 송가와 비가는 '6 : 6'으로 꼭 반반이다. 열두 달의 절반은 송가로 또 나머지 절반은 비가로 노래되고 있다.

십이월 분디나무로 갂은 아으 나잘 반에 져 다호라
님의 알패 드러 얼이노니 손이 가져다 므라압노이다

이건 비가다. 현대 말로 고치면,

십이월 산초나무로 깎아 만든, 아아 진상(進上)하는 밥상의 젓가락 같구나
임의 앞에 받들어 열려놓았더니 손님이 가져다 물었습니다

대충 이와 같을 것이다. 그러나 이런 직역만으로는 이 여간하지 않은 노래 마디의 뜻이 온전히 전해질 것 같지 않다. 그래서 그 속내를 소상히 들여다볼 필요가 있다. 십이월 어느 추운 날 임께서는 손님 한 분을 데리고 나타났다. 여인은 정성들여서 밥상을 마련했다. 음식 그릇 다 차린 뒤에 마지막으로 수저를 놓을 차례가 왔다. 여기서 여인은 마음을 썼다.

평소 식구들이 쓰던 젓가락을 놓자니 마음이 내키지 않았다. 밥상 차리다 말고는 부리나케 뒤뜰로 가서 산초나무 가지를 잘라서는 곱게 다듬었다. 그걸 임의 앞에 놓되 얼려서(겹쳐서) 놓았다. 그러고는 손님 몫으로는 평소 식구들이 쓰던 걸로 하기로 했다.

한데 차려진 밥상을 앞에 두고서 임과 손님이 자리를 바꾸어 앉는 게 아닌가! 그래서는 임의 것이어야 할 그 분디나무로 깎아서 만든, 향기롭고도 고운 젓가락을 손님이 냉큼 입에 가져가 무는 게 아닌가!

절묘한 우원법의 비가

이것은 일종의 우원법(迂遠法)이다. 무엇인가를 둘러서 말하고 있다. 그게 뭘까? 이 여인은 지금 당장 마음에 없던 사나이에게 시집가 있는 게 틀림없다. 줄곧 일편단심으로 내내 속마음 깊은 곳에 품어왔던 임을 여의고는 엉뚱한 사내의 아내가 된 것이다. 그게 임이 아닌 엉뚱한 손님의 입에 물린 젓가락에 비유된 것이다.

정말이지 절묘한 비유법이다. 그 지극한 슬픔과 서러움 속에서도 기지가 현란하게 번득인다. 마음에도 없는 당돌한 사내에게 시집온 데다 겹쳐서 시집살이가 스산했던 것이라고 짐작된다. 그래서 날이 가면 갈수록 옛 임에 대한 그리움이 애틋하게 사무쳐간 것이라고도 추측된다.

산초나무는 향기롭다. 그 가지를 갓 꺾어서, 정성들여서 곱게 다듬은 하얀 젓가락 한 쌍!

그것은 임에게 바쳤어야 할 여인의 순결을 상징하고도 남는다. 그렇듯이 여인의 맑고 고운 순정 그 자체일 법도 한 젓가락을 굳이 얼려놓다니? 구태여 겹쳐서 차리다니 그게 도대체 뭘까?

젓가락 두 짝은 나란히 놓는 법이다. 한데도 관례를 무시하고 얼려놓은 것, 그건 도대체 뭘까? 그렇다. 임과 여인이 그렇듯이 얼리자는 것이다. 둘이서 나란히 자리 잡고 앉거나 누워서는 마음에 차지 않는다는 것이다. 얼리고 포개지고 겹쳐지고 해야 비로소 사랑의 갈증이 가실 거라고 여인은 다짐 두고 있다.

한데 그게 이제는 모두 꿈이다. 여인의 가슴에는 십이월, 한겨울 된 바람이 사납게 스산하게 불었으리라 말해도 좋을 것이다.

4 돌 던지는 사랑의 노래

사랑이란 별난 것

사랑은 그 가짓수가 얼마나 될까? 궁금하다. 누구든 물어보고 또 캐보고 싶을 것이다. 그냥 사랑이라면 남녀 사이만이 아니라, 누구든 상관없고 성별도 따질 것 없이, 인간과 인간 사이의 다사로운 정이 오고감이고 짙은 관심의 주고받기가 될 것이다.

그래서 사랑을 단지 '연정(戀情)'이란 말에 국한시킨다 해도 그 종자는 한층 더 다양해질 것 같다. 연정을 주고받는 남녀의 머릿수만큼 그 종류는 다양할 것 같다. 요컨대 연정의 사랑에는 끝이 없을 것 같다. 그야말로 부지기수일 것 같다. 모르긴 해도 세상에 있는 꽃의 가짓수만큼은 될 것도 같다.

그러기에 연정의 사랑은 말과 글로만 왕래되는 것이 아니다. 눈치나 눈짓으로 싹이 돋고 몸짓이며 몸놀림으로도 그것은 개벽할 것이다. 얼굴 표정은 물론 하다못해 이맛살이나 눈살 가지고도 길이 비로소 열릴 수도 있을 것이다. 그러다 보니 몸짓이며 손짓으로 비롯된 사랑도 하고 많을 것 같다.

이렇게 연정의 사랑은 별나다. 가짓수가 무한정일 것 같다. 그러다 보니 '던지기의 연정의 사랑'이 있다고 해서 흉할 것 없다. 있어 마땅한 것일지도 모른다. 왜냐하면 사랑은 애들의 공치기처럼 주고받기인데 그러다 보면 무엇이가를 던지고 받고 해서 단서가 잡힐 수도 있다.

어쩌면 연정의 사랑일수록 '내기'고 걸기일지도 모르지 않는가 말이다. 뭔가를 걸어서 내기하는 게 노름이라면 연정의 사랑에 그런 낌새가 더러는 어려 있다고 말할 가능성이 아주 없지는 않다.

밀고 당기기는 연정의 사랑의 역학이다. 필수 불가결한 사랑의 역학이고 물리학이다. 사랑이 탄력을 얻고 활달하기 위해서는 그래야 한다.

한데 당기고 밀고, 밀고 당기고 하는 줄다리기 같은 게 연정의 사랑이다 보면 절로 내기가 되고 걸기가 될 것이다. 도박 같은 낌새가 사랑에 아주 없지는 않다.

잃어야 크게 밑질 것 없는데, 한번 슬쩍 걸어볼까?

그런 심산으로 비롯되는 연정의 사랑일수록 나중에 가서는 더 절박하고 절실해질지도 모른다.

연정의 사랑이 이처럼 걸기고 내기다 보니, 그게 던지기가 된다 해서 크게 얄궂을 것은 없다.

연정의 사랑에서 주고받기는 숙명 같은 것이다. 그건 사랑의 필수조건이다. 그렇듯이 내기며 걸기도 사랑으로는 타고난 팔자소관일지도 모르지 않겠는가! 해서 그게 내기고 걸기라면 던지고 받기가 되기도 하는 것은 숙명일지도 모른다. 이토록 사랑은 별나다.

던져서 맞히는 사랑

매실 열매 던지니
그 수 일곱 개로다
나를 바라는 사내에게
좋은 일 있어라

매실 열매 던지니
그 수 세 개로다
나를 바라는 사내에게
지금이 때로다

매실 열매 던지니
바구니가 빈털터리
나를 바라는 사내들
이젠 말만으로 족하다

이건 〈표유매(摽有梅)〉란 제목의 노래인데, 중국 고전인 『시경(詩

經)』에서 뽑은 것이다. 직역하면 '던지는 매실 있도다'가 될 이 민요는 여자가 노래 부르고 있다. 물론 연정의 사랑 노래다.

사내들이 사랑을 구해서 저만큼 고운 예쁜 처녀 앞에 서 있다고 치자.

내 옆의 다른 사내 말고 바로 나만을 사랑해줘!

사내들은 제각기 이르고는 연정을 표현한다고 여겨진다. 안달을 내고 있을 것이다.

누가 될까? 내가 되어야 할 텐데! 매실 열매여 나를 맞추라!

각자 이러고는 행운을 노린다. 천복이며 만복이 떨어져주기를 기다린다. 앳된 매혹적인 처녀는 이제 막 따서 바구니에 채워둔 황금빛 찬란한 매실 열매를 그들을 향해 던진다. 그러다가 갓 익은 노리끼리한 매실을 한 바구니 다 던졌건만 어느 하나 사내의 머리에 맞추어 떨어진 게 없다.

그러니 더 이상 귀찮게 또 성가시게 매실 열매로 이러쿵저러쿵할 게 없다. 처녀는 이제 말로 하라는 것이다. 누구든 좋으니 사랑의 말을 하거나 사랑의 노래를 부르거나 하라는 것이다.

구슬과 잘 익은 과일 던지기의 사랑

결과야 어떻게 되었든지 아무려나 매실 던지기는 사랑하는 사내 뽑기다. 처녀가 던져서 맞힌 사내가 연인이 되게 마련이다. 그러니 사랑을 던지기고 맞히기라고 해서 잘못될 것이 없다. 이 노래에서 던지기는 사랑이다. 맞히기도 역시 사랑이다.

요컨대 앞의 『시경』은 던져서 맞히고 던짐을 당해서 맞으면 사랑이 영근다는 것을 노래한다. 던지고 맞히고 하는 게 바로 연정의 사랑이다.

한데 그 비슷한 노래가 『시경』에 또 있다.

　　내게 던지기를 모과로써 하는구나
　　이에 대해 구슬로 대응하니
　　이는 단지 보답하자는 것은 아니니
　　오래도록 사이좋게 지내자는 것일 뿐

　　내게 던지기를 복숭아로 하는구나
　　이에 대해 구슬로 대응하니
　　이는 단지 보답하자는 것은 아니니
　　오래도록 사이좋게 지내자는 것일 뿐

이 노래로 미루어 고대의 중국에서는 과일과 구슬을 던지고 받고, 받고 던지고 하는 것으로 엮이는 사랑이 있었음을 헤아리게 된다. 그 아리따운 습관을 갖지 못한 오늘날의 우리로서는 부럽기 이를 데 없다.

여성이 먼저 남자에게 과일을 던지게 되어 있었던 모양이다. 그렇게 여인이 앞장서서 또 적극적으로 사랑의 공세를 취하면 사내는 어떻게 했을까? 그 과일을 던진 여인이 마음에 들면 사내는 보석을 던져보내어서는 여인의 뜻을 받아들였다. 주거니 받거니와 던지고 맞히기가 다름 아닌 사랑이다.

과일과 보석이면 보석이 밑지게 되어 있다. 하지만 돈으로 쳐서 밑지고 어쩌고를 따질 게 사랑은 아니다. 잘 익은 과일은 과일대로 사랑의 상징이 되고 징표가 되기 족하다. 그 향내, 그 모양새가 여인의 연정을 상징한다고 당시의 중국인들은 생각한 모양이다.

거기 사내는 구슬로, 옥으로 응답하게 되어 있었던 것 같다. 약혼반지에 꽂을 구슬이었을까? 아니면 사랑에 겨운 여인의 목에 걸 목걸이에 꿸 옥이었을까?

아무려나 과일과 옥을 던지고 받고 해서 비로소 움트는 사랑이 이 노래에 실려 있다. 사랑은 던지기다. 삭막한 오늘날 우리로서는 그 흉내나마 내보고 싶어진다.

한데 우리나라의 노래에서도 사랑은 던지기다.

> 어디다 던지던 돌이냐
> 누구를 맞히던 돌이냐
> 미워할 사람도
> 사랑할 사람도 없이
> 맞아서 울고 또 우노라

이 안쓰럽기 이를 데 없는 고려가요는 사랑의 아픔을 노래하고 있다. 돌 던지기를 해서 얻어맞은 아픔, 그것에다가 사랑의 상처를 견주고 있다.

한데 이 노래에 담긴 사랑은 특정한 연인이 없는 사랑이다. 사랑을 그저 관념으로만 가슴으로만 동경한 그런 처지에서 경험한 사랑이 여기서 노래되고 있다. 그것은 이른 사춘기의 사랑일지도 모른다.

그야 어떻든지 간에, 이 고려가요를 두고는 이렇게 상상해볼 수가 있다. 남녀가 서로 마주보고 서서 있는데, 어느 한쪽에서 돌을 던진다. 던진 돌을 맞은 남자와 그 돌을 던진 여인이 마침내 짝짓기를 하게 되는, 그런 사랑의 풍습이 고려에는 있었을지도 모른다.

아무튼 던지기의 사랑이 있었음을 세 가지 노래를 통해서 우리는 확인할 수 있었다. 과일과 구슬과 돌, 이렇게 던지는 물건은 서로 다르다. 그러나 무엇이든 던짐이 연정의 사랑을 이룩한 것은 어김없다.

던지기로 성사되는 연정의 사랑, 그래서 사랑은 야멸치고 아리고 한 것일까? 상처가 오히려 더 간절해지는 게 연정의 사랑인 것은 바로 이 때문이었을까? 알다가도 모를 일이다.

5 청춘, 그 아름다운 파토스의 사랑

극히 최근의 일이다. 국내로서는 가장 규모가 큰 축에 속하는 어느 방송국에서 면담을 하자고 했다. 그들이 내고 있는 잡지에 대담 내용을 실을 것이라고 했다. 그것도 청춘을 얘깃거리로 삼는다고 강조했다.

그래서 그 며칠 뒤 방송국 사람들과 마주앉았다. 설을 쇠고 난 뒤, 바야흐로 봄기운이 도타워져가고 있는 햇살이 눈부시게 어린 창가라서 이야기는 절로 꽃을 피우는 것 같았다.

마침 매우 이름 높은 동화 작가 한 분이, 그것도 이순(耳順)의 나이가 머지않은 분이 대담 상대라서 말동무 삼기로는 더 바랄 데가 없었다.

그는 먼저 청춘을 정의내리는 셈치고 요점을 말해보라고 했다.

한데 내 말이 좀 길어졌다. 내가 매우 좋아하는 에드바르 뭉크의 그림에 핑계대면서 '청춘'은 고통이며 고난과 맞겨루는 열정이라는 쪽으로 말을 끌어나갔다. 그러면서 어쩌면 눈에 안 보이는 세계, 피안이라고 해도 좋고 초월이라고 해도 좋을 어떤 세계며 경지에 영글어 있을, 그래서 우리를 기다리고 있을 어떤 절대적인 것을 향해서 영혼을 바쳐 동경해 마지않는 정열이야말로 청춘의 대표적인 징후라고 덧붙이기도 했다.

나로서도 적어도 그렇게 해보려고 마음먹고는 그 실천을 위해서 모자라는 대로, 미숙한 대로 애쓰는 것이 나의 청춘의 징표였다고 조금 떠벌이기도 했다.

그러자 그 동화 작가는 영 색다르다고 했다. 아니 기대 바깥이라고 했다. 정성스런 분이라 내놓고 기색을 보이지는 않았지만, 엉뚱하고 당혹스럽다는 생각도 품은 것 같았다. 그것은 그가 "청춘이라면 사랑을, 꿈을, 낭만을 얘기하실 걸로 미리 생각하고 왔는데요?" 이와 같은 물음을 조심스럽게 건네온 것으로 헤아려졌다. 그래서 나는 손님을 대접하는 기분으로 말을 받았다.

"죄송합니다. 저 때문에 청춘이 아주 거덜이 난 모양입니다."

하지만 당찮다고 손을 내젓는 그가 나의 기를 돋우다시피 해서 우리의 청춘 이야기는 계속되었다. 그 대강을 보이면 이렇다.

청춘을 푸른 봄이라고들 한다. 청춘은 꽃이라고들 말한다. 그러기에 청춘은 꽃다움이고 아름다움이다. 그건 아무도 누구도 부인 못한다. 젊은이들이 모여든 곳에는 으레 꽃구름이 피곤 한다. 사랑의 속삭임이 천사들의 노래와 어울려서 꽃구름을 설레게 할 것이다. 그 고운 눈짓이 나비처럼 날갯짓할 것이다.

청춘의 한때는 찬란한 개화기, 화려하게 꽃피는 철이다. 만개한 꽃밭이기도 할 것이다. 삶이 그리고 목숨이 꽃향내로 넘칠 한철이다.

해서 당연히 청춘은 낭만이고 동경이다. 누구나 그것에 칭송을 바치고 찬미를 노래할 것이다. 사람들은 청춘을 소낙비 갠 드맑은 하늘에선 무지개 우러러보듯 하곤 한다. 해서 청춘은 영롱할 것이고 화사할 것이다.

그러면서 사람들은 청춘을 두고서 성숙을 말한다. 바야흐로 삶이 무르익는 한때가 청춘이다.

봉오리가 맺히기까지 그리고 그것이 피어나기까지만 해도 이미 기나긴 수난의 시기를 꽃나무들은 겪어야 한다. 추위를 이겨내고 서리 기운과 맞서야 했던 것이다. 그러고는 겨우 꽃은 피어난다.

하지만 꽃은 꽃으로 끝날 수가 없다. 어언간 열매 맺고 또 그것은 익혀져야 할 것이다. 늦봄의 변덕스러운 날씨와 겨루어야 할 것이고 한여름 뙤약볕과 맞서야 한다.

고난과 시련을 멀리할 수는 없다. 아니 기꺼이는 아닐지라도 적어도 머뭇댐 없이 아픔과 쓰라림을 맞아들여야 한다. 그들과 함께 살고 그들과 벗하다시피 하면서 살아가야 한다. 다른 선택의 여지는 없다.

그러기에 열매 맺기를 말하고 또 성숙을 말할 때, 꽃은 고난의 시작을 의미한다. 꽃은 스스로 수난의 들목임을 시인하고 받아들여야 한다.

이건 꽃의 모순이다. 자가당착 같은 모순이기도 할 것이다. 그러나 그 모순 때문에 꽃의 아름다움은 화사함을 넘어서 장려(壯麗)하고 장엄한 것이 된다. 우리시대의 가장 위대한 시인 릴케가 장미를 가리켜서 '순수한 모순'이라고 했지만 그건 장미만의 몫은 아닐 것이다. 모든 꽃의 숙명이고 운명이다.

이에서 청춘의 열정은 또는 정열은 비로소 제 보람을 누린다. 베토벤의 두 개의 소나타 〈아파시오나타〉와 〈퍼세틱〉은 청춘에 바친 비가(悲歌)이기 이전에 송가(頌歌)일지도 모른다.

이 극적인 감동에 넘친 두 작품은 슬픔에 더불어서 맞을 뜨거운 의지의 울림, 비창(悲愴)과 손잡고 맞아들일 굳건한 결의의 울림에 넘쳐 있다.

정열은 고난과 맞서는 결단이고 용기일 때, 가장 높은 절정에 올라선다. 청춘의 낭만도 다를 바 없다.

낭만 정신의 하나가 지금 당장 이 현실을 까마득히 넘어설 초월적인 것, 절대적인 것에 바치는 동경이라고 할 때, 그것은 당연히 거기 다다르기까지의 시련과 수난을 껴안는 것을 의미할 것이다.

청춘은 꽃이다. 하지만 결실의 내일을 향해서 참다운 열정과 낭만에 몸 바칠 때, 그것은 더 아름다워질 것이다. 고난을 무서워 말아야 한다. 아니 연인 사랑하듯이 사랑해야 한다. 그것이 차원 높은 청춘의 정열이다. 그래서 청춘의 꿈은 꽃답게 성숙할 것이다.

이렇게 내 이야기가 멎자 말동무가 또 다른 물음을 건넸다.

"그렇다면, 그 젊음의, 그 청춘의 본성으로 보아서 사랑은 어떤 것일까요?"

나는 지체 않고 대답했다.

"제가 이미 말씀드린, 젊음의 모든 특성은 결국 사랑에서 결정(結晶)지워질 것입니다. 이때 결정이란 말은 금강석을 보석답게 만드는 그 결정을 뜻합니다. 요컨대 사랑은 청춘을 청춘답게 여물리고 영글게 하는 기틀이고 동력일 것입니다.

청춘 없는 사랑이 없듯이 사랑 없는 청춘도 없을 것입니다. 그것은 청춘의 꿈이며 동경, 청춘의 열정이 비로소 사랑에서 제 본색을 드러낼 것이기 때문입니다. 젊음이 치열하게 갖는 성취 욕구, 무엇인가를 이룩하고 얻어내고자 하는 그 욕구 가운데서도 대표적이고 최종적인 것의 으뜸에 사랑이 자리 잡고 있을 것입니다. 그런 뜻으로도 사랑은 젊음의 지표가 될 것입니다. 아니 젊음의 젊음다운 욕구일 것입니다. 그리하여 젊음은 사랑에다가 그 전부를 걸게 되는 것입니다. 따라서 행복만이 또 즐거움이나 기쁨만이 젊은이의 사랑에 깃들 것은 아닙니다. 번민과 번뇌, 고난과 고통도 거의 필연적으로 어리게 될 것입니다.

사랑의 열정이 다름 아니고 바로 고난이며 번민과의 맞겨룸이란 것이 드러날 것입니다. 이리하여 젊음의 사랑에는 동경과 열정과 고난의 감내, 그 셋이 서로 짝지어서 작용할 것입니다."

이렇게 열을 내어서 말을 토해놓았다. 그것을 묻는 이가 되받았다.

"그렇게 사랑을 말씀하시다니요? 지금 그 연세로 사랑을 그렇게 강조하시다니요?"

나는 서슴지 않고 또 조금은 우쭐대면서 끝을 맺었다.

"웬걸요. 노년의 나이가 더해갈수록 그런 생각이 더욱더 치열해지는걸요."

때맞추어서 제법 기울었지만 창 너머 이른 봄 햇살이 더욱 싱그러웠다.

6 남자 나비, 여자 꽃 :
   나는 꽃이 아냐! 함정이야, 사내들아!

남자는 나비,
여자는 꽃이라나?
천만에
꽃일지라도 나비 잡아먹는
식충(食蟲)꽃.

남녀 사이를 말하는 비유법의 공식으로 통해온, 속담이거나 격언 같은 것, 그런 것들은 한둘이 아니다.

남자 = 삿대(사공)
여자 = 배

를 비롯해서,

여자 = 안
남자 = 밖

남자 = 소나무
여자 = 대나무

여자 = 나뭇가지
남자 = 낫

등등, 낱낱이 들자면 끝이 없을 지경이다.
한데 그중에서도 가장 흔해빠지게 사람들 입길에 오르내리는 게 있다.

남자 = 나비
여자 = 꽃

이 따위 두 가지 등식은 한국적인 남녀 관계를 말하는 공식으로 큰소리치며 나부대왔다.
하지만 조심하자. 여성들은 자신들이 꽃의 아름다움에 비겨진 것에 홀려서는 안 된다. 이 등식에서 꽃은 바보, 못난이를 상징한다.
겉으로 보기에는 앞에 들어보인 네 가지 비유법과는 멀쩡하게 다를 것 같아 보일 것이다. 앞의 네 가지에서 여자가 모두 불리한 위치, 못난 처지에 자리하는 것과 판이하게 '남자=나비, 여자=꽃'의 비유법은 여성을 추켜세우는 듯이 보이기 때문이다. 하지만 겉치레에 홀려서는 안 된다.

이 비유법은 결코 꽃답지 못하다. 여성들은 이 비유법에서 자신들이 제자리 지키고는 꼼짝달싹 못하는 얼간이 같은 것이란 데도 눈을 돌려야 한다. 찬미하는 체하고는 깔보고 있다는 걸 눈치채야 한다. 그러고는 음흉한 사내들에게 눈을 부라려야 한다.

꽃은 나비가 선택해서 멈추어주기를 바라는 게 고작이다. 오다가다 어쩌다가 마음 내키면 들려주는 자가 나비다. 그것은 본색이 바람꾼이다.

바람에 날리는 갈대와 같이 언제나 변하는 여자의 마음!

누구나 알 만한 어느 외국 오페라에서 천하의 바람둥이 사내가 내뱉는 가사의 한 토막이다. 하지만 그 오페라 아닌 인간 현실에서는 여성 소프라노가 세상 사내들에게 쏘아붙일 참이라야 한다. 그래서 앞에 보인 등식에서 여성이 꽃이라 해도 그건 실속으로 쳐서 욕된 꽃일 수도 있다.

바람둥이가 찾아주기를 바라는 꽃이면 '해어화(解語花)'의 꽃이다. 해어화는 '말을 할 줄 아는 꽃'이란 뜻인데 그건 곧 기생을 가리킨다. '말이나마 할 줄 아는 꽃', 그게 칭찬일 턱이 없다.

그 꼴이다 보니 '여자=꽃'이란 등식은 여성에게 욕될 수밖에 없다.

한데, 신라시대, 당나라의 어느 황제가 우리의 선덕여왕을 '꽃의 꽃'이고 '꽃의 여왕'인 모란꽃에 견주었다. 이 바람둥이 소질이 있었을 법한 황제 녀석은 우리 여왕에게 보낸 그림에다 모란을 크게 그리되, 거기에는 나비가 얼씬대질 않았다.

흥! 날 못난 여자라고 놀리는 거지! 아니꼽게!

여왕은 콧방귀로 대꾸했다. 당나라 왕의 의도는 보기 좋게 뭉개졌다.
이 중국의 왕이란 자의 생각은 좀 음흉했다. 나비가 달라붙질 않으면 그 꽃에 향이 있을 이치는 만무하다는 것에 기대어 여왕을 골려먹자고 든 것이다.

그대 신라의 여왕이시여! 잘난 척, 꽃의 여왕인 모란꽃처럼 우쭐대지만, 당신은 필경 나비 없는 꽃이야! 사내 한 놈 얼씬 않는 가엾은 아낙이야!

대제국의, 명색이 제왕의 처신도 까먹고는 이렇게 말장난 아닌 그림장난을 친 것이다.
나비 없는 꽃은 꽃이 아니라고 우기면서, 여왕더러 당신이야말로 그런 꽃 아닌 꽃이라고 놀려댄 것이다.

7 소리에 걸린 사랑

시는 소리로 : 〈정석가〉에서

시는 음악이다. 소리며 음의 예술이다. 그러기에 사랑도 시에서는 소리가 된다. 음률(音律)이 되고 곡조가 되고 또 가락이 된다.

    딩아돌하 당금에 계샹이다
    딩아돌하 당금에 계샹이다

나직하게 소리 내어 읊어본다. 입속이 절로 달콤해지고 목 안이 저절로 곰살가워진다. 덩달아서 귓속에 구슬이 구른다.
    이 소리의 쾌감!

소리의 매력으로 이보다 더한 게 흔할 것 같지는 않다. 적어도 '가나다라마바사……' 하고는 우리말을 익힌 한국인으로서는 '딩아돌하'라는 소리의 울림에, 그 심미감에 무조건 젖게 된다. 그렇지 못하면 한국인이 아닐 것이다. 아니면 '음치' 닮은 '소리치'일지도 모른다.

고려가요 〈정석가〉는 임을 기리는 송도의 노래이자 사랑의 노래다. 〈정석가〉는 그 기림을, 그 사랑을 '딩아돌하'라는 여음(餘音), 뜻 없는 소리의 엮음에다 먼저 담고 있다. 뜻이 있는 말에 앞서서 뜻이 없는 소리에 담고 있다. 고려가요에서 여음이며 후렴은 그런 큰 구실을 맡아내고 있다.

고려가요는 여음의 노래고 후렴의 시다. 여음이나 후렴이 그토록 고려가요를 시답게, 노래답게 빛내고 있다.

'얄리얄리 얄라셩 얄라리 얄라'와 같은 〈청산별곡〉의 후렴만 해도 천하의 일품인데, 또 다른 후렴 '리루런나러러루'까지 소리 내고 보면 고려 적 한국인들은 그들 혀가 현악기의 현(絃)이고 이는 건반이고 입술은 관악기였음을 알게 된다.

고려인들은 그 '설현(舌絃)'과 '치반(齒盤)'과 '순관(脣管)'으로 별의별 악률(樂律)을 연주했다. 다음은 그 보기들이다.

위 두어렁셩 두어렁셩 다링디리
아으 동동다리
더러둥셩 다리러디러 다리러디러 다로러거디러다로러

이 별의별 소리에, 음에다 실어서 고려인들은 인생을 노래하고 사랑을 노래했다. 삶이며 목숨을 축수하고 사랑을 송도(頌禱)했다.

그중에서도 '얄리얄리 얄라성……'은 겨레의 영원한 절창, 민요 〈아리랑〉의 후렴 '아리랑'의 사촌형님 격이다. 그런가 하면 '리루런나……'는 아이들의 말장난 '얼러리꾸러리'의 큰할아버지 격이다.

시의 시작은, 그나마 형식미와 구조미의 시작은 무엇보다 음이고 소리다. 소리의 울림, 음향(音響)의 교향(交響)이다. 옛 한국인들이 시와 노래를 더불어서 '소리'라고 한 것은 바로 이 같은 시의 가장 시다운 원형질, 이를테면 그 근본에 대해서 통찰했기 때문이 아닐까 한다.

한국말만큼 의성어와 의태어가 풍족한 민족 언어는 모르긴 해도 없을 것 같다. 의성과 의태는 수시로 단짝이 되면서 '의성의태 복합어'가 되곤 하면서 한국어의 '소리의 잔치판'을 한껏 돋우곤 한다. 그로써 한국어의 '언어 미학'에 크게 이바지한 것은 말할 나위도 없다.

그걸 '고려가요'는 너무나 잘 알고 있다. 그리고 멋지게 활성화하고 있다. 인생의 모든 것을, 기쁨과 슬픔, 환희와 비탄, 소망과 사랑 등등 인생의 모든 것을 소리에 담고 있다. 거기 부쳐서 노래하고 있다.

필자는 그래서 '여음'이란 용어에 각별하게 마음을 쓰고 싶다. 문자 그대로 '여분의 소리', '나머지 소리'라고만 풀이할 것은 아니다. 여유 있고 여분을 가진 소리, 넉넉하고도 풍족한 소리라고 받아들이고 싶다. 소리는 소린데, 음은 음인데도 음 자체로만 그치지 않고 정감이며 감흥을 풍기는 것과 함께 여분으로 뜻이며 의미도 풍기는 것이 여음이라고 생각하고 싶다. 그러자니 거기에 한스러움이며 서러움이 울리고 사랑이며 미움도 울릴 것이다. 서러움의 노래에는 서러운 여음이 사랑의 시에는 알뜰한 여음이 어릴 것이다.

치맛자락 살랑거리면서 다가드는 임의 사랑은 살랑댈 것이고 저고리 고름 팔랑대면서 다가서는 임의 사랑은 팔랑댈 것이다. '딩아돌하'로

소리 날 사랑이 있고 '얄리얄리'로 울릴 소망도 있는 법이다.

그러기에 '음여어(音餘語)', 이를테면 '소리가 말보다 더 좋고도 남음이 있다'라는 뜻으로 쓰는 그 '음여어'에 견주어서 여음을 반기고 싶다. 거기 보태어 '여음'의 '여'가 여흥(餘興)이며 여광(餘光)의 여와 겹치면 더 바랄 게 없다.

해서 순수한 소리인 여음에서 소리의 구실은 아예 무시하고 억지로 뜻을 덮어씌우는 짓은 하지 말아야 한다. 예컨대 '아리랑'을 엉터리없게도 '我離郞(아리랑)', 곧 '내가 임과 이별함'이라고 읽는 따위 짓은 하지 말아야 한다.

인간의 말에서 뜻이 전부다.

그런 미련스런 독단(獨斷)에 독사(毒蛇)에 감기듯 휘감겨들지는 말아야 한다. 이건 말을 몰라도 보통 모르는 게 아니다. 이것이 문맹(文盲)이요 어맹(語盲)인 것은 틀림없다. 아니 '음맹'일지도 모른다.

그 무수한 소리며 의미의 듀얼리즘

하위징아의 유명한 저서 『호모루덴스』는 모든 인간 문화는 놀이에서 비롯된다고 웅변하고 있다. 그렇다면 시가 '언어의 놀이'에서 시작한다는 것은 의심할 여지가 없다. '말장난'이 시를 낳았다고 해도 하나도 흉할 것 없다. 수수께끼가 교훈과 장난기를 겸하고 있다면, 시는 소리의 심미감과 '농지거리'를 겸하고 있다. 내친김에 수수께끼가 그 일부에서 경구(警句)나 단상(斷想)을 겸하고 더러는 시를 겸하는 데에도 유념하고 싶다.

고려가요는 무엇보다도 위에서 말한 이 모든 소리에 관한 생각을 수긍하고 있다. 그런 뜻에서 고려가요는 한국시사의 기념비들이다.

성가신 이론은 이 정도로 해두고 '딩아돌하'에 다시금 또 귀 기울여볼까 한다.

'딩돌'에서 'ㄷ'끼리는 두운법(頭韻法)을 이룬다. 둘 이상의 말이나 표현에서 머리에 오는 소리가 서로 통하는 것을 두운이라고 한다. '딩돌'을 무슨 악기 소리의 모사(模寫)라고들 여겨온 것은 그럴싸한 일이다. 가야금의 장단이 시가 되어서 '딩돌' 하고 소리 내고 있다는 생각은 음악의 여신 뮤즈가 들어서 흥겨워할 것이다.

'딩돌'은 그냥 '딩돌'이면 족하다. 그걸로 저 혼자 따로 어엿한 독자성을 갖추고 있다.

'동동다리'의 〈동동〉도 마찬가지다. 거기에 북소리가 울리고, 거문고의 장단이 메아리치고 있다. 인간이 입으로 내는 뜻 없는 수수한 소리가 그 자체로 인간 감정이며 정서의 울림이 되고 사랑과 동경의 울림이 되기도 한다는 것은 여간 신나는 일이 아니다.

거기서 언어의 '소리의 자족성', 이를테면 소리는 소리로서만도 말로서는 족하고도 남는다는 사실이 인정되어도 좋을 것이다.

한데 〈동동〉은 완전 두운법이다. 자음과 모음 모두 꼭 같은 것의 반복이다. 그러나 '딩돌'은 다르다. 같은 'ㄷ'끼리 사이에서 다른 모음과 다른 자음이 각기 한몫 단단히 해내게 유도하고 있다. 그게 무척 재미있고 신난다. '이'는 소위 설단(舌端)모음, 곧 혀끝에서 나는 모음이다. 거기 비해서 '오'는 후설모음이라고 해도 좋고 후두(喉頭)모음,

곧 목 안에서 나는 모음이라고 해도 좋다.

이것은 '이/오'가 '전/후'의 대비 또는 듀얼리즘을 이루고 있음을 말해준다. 뿐만 아니다. '이'는 입술이 양 곁으로 찢어질 듯하면서 나는 비교적 날카로운 소리다. '이놈!' 하고 소리치는 바로 그 '이'다. 따라서 또 다른 듀얼리즘이 '이/오'에 있음을 지적하게 된다.

그러니까 '이/오'에는 발성 위치와 발성 상태 또는 입의 모양새 등 두 차원에 걸친 이중의 듀얼리즘이 상보상조하고 있음을 알아낼 수 있다.

무척이나 다채롭다. '상이(相異) 속의 동질', '동질과 어깨동무한 이질'!

그런데 다채로움은 이것으로 끝나지 않는다. 두 번째 것은 'ㄹ/ㅇ' 사이에서 일어났다. 여기서도 또 만만찮은 소리의 놀이가 멋을 부리면서 놀아지고 있기 때문이다.

누구나 알다시피 'ㄹ'은 유음(流音), 곧 물 흐르듯 하는 소리이고 'ㅇ'은 원순음, 곧 둥근 입술 사이에서 나는 소리다.

그 둘의 소리는 서로 대조적이면서도 서로 돕는다. 개울물 흐름과 둥근 풍선의 흔들림이 서로 대조적이면서도 서로 또 잘 어울려서 짝을 짓는 것과 같다. 그것은 상치(相馳), 곧 서로 어긋남이자 서로 맞먹기, 곧 상치(相值)다. 물 흐름 타고 풍선이 둥실대면 어떤 정경일까? 선의 움직임과 원의 유동(流動)이 서로 단짝이 될 것이다.

월트 디즈니의 유명한 애니메이션 중에 〈판타지아〉가 있는데, 이 휘황찬란하고 환상적인 작품에서 작가는 무수한 방울의 유속(流速)으로도 판타지를 살려내고 있다. 그렇듯이 'ㄹ/ㅇ'의 듀얼리즘에는 '소리의 판타지'가 약동한다.

'둥실둥실', '방울방울', '달랑달랑', '철렁철렁', '울렁출렁'……

낱낱이 들자면 끝이 없을 유사한 것들 중 일부인 이들 보기만 가지고도 우리는 한국인들이, 물 흐르듯, 방울 흔들대듯 하는 경쾌한 움직임은 뭣이든 ㅇ과 ㄹ의 이분법에 담아냈음을 알아차린다. 둥실대는 사랑이 있고 철렁철렁 가슴이 내려앉는 서러움도 있을 것이다.

'이/아'의 모순적 이분법에 다시 또 'ㅇ/ㄹ'의 아이러니 가득한 이분법이 서로 짜고 들면서 〈정석가〉는 '딩아돌하'라고 그 서두에서 소리의 미학, 소리의 포에지(poésie)를 과시한다.

ㄹ은 물의 움직임이고 ㅇ은 방울의 동그라미다. 글자 모양새만이 아니라 귀에서 메아리치는 청각으로도 그렇다. 하나는 흐르고 다른 하나는 둥둥 뜬다. 그러고는 그 둘이 합창하고 있다.

그러기에 '이/오' 사이와 'ㄹ/ㅇ' 사이에 아이러니(반어법)가 이룩된다고 해도 그만이고, 역설(패러독스)이 얽어진다고 해도 근사할 것 같다.

뿐만 아니다. '딩아돌하'에서 '아/하'의 듀얼리즘은 또 어떨까? 그 둘 사이에는 같은 모음 '아'가 공존하지만 그러면서도 '아' 다르고 '하' 다르다.

'아'나 '하'나 둘 다 고려가요에서는 누군가를 부르는 말, 곧 호격(呼格)으로 쓰인다. 또한 감탄사로도 사용되었을 것은 능히 짐작이 간다. 하지만 '아'나 '하'는 입 열리는 정도하며 그 모양새에 거의 차이가 없다.

하지만 '아'보다 한결 후두(喉頭), 곧 목 안의 깊은 골짝에서 나는 '하'는 '아'와는 달리 강한 마찰음으로 소리난다. 양자 사이에는 소리의 인상의 '강/약'의 대조가 있는 셈이다. 이건 '딩아돌하'에서 유추되는 세 번째 소리의 듀얼리즘이고 아이러니다.

사랑의 아이러니

한데 이 소리의 아이러니는 〈정석가〉의 의미의 아이러니며 역설 그리고 시의 모든 연의 구조의 아이러니를 선두에서 연출해내고 있다. '딩아돌하'는 작품 전체에 걸친 의미론의 구조에 관여한다는 사실을 우리는 〈정석가〉의 시학에서 가장 크게 또 뚜렷하게 내세울 수 있는 것에 유념해야 한다.

  삭삭기 세모래 벌에 나는
  구운 밤 닷 되를 심고이다
  그 밤이 움이 돋아 삭 나거시아
  유덕하신 님을 여희와지이다

이 노래의 의미구조의 아이러니와 '딩아돌하'에 잠긴 세 겹의 소리의 아이러니 사이에 대비 관계가 있는 것을 보아내기는 어렵지 않다.

  메마른 모래벌판에
  구운 밤 다섯 되를 심습니다
  그 밤이 움이 돋아서 싹이 나서야
  유덕하신 님을 여의기를 바랍니다

이건 말도 안 된다. 바싹 마른 모래에 밤을 심어봤자, 움이 돋을 턱이 없다. 하물며 구운 밤인데 싹이 움틀 가망도 없다. 한데도 모래밭에 구운 밤을 심고는 움트기를 바라다니, 이것은 역설이고 아이러니다.

한데 바로 그 역설에 기대어서 사랑이 무한하기를 빌고 있다. 사랑이 영원하기를 기도하고 있다. 거기에 바로 이 시가 부리는 말재주가 있다.

앞에서 지적한 바와 같이 고려가요들에서 여러 겹, 여러 가지에 걸친 소리의 멋이며 재미 그리고 그 아이러니가 살아 있는 것이 연상된다. 그래서는 이제 다루고 있는 바로 그 시의, 가사의 의미에 담긴 아이러니와 저들 소리의 아이러니가 서로 짝짓고 있음에 눈길이 갈 것이다.

> 동해물과 백두산이 마르고 닳도록
> 하느님이 보우하사 우리나라 만세

이 같은 애국가에서도 아이러니에 기대어 우리 조국이 영원하기를 기구하고 있다. 백두산이며 동해가 마르고 닳는 것은 영원토록 있을 수 없다. 그것에 기대어서 애국가는 우리의 나라 사랑이 영원하기를 다짐하고 있다. 바싹 마른 불모(不毛)의 모래밭에 심은 구운 밤이 움트기도 영원토록 가망이 없다. 그것에 기대어서 〈정석가〉는 남녀의 사랑이 영원하고 무궁하기를 빌고 있다. 두 가사의 논리에는 하등 차이가 없다.

흔히 시에서 보는 아이러니는 시가 지닌 지성의 극치로 얘기되곤 한다. 그래서는 시가 갖춘 근대성의 하나로 손꼽히기도 한다. 한데 〈정석가〉는 이미, 옛날도 아주 옛날, 고려 시절에, 우리의 선인들은 사랑을 두고 그것을 해내고 있다.

고려가요는 다같이 멋진 '소리의 포에지', 곧 '소리의 시 정신'을 향유하지만 그것이 의미의 포에지와 연대(連帶)하는 사실도 강조되어야 한다. 그것이 〈정석가〉에서도 물론 지적될 수 있다. 그게 〈정석가〉에서 가장 두드러져 있을 것 같다.

〈정석가〉는 뜻 있는 말로 사랑의 영원을 빌고 있다. 거기 '딩아돌하'라는 여음의 울림이 동조하고 있다. 뜻과 소리가 한데 어울려서는 영원토록 무궁할 사랑을 기원하고 있다.

〈청산별곡〉, 그 소리의 미학

〈정석가〉가 우리의 귀와 정서에 심어준 쾌감과 미학 그리고 그 포에지는 〈청산별곡〉에서 절정에 달한다.

필자 혼자만의 느낌일지 모르지만,

얄리얄리 얄랑성 얄라리 얄라

이는 한국인이 창작한 여음의 최고 걸작이다. 그리고 영원할 고전이다. 그게 바로 〈청산별곡〉의 여음이고 후렴이다.

가로되, 한국인의 '소리의 미학', '음운의 미학'은 〈청산별곡〉에서 또 다른 정화(精華)를 꽃피운다. 소리의 울림이 한국인을 위해서 다듬어낸 '목소리/입소리의 교향곡'의 정수(精髓)고 또 진수(眞髓)다. 그 소리의 미학을 극히 간략하게 줄여서 제시하면 다음과 같다.

첫째, 모음 'a/i'의 듀얼리즘의 음향효과/청각효과.

a는 가장 높게 펴진 채로 구강 전체가 반향(反響)하는 '중간모음'인 데 비해서 i는 입이 가장 좁게 다물어진 채로 혀끝과 잇몸에서 울리는 소위 중성모음이다. 이 둘 사이에서는 광(廣)/협(狹), 유연/첨예 등에 걸친 음의 대비 또는 대조가 효과를 불러일으킨다.

둘째, '순수모음/요디렌'의 대비의 음향효과/청각효과.

모음 '야유요유'는 음성학에서 요디렌이라고 한다. 영어 y가 이에 해당하는데, 하나의 소리가 반쯤 자음이고 또 반쯤은 모음인 것이 요디렌이다. 순수모음과 순수자음과 어울려서는 그 두 소리의 대비성이 강한 효과를 빚는다.

셋째, 자음 'ㄹ/ㅇ'의 듀얼리즘의 음향효과/청각효과.

유음 l과 후두마찰음 r 사이를 번갈아드는 것이 우리말의 ㄹ인데, 그처럼 ㄹ 자체가 지닌 대비의 효과에 물 흐르듯 하는 유음(流音)과 원순음(圓脣音) ㅇ 사이의 대비적 효과가 섞어 친다.

넷째, 앞의 세 차원의 것이 서로 '맞울림' 하는 미학.

이와 같은 〈청산별곡〉의 여음은 그 다양한 울림으로 말미암아 시의 내용과 어울리는 화음을 빚어낸다.

    이렇게 저렇게 해서 낮은 지나왔지만
    올 사람도 갈 사람도 없는 밤은 어찌할 거나

    어디라고 던지던 돌이냐 누구라고 맞히던 돌이냐
    미워할 사람도 사랑할 사람도 없이 맞아서 우노라

이들 가사에서 그 실사어(實辭語)들, 이를테면 뜻 있는 시어들에 담긴 정서의 변화며 관념의 변화와 여음은 서로 화답한다. 앞의 가사에서는 외로움이, 뒤의 가사에서는 까닭 없는 사랑의 아픔, 정해진 사랑의 대상이 없는 사랑의 아픔을 노래하는데, 이것이 앞에서 들어보인 여음의 네 가지 속성과 어울린다.

뜻이 없다는 뜻으로 허사(虛辭)라고 부를 수 있는 소리들이 시 정신 또는 시의 미학이란 뜻의 포에지를 창조해내는 것이다. 일반 언어로서는 허사일지 몰라도 시로서는 실사보다 못할 것 없는 정도가 아니라, 오히려 실사보다 더한 시적 기능을 발휘하고 있다. '시가 음악과 그림을 동경(憧憬)한다'는 격언은 이래서도 옳다. 우리말에서 시가 노래고 노래가 곧 시인 것을 이로써 크게 내세워도 좋을 것이다.

그렇다고 해서 고려가요에 담긴 실사(實辭)들의 시적 기능을, 그 '시의 언어학'을 무시하거나 얕보자는 것은 결코 아니다. 다만 뜻 없는 소리는 소리대로 시로서 큰 몫을 감당해내고 있다는 것을 강조하고 싶은 것이다.

여음, '얄리얄리 얄라셩 얄라리 얄라'는 단순한 소리로 그치지 않는다. 그것은 〈청산별곡〉의 실사에 담긴 사랑의 아픔, 외로움의 서러움과 짝지어서 소리를 울린다.

8 동동, 그 사랑의 노래

이 점은 또 다른 고려가요 〈동동〉에서도 크게 다를 바 없다.
　앞에서 언급했듯이 〈동동〉은 이른바 월령가 또는 달거리 노래다. 일 년 열두 달을 두고 따로따로 자연과 얽혀서 인생과 사랑을 노래하고 있다. 프롤로그, 곧 앞머리의 서시(序詩)까지 쳐서 모두 열세 편의 시어들은 '레토릭(rhetoric)', 이를테면 수사학의 보고다. 찬연한 한국적 수사학의 보물단지다.
　순환하는 또 변화하는 계절의 로고스와 무상한 인생살이의 로고스 사이에서 대조와 비교를 노래하고 있다. 간절한 사랑과 애끓는 애정이 이루는 자연과의 관계를 읊조리고 있다.
　정월 노래라면, 자연과 인생(사랑) 사이의 이른바, 소극적 감정이입을 노래하는 엘레지다. 전체로 보아서 이 같은 소극적 감정이입의 비가는 〈동동〉 전체에서 아주 우세하다. 소극적 감정이입이란 시가 노래하는 어떤 대상과 시인의 감정이나 감각 사이의 차이를 노래하면서 슬픔에 젖는 것을 의미한다.

> 정월 나릿 믈은 아으 어져 녹져 하논데
> 누릿 가온 데 나곤 몸하 하올로 녈셔
> (정월 강물은 아, 얼었다 녹았다 하는데
> 세상 가운데 태어나서는 홀로 살아가는구나)
>
> 사월 아니 니저 오실셔 곳고리 새여
> 므슴다 녹사님은 녯 나를 닛고신뎌
> (사월 아니 잊고 오시는 꾀꼬리 새여
> 무슨 일로 녹사 벼슬하시는 옛 임은 나를 잊고 있는가)

이들에 비해서, 다음 십이월 노래에서는 적극적 감정이입을 노래한다. 적극적 감정이입은 앞에서 말한 소극적 감정이입과는 대조적이다. 노래하는 대상과 시인의 정감 사이의 일치를 노래하는 것이다.

한데 〈동동〉에서는 어느 감정이입이든 간에 노래하는 나의 삶과 사랑이 자연의 섭리 또는 인생의 이치와 짝지어져서 읊어지고 있다. 사랑의 희비를 두고도 또한 다를 바 없다.

> 십이월 분디나무로 갓곤 아으 나잘 반에 져 다호라
> 님의 알패 드러 얼이노니 손이 가져다 므라압노이다
> (십이월 산초나무로 깎아 만든, 아아 진상하는 밥상의 젓가락 같구나

임의 앞에 받들어 얼려놓았더니 손님이 가져다 물었습니다)

앞에서 이미 다루어진 바 있는, 이 노래에서 섣달, 즉 십이월 어느 날에 임이 손님 한 분을 데리고 찾아왔다. 여인은 밥상을 차리되, 임 몫의 젓가락은 일부러 향긋한 산초나무 가지로 손수 다듬었다. 그것을 임의 앞에 차린다고 차렸는데 웬걸 그만 손님이 입에 가져다가 물었다. 아뿔싸! 이 여인은 젓가락에다 자신을 빗대었다. 여인은 지금 마음을 두었던 임과는 헤어져 있다. 마음에 두지 않았던 어느 사내의 아내가 되어 있다. 되풀이 얘기되어도 좋을 만한 시가 여기 있다.

이렇듯이 〈동동〉은 일 년 열두 달 돌아나가는 자연의 로고스, 인생이며 세상의 로고스와 때로는 함께하고 때로는 다르게 하면서 살아가는 서럽고 애달픈 한 여인의 삶과 사랑을 노래 부르고 있다.

그것이 여음 '동동다리'에서 더한층 보람을 얻고 있다. 사람의 소리며 노래에 장단 맞추어서 울려 퍼지고 있을, 북소리의 장단이 울리고 있다.

그 다양, 다색, 다조의 노래

이렇듯이 〈동동〉의 서정은 형형색색, 각양각색이다. 한 모습의, 한 빛의, 한 울림의 서정이 아니다. 다양(多樣), 다색(多色), 다조(多調)의 정감이 무늬지고 얼룩지고 출렁인다. 이를테면 '폴리포니(polyphony)'의 정감으로 또 '폴리크롬(polychrome)'의 정감으로 우리의 노래 〈동동〉은 설레고 있다.

그것에서는 '시적 자아'가 세계며 사물을 보는 눈과 느끼는 마음의 다양함과 그것에 따르는 자기 통찰의 다양함이 서로 어우러져 있다. 세계와 사물의 변화를 따라 인간 내면이 달라지고 인간 내면의 변모를 따라 세계와 사물이 속내를 달리한다.

세계며 사물과 인간 사이의 내면적 호응의 변화, 그들 사이의, 내심의 대담의 변화를 우리 고려시대의 절창은 노래하고 있다. 그래서 〈동동〉은 서정시의 극치가 된다.

시절과 절기에 따라서 달라지는 서정, 절후에 따라 달라지는 서정을 〈동동〉은 노래한다. 꽃과 식물과 새들의 자연 따라서, 풍속이며 풍물 등의 인위(人爲) 따라서 마치 섭리이듯이 순리이듯이 달라져가는 시정이며 풍정(風情)을 〈동동〉은 노래한다. 그리고 사랑을 노래한다.

어떤 때는 송도(頌禱)고 송축(頌祝)인가 하면 어느 경우는 비가이고 감상이고 또 어떤 경우는 환희고 즐거움인 그 다양함을 〈동동〉에서 우리는 경험한다. 이 경우, 반겨 맞이할 것과 아니면 그냥 대면할 것과 주체 사이의 괴리를, 어긋남을 마음 아파하는 것이 감상이란 것을 굳이 덧붙이고 싶다.

그러한 송축과 비가의 한복판에는, 그 으뜸에는 사랑이 있다. 임에 대한 연정이 있고 사물에 대한 애정이 있고 세태(世態)며 세시(歲時)에 대한 애착이 있다. 한데 사랑은 〈동동〉에서 세상 살아가는 삶 그 자체다. 세시를 대하는 마음의 자세다. 사물과 맺는 인연이고 세계와의 교분(交分)이고 사귐이다.

물론 그 가운데는 남녀 사이의 사랑이, 나와 임 사이의 사랑이 맺혀 있다. 그러나 거기 멈추어져 있는 것은 아니다. 사물을 향하고 세시를 대하고 세계와 맺는 관계에까지 사랑은 넓혀지고 키워져가고 있다.

덕으로 익을 사랑

그러한 사랑을 직접 노래하기에 앞서 〈동동〉은 별나게 별난 마음으로 합장(合掌)하고 있다. 그게 바로 서장이고 프롤로그다.

덕(德)을란 곰비에 받잡고
복(福)을란 림비에 받잡고
덕이며 복이며 호놀
나ᄋᆞ라 오소이다
아으 동동 다리

글쎄, 요즘 말로 쉽게 옮기면 어떻게 될까? 다행스럽게도 필자가 집적 강의를 들은 바 있는 무애 양주동 선생의 풀이에 기대어 옮기자면 대체로 다음처럼 비슷해지는 게 아닌지 모르겠다.

덕은 배 고물에 받들고
복은 배 이물에 받들고
덕이며 복이라 하는 것이
나아오십니다

물론 '곰비', '림비'를 달리 해석하는 분들도 있다. 오늘에도 평안도 지방에 살아 있다는 '곰배임배'란 말을 살려서 '계속해서 줄줄이'라고 '곰비', '림비' 부분을 현대어로 고쳐놓으려는 시도도 있다.

그러나 필자로서는 무애 선생의 해석을 따라서 옮겨보았다. 그렇다면 다음과 같은 정경이 훤하게 눈앞에 떠오를 것 같다.

배가 한 척 이리로 오고 있다. 시원하게 날렵하게 내달려온다. 누군가 한 사람은 덕(德) 자, 한 글자를 크게 쓴 깃발 같은 것을 고물에서 받들고 섰다. 또 다른 한 사람은 복(福) 자가 적힌 깃발 같은 것을 이물에서 받들고 서 있다. 그런 채로 배는 돛대 가득 바람을 받으면서 전진해온다. 덕 자와 복 자의 깃발이 요란하게 바람에 펄렁이고 있다. 새해 첫날, 새아침의 햇살이 거기 눈부시게 알록져 있다.

이런 정경을 서장은 노래하고 있다. 이같이 〈동동〉은 시작된다. 사랑을 주제로 삼은 시로서는 어쩌면 어울려 보이지 않을 수도 있는 하나의 장(章) 또는 연(聯)으로 〈동동〉은 시작한다.

이 대목은 몇 가지로 해석이 가능하다.

첫째는 누구나 익히 알다시피, 〈동동〉은 '달거리 노래', 이를테면 '월령체 노래'다. 그것은 일 년, 열두 달이 둥글둥글, 반들반들, 풍성풍성, 곱고 매끄럽게 또 넉넉하게 지나가주기를 바라는 '해 빌이'의 노래가 다름 아닌 〈동동〉이란 것을 의미할 수 있다. 노인들이 화투로다가 설날 아침에 일 년 '신수점' 보는 것과 같은 셈이다.

그렇다면 의당 정월 첫 달의 노래를 부르기 전에, 일 년 통틀어서 좋은 복이 터지기를 비는 것으로 노래의 서두를 시작할 수 있을 것이다. 이렇게만 풀이해도 서장의 구실은 거의 제대로 밝혀지는 게 아닌가 싶다.

하지만 필자는 처음 해석을 영 버리지는 않으면서도, 아니 거기 의지하면서도 무엇인가 좀 다른 의미며 구실을 이 서장에서 보아내고 싶다.

그것이 필자 혼자만의 고집이라고 쳐도 아주 버리기는 꺼려진다.

누구나 보아서 알다시피 서장은 덕과 복을 빌고 있다. 한데 이게 무엇인가 만만치 않다.

새해의 벽두, 대개는 강녕수복(康寧壽福) 넉 자에 걸어서 한 해 동안의 행운을 빌기 마련이다. 이를테면 〈동동〉의 서장이 달거리 노래로서 그 맨 앞머리에서 복을 비는 것은 너무나 당연하고 또 지당하다.

한데 〈동동〉은 복과 아울러서 덕(德)을 빌고 있다. 이것이 묘하게 필자의 눈길을 잡고는 쉽게 놓아주지 않는다. 머리 숙여 무언가를 생각하게 유도한다.

왜 사랑에 덕인가?

사랑을 빌면서 복을 비는 것은 의당 그럴 법한 일이다. 사랑은 천복(天福)일 수도 인복(人福)일 수도 있기 때문이다. 하지만 하필 덕을 비는 것은 어울려 보이지 않을 수도 있다.

모르긴 해도 신라의 향가 이래로 조선조의 가사며 시조에 이르기까지 사랑을 노래하면서 덕을 빌고 바란 노래는 〈동동〉 말고는 있을 것 같지 않다. 좀 지나친 느낌이 없지도 않지만 아마도 다만 〈동동〉뿐일 것 같다.

이 점에 마음을 쓰다 보니 서장의 '덕 빌기'가 노래 전체를 두고, 그 시심을 두고, 급기야는 사랑을 두고서 큰 구실을 도맡아내고 있어야 한다는 생각을 품게 되었다. 필자로서는 그러지 않을 수가 없었다.

일부 한자 풀이에서는 덕(德)을 득(得)이라고 말하기도 한다. 무엇인가 힘 아니면 능력을 얻어내는 것이 덕이라는 뜻이 거기 담겨 있을 테지만, 차츰 한 인간의 마음속에서 길러지고 갖추어져서는 깊이 간직되는 미덕을 의미한 것으로 풀이된다.

그런 덕을 복과 함께 비는 것으로 〈동동〉이 그 서두를 시작한다는 것은 예사롭지 않다. 일 년 운수와 나란히 일 년 미덕을 빌고 있다면, 서장은 그만큼 크게 돋보일 게 아닌지 모르겠다.

하지만 물음이 남는다. 〈동동〉은 사랑의 노래다. 연가(戀歌)다. 그런데 서두에서 복을 비는 것은 모르지만 '덕'을 빌다니? 무엇인가 석연찮은 생각에 사로잡히게 된다.

그야 덕을 '남에게서 덕 본다'는 그 덕으로 몰아붙이면 별로 문제될 게 없다. 그런 것이라면 복과 앞뒤로 엮여도 그만이다. 하지만 도덕의 덕, 공덕의 덕이라면 문제가 달라진다. 덕성의 덕, 덕목의 덕, 덕망의 덕도 마찬가지다.

심지어 덕(德)은 덕(悳)과 맞통하는 말이다. 悳은 글자 생김새가 보여주듯이 진심(眞心)이다. 참된 마음이 곧 悳이거니와 이 점은 德이라고 해서 다르지 않다.

남에게서 입는 은덕의 덕이거나 남에게서 받아 챙기는 덕택의 덕과 남에게 베푸는 후덕함의 덕은, 또는 심덕(心德)의 덕은 같을 수가 없다. 후자는 한 인간 주체의 고매한 인품이고 인격이다. 전자는 남에게서 한 주체가 얻어내는 이로움이다. 그 둘은 서로 앞뒤 다르듯 다르다.

덕을 남에게서 입는 덕택으로 읽으면 그것은 복과 순조롭게, 서로 사촌 사이처럼, 끼리끼리 맺어질 수 있다. 하지만 도덕의 덕, 공덕의 덕이면 복과 순하게 짝이 지워지기는 쉽지 않다. 복은 받는 것이고 덕은 베푸는 것이기 때문에 그 둘은 다르면서 같고 같으면서도 다르다. 그 둘은 처음부터 같은 무리에 속하지 않는다. 한데도 〈동동〉에서는 서로 곱게 짝지을 수 있다.

　복은 감나무 밑에 누워서 입을 벌리고는 연시(軟柿) 받아먹듯 하는 게 아니다. 주체가 덕을 갖추고 남에게 베풀고서야 비로소 복을 누린다고 하면, 복의 발단은 덕이 된다. 적어도 〈동동〉의 서정은 이를 능히 암시한다.

　그렇다면 이 시는 인격을 닦고 인품을 갖춘 다음 비로소 복을 누리기를 기원한 것 같다. 그리고 그 연장선상에서 사랑을 향유하기를 소망한 것 같다.

　그리하여 〈동동〉은 다음과 같이 다짐 두고 있을 것 같다.

　사랑은 남에게서 또는 상대에게서 먼저 오는 게 아니라고 믿고 있을 것 같다. 내게서 먼저 시작하고 그런 다음 내가 바치고 베풀고 한 것에 대해서 메아리로 돌아오는 것이 사랑이라고 여기는 것 같다. 내가 먼저 실마리를 풀고 난 다음, 그것에 대한 반사작용으로 남에게서 또는 상대에게서 사랑은 내게로 오는 것이라고 〈동동〉은 노래하는 것 같다.

　나의 인덕이며 인품이 복을 부르고 다시금 또 복으로서 사랑이 내게 온다고 우리의 〈동동〉은 읊고 있을 것 같다.

받는 사랑 아닌 주는 사랑

독일의 시인 릴케는 그의 시에서 '받는 사랑'을 거의 노래한 적이 없다. '베푸는 사랑', '주는 사랑'을 주로 노래했다. 이를테면 피동적인 사랑은 그의 시와는 별로 인연이 없었다. 능동적인 사랑이라야 그의 시에서 비로소 사랑다운 사랑 대접을 받았다.

독일어로 '리벤데(liebende)'라고 하면 '(능동적으로) 사랑하는 사람'을 의미한다. 이와는 달리 '게립테(geliebte)'라고 하면 '(피동적으로) 사랑받는 사람'을 의미한다. 릴케의 시는 주로 '리벤데'를 노래한다.

아마도 〈동동〉의 '시적 자아' 역시 그러할 것 같다. 이 아리따운 노래에서는 인격을 닦고 인품을 다듬고 그리하여 내가 인간다운 품성과 품격을 갖춤으로써 덕망 있는 사람이 되는 것, 그것이 사랑의 전제조건이란 것을 굳게 믿는 것 같다.

그러자면 내가 먼저 남에게 베푸는 사람이 되고 내가 나보다 남을 더 위하는 사람이 되어야 한다는 것에 대한 확신이 서고, 그 결과 그런 소신을 실천으로 옮길 때 사랑은 비로소 참다워진다는 신념을 〈동동〉은 품고 또 노래하고 있는 듯하다.

꽃을 대하여서는 꽃다운 사랑, 새를 반기면서는 새 노래다운 사랑, 세서(歲序)가 바뀌면 시절의 빛이 옮겨들 사랑을 〈동동〉은 노래하고 있다.

하지만 그 같은 여러 맵시, 여러 차림의 사랑들에 앞서서 인품이며 품격과 같은 뜻의 덕을 가장 먼저, 그 머리에서 노래한 〈동동〉의 사랑의 이치가 오늘날 새삼 그립다.

오늘날 우리에게 사랑이 인덕을 앞세우는 것이라고 한다면, 무슨 시원찮은 설교로나 들릴 게 아닌지 겁난다.

9 사랑과 종교

신라 때 두 사람의 젊은 승려가 있었다. 둘 다 그 이름이 오늘날의 우리로서는 예사 색다른 게 아니었다. 각기 달달박박, 노힐부득이라고 했다.

두 사람은 어느 날 꼭 같이 부처의 신비한 계시를 받고는 서로 다짐했다.

"우리 깊은 산골에 작은 판자 움막을 짓고는 고행을 하도록 하세."

첩첩산중, 깊디깊은 골짝에서 오직 수행에만 몸과 마음을 바쳤다.

그러던 중 어느 해질녘이었다. 박박의 암자에 젊디젊은 절세 미녀가 찾아들었다. 단아한 맵시에 향기마저 은은한 여인은 청을 했다.

"낯선 길 가다가 잘못 들어서 이 지경이 되었사오니 바라건대 스님께서는 노여워 마시고 제게 하룻밤 잠자리를 베푸소서."

달달 스님은 단호하게 거절했다.

"내가 홀로 수행하는 방에 어찌 여인을 들인단 말이오. 더 저물기 전에 어서 길을 찾아 가시오."

그러자 묘령의 미녀는 노힐 스님의 암자로 찾아갔다. 같은 청을 했다. 의아해진 스님이 물었다.

"이 외진 산골에 이 어둠을 무릅쓰고 웬일로 젊은 여성이 혼자 찾아들었소?"

"이 험악한 곳을 내왕하기가 어찌 쉬운 일이겠습니까. 하오나 덕이 높으신 수행승 한 분이 계시다기에 뵙고자 만사 무릅쓰고 이에 다다랐습니다. 부디 내치지 마시고 하룻밤 거두어주소서."

그러고는 즉흥적으로 그 심정을 시로 읊는 것이었다.

온 산길에 해는 지고 걸음마다 절벽 가는 듯하오.
대나무며 소나무 숲은 얽혀서 침침하고
골짝 물 흐르는 소리 새삼 크게 울리오.
잠자리 청하오니 스님께서는 나무라지 마시고 부디 나의 청 받아들여주소서.

노힐은 놀랐다. 그러나 마음을 가라앉혀서는 담담하게 말했다.

"수도하는 승이 어찌 여인을 단칸방에 받아들인단 말이오. 하지만 중생의 뜻을 받드는 것 또한 보살이 나아갈 길이 아니겠소. 거기다 산골에 밤이 깊고 어둠이 이미 짙은 데다 근린에 따로 머물 곳이 없으니 그대를 차마 내칠 수가 없소. 누추하다 마시고 안으로 드시오."

여인을 방 안에 앉히고 그 곁에서 스님은 단정하게 가부좌하고 오직 맑은 마음으로 독경하고 염불하는 데만 전념했다. 초롱불이 은은히 둘을 비추고 있었다.

그러던 중, 밤이 깊을 대로 깊었는데 문득 낭자가 말했다.

"스님 제가 산기가 있어 아기를 낳을 것 같으니 자리를 마련해주소서."

갈수록 태산이었지만 노힐은 시키는 대로 했고 산모는 이내 아기를 낳았다. 그러더니 한다는 소리가 이러했다.

"제가 몸을 씻고자 하오니 목욕물을 데워주소서."

노힐은 마음이 떨리고 착잡했지만, 어쩌랴! 욕조에 물을 붓고 여인을 거기 앉혔다. 그러고는 불을 지펴서 땠다. 그러자, 이게 무슨 일! 욕조에서 향기가 진동하는가 싶더니 물이 황금빛으로 변하는 게 아닌가!

여인이 말했다.

"스님께서도 욕조에 드시사이다."

아니 이게 무슨 황당한 당치도 않는 소리!

하지만 스님은 여인의 청을 물리치지 않았다. 설레는 가슴을 누르면서 노힐이 욕조에 들자, 아니 이게 뭔가? 그의 살갗도 이내 황금빛으로 빛나기 시작했고 욕조 안에서 연꽃이 피어나기 시작했다.

이제 관세음보살로 현신한 낭자는 노힐을 연화대에 앉히고는 이내 온데간데없이 홀연 모습을 감추었다.

이는 『삼국유사』에 실린 이야기다. 이런 이야기를 불교에서는 '현신(現身)을 친견(親見)한다'고 한다. 부처가 육신을 갖추고는 사람 눈앞에 친히 나타난다는 뜻이다.

종교학이나 인류학에서는 '비전 퀘스트(vision quest)'라고 하기도 한다. 번역을 '환시(幻視) 탐색'이라고 하는데 이 경우 '비전'이란 신이나 신령이 인간의 육신을 갖추고는 친히 나타나 보이는 것을 의미한다. 그것은 거룩함이 극한 판타지다.

　이는 인류가 다들 꿈꾸어온 종교심의 극치다. 신비 체험이라고도 부르는 이 경지를 직접 겪는 것을 인간들은 줄기차게 소원해왔다. 그것은 종교에 부치는 최상의 꿈이 현실이 되어 나타나는 것이라 말해도 좋을 것이다.

　노힐은 여색(女色)을 가까이 말라는 불교의 계율보다는 자비를, 사랑을 더 귀하게 여기고 또 존중했다. 소위 '파계승(破戒僧)'의 누명을 쓸 일을 달게 받고는 길 잃은 불쌍한 중생에게 사랑을 베풀었다. 이 점을 존중하고 싶다. 종교는 계율이나 기도이기 이전에 남에 대한 사랑이어야 한다는 신라인의 가르침, 오늘의 우리 가슴에 진하게 깊게 아로새기고 또 실천하고 싶다.

10 사랑, 그 부활의 기적

사랑에의 초대

사람들이 흔하게 사랑의 이미지를 구할 적에 어떻게들 할까?

그것은 도형으로는 원이다. 대보름달이다. 원만하고 원융(圓融)해서는 갖출 것 다 갖추고 간직할 것 모두 간직한 상황을 연상들 할 것이다.

촉각으로는 살랑대는 봄바람이다. 꽃망울을 일깨워 피어나게 하는 바람, 꽃향기 머금고는 축복으로 대지가 설레게 할 바람이다.

미각으로는 달콤함이다. 입술 적시는 것만으로도 온 입 안이 녹을 것 같은 달짝지근함이다.

영원은 무한하게 열리고 소망은 우리의 마음을 졸이면서 기다릴 어느 나라!

결실(結實)은 또 다른, 보다 더 나은 결실을 위한 단서로서 우리 앞에서 그 아리따운 모양새며 찬란한 빛으로 우리에게 손짓하고 있을 땅!

그게 사랑의 공간이다.

어제는 없어도 좋다. 내일은 오지 않아도 그만이다. 오직, 이 한 찰나가 영원과 맞먹을 시간!

그게 사랑의 시간이다.

우리에게 사랑은 이들 감각에 대한 믿음, 이 공건에 부치는 신심(信心), 이 시간에 바치는 신앙, 바로 그것이다.

거기에 있는 것이라곤 모두 질서와 아름다움,
호화, 안정 그리고 기쁨

세월이 닦아내어서는 반질거리는 가구들이
우리의 방을 꾸며줄 것이다
진귀한 꽃들이
그 향을 피우는 곳

화려한 천장,
깊숙한 거울,
동방의 나라들의 빛나는 것들,
이 모든 것이 은근히 말해주리
그립고 부드러운 고향의 말을……

거기에 있는 것이라고는 모두 질서와 아름다움,
호화, 안정 그리고 기쁨

보들레르가 그의 〈여행에의 초대〉에서 이같이 노래한 '거기'는 다름 아닌 사랑의 나라였을지도 모른다. 시 제목을 '여행에의 초대'가 아니고 '사랑에의 초대'라고 해도 좋을 것 같다.

자상과 타상 사이

멧버들 가려 꺾어 보내노라 임의 손대
자시는 창밖에 심어두고 보소서
밤비에 새 잎 곧 나거든 날인가도 여기소서

이 시조의 사랑에도 아름다움이 어려 있다. 버려지고 꺾어지고도 못다한 사랑이라기보다는 꺾어지고 버려졌기에 오히려 더해만 가는 사랑을 노래 부르고 있다.

사랑의 아름다움은 일방적으로 곱고 아름답고 화사하기만 한 것이 아니라는 것을 절절히 말해준다. 그것은 사랑에 깃든 미학의 일부일 뿐이다. 사랑의 미학에는 또 다른 아름다움이 있을 수 있다.

홍랑(洪娘)이 읊은 사랑은 처연한 정이라고 해야 할까? 비창(悲愴)의 미학에 저린 사랑이 거기 서려 있다.

홍랑은 자신을 꺾어진 멧버들 나뭇가지에다 견주고 있다. 멧버들이면 산언덕에 혹은 들 여기저기에 아무렇게나 나 있는 흔해빠진 나무다.

시를 노래하는 이른바 '서정적 자아' 또는 '시적 자아'는 자신의 대유법을 하필이면 멧버들 가지, 그나마 꺾어진 가지에서 구하고 있다. 기녀(妓女)의 처지를 생각하고서는 자신을 낮출 대로 낮춘 대유법이 거기 있다. 그것도 꺾어진 가지에서 구한 대유법이라서 버려진 사랑의 상처가 따갑고 또 아프다.

한데 굳이 '가려 꺾어'라 하고 있다. 자신이 짐짓 골라서 꺾었다고 말하고 있다. 그것은 임이 떠나면서 꺾여서 버려지다시피 한 자신의 처지를 스스로 새삼 재확인하는지도 모를 일이다. 그러나 그것만은 아니다. 주어진 사랑의 상처를 자신이 자신에게 입힌 상처로 바꾸고 있다.

천대받을 수도 있는 기녀의 처지라서, 사랑으로 말미암아 상처받기란 자신의 사주팔자 소관으로 미리 돌리는지도 모를 일이다. 상처는 이미 자신 안에 미리 찍히고 박히도록 예정되어 있었노라고 홍랑은 노래한다.

필경 남의 손에 꺾어지고 버려진다 해도 애당초 그렇게 될 빌미를 자신이 자신 안에 간직하고 있었다는 자의식이 거기 작용하고 있다. 상처 입기도 버려지기도 꺾어지기도 그 말미암음이 자아 속에 깊숙하게 내재해 있다는 자각 같은 것이 거기 웅크리고 있다.

이건 뭐라고 해야 할까? 단념이라고 해야 할까? 아니면 사주팔자 한탄이라고 해야 할까?

그러한 가능성이 아주 영영 없지는 않을 것이다. 하지만 거기에는 뭣인가 보다 더 적극적이고 능동적인 마음의 기틀이 작용하는 게 아닌지 모르겠다.

자포자기는커녕 단념도 비치지 않는다. 단념 아닌 달관(達觀)이나 체관(諦觀)이 진하게 아로새겨져 있다. 단념은 위기나 파국 앞에서 피동적으로 자기 자신을 내던지는 소행이다. 그건 파탄이고 끝장이다. 더 이상 아무 희망을 걸 여지가 없다. 빈 손, 빈 마음이 남을 뿐이다. 남는 것이라고는 단지 허무뿐이다. 삶은 순식간에 허공이 되고 만다. 서녘 하늘에 지는 해의 적막이 깃들 뿐이다.

하지만 다 같은 위기며 위난 앞에서 또는 함정 앞에서 달관은 전혀 다른 자세를 취한다. 그리하여 어둠일수록 심연일수록 드밝게 더 환하게 들여다보려 한다. 마침내 거기 깃들인 진상을 받아들이려고 가슴을 편다. 단념은 포기이지만, 달관은 수용이고 심지어 긍정이고 포옹이다. 거기에는 짙은 운명에 대한 사랑, 곧 '아모르파티(amor fati)'가 깃을 틀고 있다.

"운명이 너를 보고서 '나인(Nein, 아니야)!' 이라고 소리 지를 때라도 너는 운명을 보고 말하라. '야(Ya, 좋아)!' 라고······."

독일어의 '나인'과 '야'는 영어로 하면 '노'와 '예스'이지만, 니체가 절규한 이 한마디, 그것이야말로 그가 직접 말한 그 '아모르파티'다.

달관의 달은 달통(達通)의 달이다. 사물의 이치, 세상의 이법에 숙달하는 것이 곧 달이다. 밝고 맑은 이치, 이법만은 결코 아니다. 암흑에 묻히고 비탄에 젖을 로고스도 절대로 피해 가지 않는다. 오히려 그럴수록 얼굴 맞대고 눈길을 바로 곧추세운다.

관은 관조(觀照)의 관이다. 사물을 주의해서 살피는 것, 뭔가를 골똘하게 생각해보는 것이 관이라서 천문(天文) 기상(氣象)을 보는 것일 수 있고 또 신비를 점치는 것, 아니면 사물의 깊은 속내를 깨우치는 것 또한 관이라고 한다. 불교에서 말하는 '관자재(觀自在)'란 이를 두고 하는 인간의 지적이고도 정신적 능력이다. 요컨대 진리나 진상에 통달

하는 것이 달관이다.

    그런가 하면 체관의 체(諦)는 위낙 소상히 깊게 생각해서 깨우치는 것을 의미한다. 체념(諦念)만 해도 그렇다. 그걸 단념과 같은 뜻으로 쓰는 것은 아마도 이웃 일본의 잘못에 우리도 오염된 탓일 것 같다.

    그러니 결국 달관이나 관조나 크게 다를 바 없다. 진상을 터득하고 문득 깨달음을 얻는 것이 달관이고 체관이다. 그리고 그것들은 더 나아가서 터득한 대상을 있는 그대로 받아들이고 안아들인다는 것도 의미한다.

    내킨다고 해서 부여안고 싫다고 해서 내던지고 해서는 달관이며 체관에 이를 리 만무하다.

꺾어진 멧버들, 그 하찮은 것의 큰 의미

홍랑은 임에 의해서 버려지고 꺾어진, 그 피동적인 상흔을 두고도 그것이 자아의 내오(內奧)에서 연유하는 것이라고 시인한다. 그것은 자아에서 비롯된 것으로서 적극적이고도 능동적으로 시인된 상흔이다. 아픔은 곱으로 늘고 상처는 두 곱 세 곱으로 깊어질 테지만 이에 시적 자아는 자기 자신을 달관하고 또 관조하고 있다.

    '결국 '멧버들 가려 꺾어'로는 시적 자아가 자신의 처지를 낮출 대로 낮추고도 모자라, 버려진 사랑의 상흔을 스스로 자신의 몫으로 돌리고 있다. 그 상처는 남이 입힌 '타상(他傷)'이기 이전에 스스로 빚어낸 자상(自傷)으로 수용되고 있다.

    임에 대한 원망, 버리고 간 임에 대한 원정(怨情)은 애써서 지워내고 없다. 그보다 먼저 자기 자신을 돌아보고 있다. 달관이 원망을 지우면서 사랑을 더 깊게 만드는 것이다. 그렇게 상흔이 깊게 팬 자아를 시인은 임에게 보낸다. 가려서 꺾은 버드나무에 대유(代喩)된 자기 자신을 다시금 임에게 바친다.

임에게 일방적으로 기대자는 뜻은 아닐 것이다. 관조하는 현명한 자아가 또는 달관으로 명찰(明察)하는 시적 자아가 그럴 턱이 없다. 임의 사랑이 한 차원 더 높아지기를 시적 자아는 바라고 있다. '밤비에 새 잎 곧 나거든 날인가도 여기소서'에 그 소망이 담겨 있다. 그건 부활이고 재생이다. 임의 힘이 그리고 그 사랑의 지극함이 거기까지 아스라하게 드높아져 있기를 시적 자아는 손 모아 빌고 있을 것 같다.

밤비는 임의 사랑을 위한 대유이자 그 사랑을 일러줄 상징이다. 대유는 이처럼 더러더러 상징을 겸하고 그런 만큼 시에서 큰 구실을 도맡아낸다.

임의 사랑은 부활의 힘으로 시적 자아에게로 내릴 것이다. 하지만 그건 기적(奇蹟) 같은 일이다. 꺾어진 가지에서 새 잎이 돋아나니 그건 여간한 이적(異蹟)이 아니다. 하니까, 꺾어진 멧버들 가지에 돋아나는 새 잎은 이적의 부활이고 재생의 기적이다.

시적 자아는 임의 사랑을 끝내는 거기까지 아스라하게 드높이고 있다. 푸른 하늘 맞닿을 만큼 상승시키고 드디어는 승화시키고 있다. 그러면서도 자신은 임께서 주무시는 창밖에 자리하고자 마음먹고 있다. 겸손과 겸양의 극이다.

자신을 바닥에 내리앉히는 여세로 임은 첫새벽 서광이 비칠 저 하늘 드높은 곳에 자리 잡게 하고 있다. 그래서 이 시는 필경 기도가 된다. 임에게 바치는 송축을 겸한 기구(祈求)가 된다. 시에 깃든 서정의 극

가운데 하나가 기도라는 것을 이에서 강조해도 좋을 것이다.

그러나 그 밑창에는 외로움이 또는 서러움이 또 아리디 아린 아픔이 소리 없이, 자국도 없이 고여 있다. 하지만 필경 그 모든 것은 임에게 바치는 승화를 위한 기도 속에 깃들고 만다.

이 노래가 비창의 아름다움에 서려 있다는 것은 바로 이 때문이다. 그런 속에서 임에 대한 사랑의 극대화된 승화로 인간이 사랑에서 빚어내고 다듬어낼 수 있는 가장 아름다운 미학을 이룩해내고 있다.

11 사랑의 희비극

사랑, 그 듀얼리즘

사랑의 비유법 또는 그 상징은 어느 한쪽에 기울어지기 마련이다. 일반적으로 사랑이 화제에 오를 때 그런 경향을 보이는 것이지만 대중성 강한 문학만이 아니라 예술들, 예컨대 음악에서도 미술에서도 별로 다를 게 없다. 사랑은 태양이고 별이고 수평선이고 푸른 초원이기 마련이다. 꿀이고 꽃이고 열매다. 희망이고 불꽃이다.

  하지만 모든 것에 양지가 있으면 음지가 불가피한 것은 사랑에서도 마찬가지다. 아니 사랑일수록 그늘은 더 짙을지도 모른다. 아픔이고 상흔인 몫이 보다 더 클지도 모른다. 구렁텅이가 더 깊고 화마(火魔)의 불길이 보다 더 사나울지도 모른다.

한데 햇살이 짙으면 그늘은 더 짙기 마련이고 음지가 깊으면 양지는 불끈 솟아오르기 마련이다. 무엇에서나 그럴 테지만, 양극화 현상은 사랑에서 한결 더 심하다.

사랑은 희극일까? 아니면 비극일까? 어느 한쪽으로 정답이 나기는 어렵다.

현진건의 〈B 사감과 러브레터〉는 풍자의 코미디다. 전형적인 새타이어(풍자)가 줄거리를 엮어나가는 사랑 이야기다. 기숙사에 갇혀 살다시피 하는 사춘기 여학생들의 남성 접촉을 병균 감염처럼 극도로 또 병적일 만큼 경계하고 틀어막던 노처녀 기숙사 사감이, 작품의 끝판에서 드러낸 몰골은 조소(嘲笑)거리일 뿐이다. 남성이 눈앞에 있는 것처럼 꾸미고는 '환상의 모노드라마'를 연출하는 선생의 몰골을 문틈으로 들여다보는 여학생들은 입을 가리고는 낄낄댄다.

하지만 사랑의 희극에 풍자만 있는 것은 아니다. 다른 웃음도 곧잘 벌어진다. 웃음의 해피엔딩이 사랑에도 찾아드는 것이기에 단란한 희극을 말해도 좋을 것이다. 이때 희극이란 엎치락거리고 또 뒤치락대던 사건이 대단원에 가서 환한 웃음 넘칠 해피엔딩으로 마감되는 드라마요 스토리라고 단서를 일부러 달아두는 게 옳을 것 같다.

하지만 균열과 파탄의 종말인들 사랑이라고 늘 피해갈 수 있는 것은 아니다. 사랑은 비극을 낳는 둘도 없는 무대일지도 모른다. 아니 사랑일수록 그 경향이 어떤 다른 인간사보다 더 짙을지도 모른다. 사랑은 좌절을 즐긴다.

이렇듯이 희극도 벌어지고 비극도 나부댄다면 사랑은 희비극일까? 아니면 비희극일까? 이에도 답 내리기는 쉽지 않다. 어느 하나만을 정답으로 골라낼 수는 없다. 답은 둘에 걸치기도 하기 때문이다. 말하자면 희극과 비극 사이를 왔다 갔다 하듯이 희비극과 비희극 사이를 곧잘 오가는 것이 사랑이다.

그런 어수선 속에서 몰락의 종말이 더 높은 곳을 향한 승화이기도 할 때, 사랑은 비희극의 결정(結晶)이 된다.

이탈리아의 하고많은 오페라는 사랑의 비극을 그리지만 더러는 비희극을 엮어내기도 한다. 사랑만큼 이랬다저랬다 하기는 어려운 법일지도 모른다.

희비극과 비희극 사이

우리는 사랑의 비희극을 남의 나라 문학에서도 물론 찾을 수 있을 것이다. 하지만 우리 소설 〈소나기〉(황순원)에서 가장 멋지게 또 다른 나라의 문학이 탐내게 사랑의 비희극을 이야기할 수 있다. 이 작품은 이 방면의 주제를 위한 더없이 아름다운 본보기다.

잠깐 한순간, 그야말로 꿈같은 한때, 고운 마음을 주고받았던 소년을 두고 소녀는 혼자 세상을 떠나고 만다. 두 사람의 마음이 오간 현장이던 산에서 소나기를 만난 것이 병약한 소녀의 죽음을 불러왔다. 이것부터가 아이러니(반어)다. 소낙비는 소년과 소녀 사이의 사랑이 영글게 하는 계기이자 동시에 둘이 갈라서는 계기가 되었기 때문이다. 밉고도 고운 게 한줄기의 소낙비다.

하지만 이 비극적 아이러니는 또 다른 아이러니에 의해서 아름답게 모습을 달리한다.

죽음에 다다라서 소녀가 남긴 그 유언 한마디,

풀빛 묻은 옷을 입혀서 묻어주세요

라고 했다는, 그 마지막 한마디는 무엇이었을까?

소낙비에 젖은 소녀는 잠시 비를 피한 뒤에 소년의 등에 업힌다. 지병이 덧난 데다 무척 지쳐 있었기에 잠시 소년의 등에 기대거나 아니면 가파른 길에서 업히거나 하는 것은 있음직한, 극히 자연스런 일이었다고 생각할 수 있다. 이 대목에서 우리는 두 사람이 비를 잠시 피한 외딴 산속의 초라한 움막이 사랑의 궁전이었다는 것을 간과해서는 안 된다. 이토록 소박함에다 크나큰 미학을 담는 작품이 다름 아닌 〈소나기〉다.

소낙비와 그로 인해 한 움막에서 웅크리고, 또 업고 업히고 한 것이 이 작품에서는 결정적인, 매우 극적인 전환점을 마련하고 있다. 대개의 소설에서 이른바 '서스펜스', 곧 긴장은 줄거리의 홀연한 전환을 불러오지만 〈소나기〉에서도 그 점은 예외가 아니다.

그런 전환점은 풀빛 묻은 옷으로 마련된다. 바로 소년의 옷에 짙게 물들어 있던 풀빛이 소녀의 옷에 옮겨져 물들인 것이지만, 바로 그런 옷이 엄청나게 큰 구실을 도맡아내고 있다. 풀빛의 물들임, 그것은 또 다른 마음이며 사랑의 주고받음 같은 것이었을까?

그 옷, 그 풀빛 옷을 입고 숨을 거둔 소녀에게 저승길은 또 다른 사랑의 길이고 사랑의 징검다리이기도 했다. 그들이 처음 만난 개울의 징검다리를 건너가듯이 소녀는 저세상 가는 길을 밟고 갔을 것이다. 그렇다면 죽음이 소녀에게서 빼앗거나 걷어낸 것은 아무것도 없는 셈이다. 앗아간 것은 육신뿐이다. 사랑의 상념, 그것은 죽음을 계기로 더한층 푸르게 푸르게 기운을 얻어낸 것이다.

죽음은 소녀에게 이별이자 사랑의 승화다. 이래서 우리 서정소설의 꽃인 〈소나기〉는 비희극의 아름다움을 보여주는 가장 극적인 보석으로 빛난다.

사랑의 장엄미

아니면, 생각을 좀 달리해서 비극 한 점에 이야기를 모아도 괜찮을 것 같다. 그것은 이른바, '비극미'의 절정인 '비장(悲壯)미'의 본보기를 〈소나기〉에서 보아낼 수 있기 때문이다.

흔히 비극적 결말은 주인공의 몰락, 전락, 파탄이나 파멸 아니면 좌절들로, 아니면 결정적인 파탄 따위로 보는 이 앞에 모습을 드러낸다. 그것은 비참의 극이고 참담하기 이를 데 없다. 한데 이래 가지고는 슬픔과 비탄은 말할 수 있어도 장엄함은 놓치고 만다. 아니면 장엄함의 근처에도 못 간다.

비장미에서는 눈물이 눈부시게 빛나야 한다. 눈물이 더없이 귀한 것이, 또 거룩한 것이 되어야 한다. 주인공은 자신의 비참함을 딛고 일어서야 한다. 아니 오히려 신분이나 처지 따위의 비참한 결말 그 자체를 위대한 변신 또는 변모의 결정적 계기로 삼을 수 있어야 한다. 이럴 때 비극 작품은 비통함과 나란히 비장미를 갖추게 된다.

인류가 낳은 비극 중의 비극이고 그 방면의 최고 최대의 걸작으로 일컬어지는 소포클레스의 〈오이디푸스 왕〉이 비극론에서 높이 칭송받는 것은 바로 이 때문이다.

소녀의 시신을 감쌌을 풀빛 옷이 서정성 드높은 비장미를 갖추었다면, 비극이라는 하나의 테두리 속에서도 〈소나기〉는 인생론과 문학론을 위한 단비가 되고도 남는다. 오히려 소녀는 죽어서 사랑의 영원을 이룩해냈다.

한데 소녀의 푸른 옷에 견줄 만한 것을 소년이 먼저 얻어낸 것을 보아 넘기지 말아야 한다. 서울에서 학교 다니다가 시골로 온 소녀는 지주 집 따님이다. 소녀는 지주 마을 또는 향반(鄕班) 마을 곧 시골 양반의 마을과, 민촌 곧 서민의 마을 사이를 가르면서 흐르는 개울에서 소년이 나타나주기를 의도적으로 기다린다.

첫 번째 만남은 헛되이 지나가고 만다. 두 번째로 소녀는 짐짓 징검다리 가운데를 차지하고는 대기한다. 지나갈 소년을 기다린다. 한데도 소년은 멍청히 둑에 서서 바라보고만 있는 게 아닌가!

기다리다 못한 소녀가 소년에게 돌팔매질을 한다.

"이, 바보!" 하고 소리치면서 돌멩이를 던진 소녀는 제 부끄러움에 밀렸을까? 맞은편 둑으로 내닫는다. 그제야 무슨 영감이 떠오른 것인지 소년은 소녀의 뒤를 쫓는다. 갈대밭 너머로 소녀가 안 보이게 되었을 때, 소년은 제 손바닥을 펴본다. 거기 돌알 하나가 꼭 쥐어져 있었다. 소녀가 소년에게 내던진 바로 그 돌이다.

바로 이 돌멩이 한 알!

저도 모르게 얼마나 꼭 움켜쥐었던지 불과 몇 초 사이인데도 물기가 아주 가시고는 말라붙은 그 돌멩이 하나!

그것이 소녀가 입고 저승길을 간, 초록빛 물든 저고리와 짝을 짓고 있다. 별것 아닌 것이기로는 초록빛 물든 저고리나 돌멩이나 막상막하다. 그게 그것이고 저게 저것이다. 한데도 각기 소녀와 소년에게 그것들은 엄청난 상징성을 갖추고 있다. 순간이 영원으로 승화하고 이별이 영원할 만남으로 솟구친다.

그래서 〈소나기〉는 비극의 장엄미를 알게 모르게 바탕에 간직하고 있다. 읽는 사람들은 소녀의 죽음에 담긴 의미를 탐지해야 할 것이다. 하찮은 돌멩이 한 알의 엄청난 의미를 캐내어야 할 것이다.

서정성이 돋운 비극미

그나마 단 사흘 아니면 나흘 정도에 걸친, 아주 짧은 사건으로 〈소나기〉는 비극적인 장엄미를 빚어낸다. 아무리 단편소설이라고 해도 사나흘은 너무나 짧다.

소년과 소녀의 삶으로도 그건 한순간이고 한 찰나다. 눈 깜박할 사이다. 돌팔매질로 돌알이 날아가는 듯한 찰나의 시간이다. 여름 한낮에 소나기가 쏟아지는 데 걸릴 만한 시간이다. 한데도 거기다 영원히 사라지지 않을 것을, 적어도 소녀의 영혼과 소년의 정감에서는 절대로 지워지지 않을 것을 담아내었다.

짧은 순간에 담은 영원!

그래서도 이 작품은 더 소슬하고 청아하다. 그것이 들어서 이 작품의 슬픔에 간직된 아름다움, 쓰라림이 담아내는 미의식을 한층 더 드높인다. 아니 슬퍼서 더 아름답고 쓰라려서 더 심미감이 더해지는 인간 정서며 정감의 극치를 우리는 〈소나기〉에서 본다. 그것이 이 작품에서 도맡아내는 소낙비의 정화작용이라고 보아도 무방할 것 같다.

그러면서도 이 작품은 동화적인 분위기에 겹쳐서 맑고 고운 서정이 넘친다. 한국의 산문 문학이 낳은 대표적인 서정성이 거기 꽃피고 있다고 해도 지나침은 없다. 동화적인 서정이 거기 은은하다.

엄청난 주제의 무게에도 불구하고 작품은, 그 구성은 지극히 단출하다. 간소함이 비극미를 돋우고 소박함이 장엄미를 북돋운다.

가령 작품에서 가장 극적인 사건이어야 할 소녀의 죽음이 조용조용 혼자 말하듯 묘사되는 장면에 유념해야 한다. 소녀와 헤어진 뒤, 아무 소식도 접하지 못한 소년이 비로소 소녀가 죽었다는 정보를 접하는 장면은 너무나 고요하고 잔잔하다.

소년은 잠결에 듣는다. 그것도 아버지 어머니가 슬쩍 스치면 그만일 남의 이야기로 주고받는 대화 속에서 비로소 소녀의 죽음을 알게 된다. 그나마 옆에서 엿듣는다. 이처럼 이미 이중으로 소녀의 죽음에 관한 정보는 간접화되어 있다. 한데 이것만이 아니다. 아버지의 말투인즉,

그 아이가 풀빛 묻은 저고리를 입혀서 묻어달랬다지 않소.

이런 식이다. 누군가에게서 전해들어 겨우 알게 된 사연을 '달랬다지 않소'라고 삼인칭의 말투로 전한다. 직접 겪은 일이 아니다. 다른 제삼자인 남들에게서 전해들은 것뿐이다. 자그마치 세 겹으로 정보가 간접화되어 있다.

결정적인 정보가, 극적인 소식이 이토록 자우룩하게 전해짐으로써 소년에게서 소녀의 죽음은 맑게 정화(淨化)되고 고요하게 '정화(靜化)'된다. 그러면서 소년으로 하여금 소녀의 죽음을 직접 알거나 겪게

되는 그 무서운, 처참한 충격에서 멀어지게 한다.
 이 장면에서 우리는 서정의 극치를 감지할 수 있다. 죽음을, 그 아픔을 관조할 수 있다. 잠자다 깬 소년처럼…….
 이 또한 이 작품에 깃든 죽음의 미학을 빚어내는 데 결정적인 구실을 다했음을 말하면서, 작품 읽기를 그만두어도 좋겠다.

| 에필로그 |

또 다른 눈짓, 귀띔

이제 마감할 때가 된 것 같다. 오랜 시간이 걸렸다. 애도 쓸 만큼은 썼다. 2년 남짓 자료를 모으고 구상하고 남들의 생각을 참조하고 해서 겨우 여기까지 다다랐다.

결코 쉽지 않았다. 프롤로그에서 말한 바와 같이, 남녀 관계라는 것이 워낙 그물처럼 얽히고설킨 것이라서 낱낱이 그 고를 풀어내기가 힘겨웠다. 그러자니 촘촘히 밝히기보다는 그냥 그물을 덩어리로 내보인 게 아닌가 싶기도 하다.

그러기에 김홍도의 〈자리 짜기〉는 일러주는 바가 적지 않았다.

뒤에 앉은 아낙은 물레질을 하고 그 앞의 남편은 또 다른 일에 열중하고 있다. 보는 사람 누구나 이들 가시버시가 단짝이라는 것을 실감하게 되어 있다. '부부라서……' 라는 생각에 절로 젖어들게 되어 있다.

아내는 실을 뽑고 사내는 자리를 짜고 있다. 옷감이든 자리든 뽑아야 짜고, 짜기에 뽑는다. 뽑고 짜기가 척척 맞아떨어져야 한다.

〈자리 짜기〉, 김홍도의 풍속화 중, 종이 위에 엷은 색, 39.7×26.7cm, 국립중앙박물관 소장.

이 그림 보듯이 우리는 남녀 관계를 볼 수 있을 것이다. 뽑고 짜고 해서 얽히고 또 엮인 것이 남녀 관계다. 그것은 자리보다는 그물에 견주어져야 마땅할 것이다. 그렇게 다양한 것이 남녀 관계라는 것을 전제하고, 이 한 권의 책은 이 땅에서 역사를 따라, 시대-사회를 따라 꾸려져 온 남녀 관계를 되도록 두루 또 샅샅이 눈여겨본 셈이다. 덩달아서 여성 자체는 무엇이고 남성 자체는 또 무엇인가도 살펴본 것 같다.

까마득히 오래된 신화도 다루었다. 신들에게서 남자는 무엇이고 여성은 무엇인가를 들여다보았다. 그러면서 이 땅의 역사에서 두고두고 문제될, 남녀 관계의 원형을 거기서 찾아보려고도 했다. 그것은 신화와 역사를 넘나들면서, 여성과 남성의 관계를 일관되게 관찰하는 결과를 빚기도 한 것 같다.

그러자니 시대를 따라 모습을 각기 달리 보이는 남녀의 초상이 그려졌다고 자부하고 싶다. 그러한 눈길로 자연히 본질적으로 남자라는 게 무엇이고 또 여자라는 게 무엇인가를 캐볼 수 있었다고 감히 자부하고 싶다.

그러면서 이 책은 이 땅의 역사에서 남녀의 짝짓기가 무엇인가를 또 그들의 사랑이 무엇인가를 아울러서 보일 수 있었던 셈이다. 애정이 또 사랑이 남녀 관계의 영원한 함수이듯이, 짝짓기는 그 보람이요 열매라는 것을 강조하고 싶었다.

그런 면모들을 바탕에 깔고는 과거가 현재며 미래를 위한 거울이라는 것을 새삼 되짚어보고 싶다. 지금 당장의 남녀 관계가 실제로 어떠한지를 눈짓하면서 장차 어떠해야 할 것인가에 대해서도 만만찮은 단서를 귀띔하게 되기를 바란다.

오늘날은 대중의 시대고 대중문화의 시대다. 그런 중에 여성의 몫이 왕창 커져가고 있다. 우리시대 문화의 여왕 격인 패션이며 상품에서 여성이 차지하는 비중은 남성의 것을 압도한다. 각종 연예며 오락에서도 마찬가지다. 여러 가지 직종에 걸친 전문 인력에서도 여성이 갖는 몫이 커져가고 있다.

그래서는 이제 여자가 누구인가, 남자가 무엇인가 하는 물음도 새로워져야 한다. 덩달아서 남녀의 관계도 고쳐 물어야 한다. 이 책 한 권이 그 같은 새로운 물음을 푸는 열쇠가 되기를, 은근하게나마 그렇게 되기를 바란다.